数字经济发展
与产业数字化转型赋能研究

张 真 著

陕西师范大学出版总社　西安

图书代号　JY24N2083

图书在版编目（CIP）数据

数字经济发展与产业数字化转型赋能研究 / 张真著.
西安：陕西师范大学出版总社有限公司，2024. 8.
ISBN 978-7-5695-4700-9

Ⅰ．F49

中国国家版本馆 CIP 数据核字第 20244JY323 号

数字经济发展与产业数字化转型赋能研究

SHUZI JINGJI FAZHAN YU CHANYE SHUZIHUA ZHUANXING FUNENG YANJIU

张　真　著

特约编辑	葛晓晨
责任编辑	马　萌　王师伟　董江江
责任校对	秦　云
封面设计	知更壹点
出版发行	陕西师范大学出版总社
	（西安市长安南路 199 号　　邮编　710062）
网　　址	http://www.snupg.com
印　　刷	河北赛文印刷有限公司
开　　本	710 mm×1000 mm　　1/16
印　　张	13
字　　数	260 千
版　　次	2024 年 8 月第 1 版
印　　次	2024 年 8 月第 1 次印刷
书　　号	ISBN 978-7-5695-4700-9
定　　价	67.50 元

作者简介

　　张真，毕业于河南省财经政法大学，会计学专业，研究生学历。现任职于周口师范学院经济与管理学院，讲师，曾主持多项省厅级课题，发表论文十余篇。

前　言

在当今数字化时代，数字技术的快速发展对各行各业产生了较大影响，推动着数字经济迅猛发展。数字经济在促进创新、提升效率、拓展市场等方面具有巨大的潜力和推动力。数字化转型是企业面对数字经济发展的必然选择。企业通过将传统产业与数字化技术相结合，实现生产、管理、运营等工作的全面优化和效率提升，从而提高自身竞争力和营利能力。产业数字化转型不仅仅是企业内部的技术和流程的改变，也是一种战略性的转型和全面的改革，它意味着企业必须适应数字经济的发展趋势，积极利用数字技术来创新和改造业务模式、产品和服务，以满足市场和客户的需求。在数字经济时代，企业应该积极拥抱数字化转型，充分认识数字经济发展对企业的意义和影响。企业只有不断适应变化，主动引领变革，才能够在激烈的竞争中立于不败之地。

全书共七章。第一章为绪论，主要包括数字经济由来与内涵、数字经济发展的特征、数字经济发展的重要性、产业数字化——数字经济发展的主阵地等内容；第二章为国内外数字经济发展现状，主要包括国外数字经济发展现状和国内数字经济发展现状等内容；第三章为数字经济发展的技术支撑，主要包括大数据技术、云计算技术、物联网技术、5G技术、人工智能技术等内容；第四章为实体产业的数字化转型赋能，主要包括农业生产的数字化转型赋能、工业生产的数字化转型赋能、跨境电商的数字化转型赋能等内容；第五章为民生行业的数字化转型赋能，主要包括零售行业的数字化转型赋能、餐饮行业的数字化转型赋能、物流行业的数字化转型赋能、交通行业的数字化转型赋能、金融行业的数字化转型赋能、教育行业的数字化转型赋能、房产行业的数字化转型赋能等内容；第六章为数字经济的发展策略与治理新路径，主要包括数字经济的发展策略和数字经济的治理新路径等内容；第七章为面向数字经济的"专精特新"企业成长之路，主要包括

"专精特新"企业的范畴、面向数字经济的"专精特新"企业的成长模式、面向数字经济的"专精特新"企业的成长策略等内容。

在撰写本书的过程中，笔者借鉴了许多学者的研究成果，在此表示衷心的感谢，并衷心期待本书在读者的学习生活及工作实践中发挥应有的作用。

探索知识的道路是没有尽头的，本书还存在不足之处，恳请前辈、同行及广大读者进行指正，以便改进和提高。

目　　录

第一章 绪论

数字经济是通过数字技术和信息网络推动的经济形态，具有创新性、包容性和可持续性等特点；产业数字化则是指将数字技术应用于传统产业领域，推动产业升级和转型的过程。可以说，数字经济发展和产业数字化是紧密关联的两个过程。在推动数字经济发展的同时，需要注重产业数字化的推进，以实现数字经济和实体经济的深度融合和高质量发展。本章围绕数字经济由来与内涵、数字经济发展的特征、数字经济发展的重要性、产业数字化——数字经济发展的主阵地展开研究。

第一节 数字经济由来与内涵

一、数字经济的产生与发展

1946 年，世界上第一台计算机在美国宾夕法尼亚大学诞生，这标志着人类开始步入信息时代，也可以认为数字经济是在此时出现的。在数字经济起步阶段，语言、文字、音视频等诸多信息内容都被转化为计算机能够识别、存储、加工及传输的二进制代码。而 20 世纪 60 年代末，信息技术的兴起与应用、阿帕网的诞生则标志着数字经济进入网络化的萌芽阶段，即通过网络通信技术实现人与人、人与物、物与物之间的实时连接。

此后，随着数字技术的迅速发展，数字经济的发展出现了三个阶段：第一阶段是 20 世纪 70 年代开始的孕育阶段，以数字嵌入技术和数字内容产品的产生为代表；第二阶段是 20 世纪 90 年代的成长阶段，这一阶段形成了针对数字经济产业的基本数字技术支持体系；第三阶段是 20 世纪末至今的崛起阶段，在此阶段，全球数字经济由技术向市场迈进，数字产品的交易与应用范围不断扩大。

首先是数字经济的孕育阶段。数字经济的外延产品先于互联网的出现，然而互联网的迅猛发展加快了数字经济的成长速度，加深了人们对数字经济的理解。

计算机、嵌入式软件和网络技术的发展为数字经济的形成提供了技术支持。以计算机、嵌入式软件和通信网络为基础的互联网的诞生是现代数字经济走入人们眼帘的标志性事件。在互联网的诞生阶段，英国、法国、加拿大和其他一些国家，虽然已经创建了自己国家的计算机网络或是正在筹备计算机网络的建设，但技术的障碍使得网络并不能覆盖全球，而 TCP/IP 协议（Transmission Control Protocol/Internet Protocol，传输控制协议 / 因特网协议，以下简称 TCP/IP 协议）的出现使不同网络之间的跨网通信成为可能。

总之，计算机和网络技术的发展为数字经济的形成提供了技术支持，为数字产品通过互联网在全球范围内传播提供了客观条件。换言之，TCP/IP 协议是数字内容产品孕育的一个标志，它的出现使数字内容在互联网上出现及传播成为可能。

其次是数字经济的成长阶段。网络通信行业的基础设施建设为推动数字经济的发展奠定了基础。网络通信行业的基础设施建设主要包括制造搭建网络所需的计算机硬件，以及通信硬件、软件和服务。

最后是数字经济的崛起阶段。综合性信息网络的建成是数字经济形成的标志，数字工作者也应运而生，大量新的数字实践技能被不断挖掘，其对商业、政府甚至整个社会都带来了深远影响。数字经济引发的第三次浪潮创造了新的市场，并为数字产品提供了流动渠道，因此，全世界的组织和个人都可以参与创造财富的过程。例如，政府数字化会影响政府服务水平、监管程序、决策过程和治理制度，可以帮助社会公众通过数字化产品和技术广泛参与到政府事务当中，提高政府的办事效率、降低管理成本。同时，一些关于网络发展的理论及相关的政策也为数字经济的发展贡献力量，如梅特卡夫法则、摩尔定律、达维多定律及数字商业政策等。这些理论的应用揭示了数字经济的基本特征：一方面有利于学者学习和研究数字经济的内涵；另一方面则便于决策者把握数字经济脉搏，完善相应的制度和法律保障，确保市场经济的健康发展。随着相关理论的深入和政策的完善，数字经济正在崛起。

二、数字经济的内涵及相关理论

近年来，随着移动互联网、大数据、云计算、物联网、人工智能、无人驾驶、3D（三维）打印等数字技术的创新发展，以及其与经济社会的各个领域的融合发展，人们对数字经济的认识也在持续深化，这不仅使人们生产活动、生活方式甚至整个思维方式都发生了巨大的改变，也使数字经济的内涵得以不断拓展。

（一）数字经济的概念和实质

1. 数字经济的概念

数字经济是新通用技术变革影响的结果，它不仅影响了信息和通信技术部门，还影响了与经济、社会活动相关的所有部门，如零售、运输、金融服务、制造业、教育、医疗保健、媒体等，它是通过全球信息的互动和交流来进行发展的高科技经济。大部分数字经济的定义不仅仅是互联网经济（经济价值来源于互联网），同时还包括经济和社会活动所产生的其他信息和通信技术，即 Information and Communications Technology（以下简称 ICT）。一般来说，数字经济是经济的一部分，其主要指通过数字技术在互联网上进行商品和服务的交易，同时它也是基于支持性基础设施（硬件、软件、电信、网络等）、电子化管理（一个组织通过计算机介导的网络进行流程管理）和电子商务（网上交易）的生产性或贸易性活动。

随着人们对数字经济认识的不断深化，不同时期、不同学者与机构对数字经济的定义也会存在差异[1]。目前，各界使用最多的是 G20（二十国集团）杭州峰会上达成的《二十国集团数字经济发展与合作倡议》对数字经济的定义，即数字经济是指以使用数字化的知识和信息为关键生产要素、以现代信息网络为重要载体、以信息通信技术的有效使用为效率提升和经济结构优化的重要推动力的一系列经济活动。[2] 此外，《数字经济及其核心产业统计分类（2021）》中也给出了数字经济的定义，即数字经济是指以数据资源为关键生产要素、以现代信息网络为重要载体、以信息通信技术的有效使用为效率提升和经济结构优化的重要推动力的一系列经济活动[3]。

比较《数字经济及其核心产业统计分类（2021）》和《二十国集团数字经济发展与合作倡议》中对数字经济的定义，可以看出，两者的区别在于关键生产要素是数字化的知识和信息还是数据资源。这一内容的转变标志着数字经济已由信息化升级转变为真正的数字化，数据资源使数字化全面渗透进生产的各个方面，且数据作为要素资源流动起来。事实上，从历史上几次工业革命的成果来看，经济进步的本质正在于生产要素的流动性不断提升，可流动的要素不断增加，以及新增要素带来的生产效率提升和结构优化。数据要素正是第四次工业革命的新生

---

① 李若namespace. 数字经济时代大学生消费心理及消费行为的研究 [J]. 老字号品牌营销，2022（15）：49-51.
② 李玉清. 数字经济推动农村一二三产业融合发展的路径研究 [J]. 当代经济，2019（7）：18-20.
③ 高振娟，赵景峰，张静，等. 数字经济赋能消费升级的机制与路径选择 [J]. 西南金融，2021（10）：44-54.

产要素。数字经济时代的到来必然会提升生产效率，优化经济结构，并大幅度提升经济增速。这正是人们看好数字经济的关键原因。

相对来说，在数字经济的概念定义上，一个重要的共识是信息网络和信息技术的重要作用。现代信息网络与数字平台在数字经济中的地位远超过传统的互联网与宽带。云计算、大数据、物联网、人工智能、区块链等信息通信与数字技术将成为数字经济的关键驱动技术。由于这些技术在技术层面上得到了人们的普遍认识和认可，政府对数字经济相关技术的投入也更容易得到人们的支持。

鉴于以前社会各界对数字经济的概念定义尚未达成一致，因此其对于数字经济的范畴和基本构成更是难以达成共识，这进一步导致数字经济内容难以确定。目前，国内比较权威的分类方法是将数字经济产业范围划分为五个大类，具体如表 1-1 所示。具体来讲，这些大类包括数字产品制造业、数字产品服务业、数字技术应用业、数字要素驱动业和数字化效率提升业。数字经济核心产业是指为产业数字化发展提供数字技术、产品、服务、基础设施和解决方案，以及完全依赖数字技术、数据要素的各类经济活动。根据上述分类，前四大类所涵盖的产业均属于数字经济核心产业的范畴。

表 1-1　数字经济及其核心产业统计分类

大类	中类	内容
数字产品制造业	计算机制造	计算机整机制造、计算机零部件制造、计算机外围设备制造、工业控制计算机及系统制造、信息安全设备制造、其他计算机制造
	智能设备制造	工业机器人制造、特殊作业机器人制造、智能照明器具制造、可穿戴智能设备制造、智能车载设备制造、智能无人飞行器制造、服务消费机器人制造、其他智能消费设备制造
	电子元器件及设备制造	半导体器件专用设备制造、电子元器件与机电组件设备制造、电力电子元器件制造、光伏设备及元器件制造、电气信号设备装置制造、电子真空器件制造、半导体分立器件制造、集成电路制造、显示器件制造、半导体照明器件制造、光电子器件制造、电阻电容电感元件制造、电子电路制造、敏感元件及传感器制造、电声器件及零件制造、电子专用材料制造、其他元器件及设备制造
	其他数字产品制造业	记录媒介复制、电子游戏游艺设备制造、信息化学品制造、计算器及货币专用设备制造、增材制造装备制造、专用电线和电缆制造、光纤制造、光缆制造、工业自动控制系统装置制造

大类	中类	内容
数字产品服务业	数字产品批发	计算机软件和辅助设备批发、通信设备批发、广播影视设备批发
	数字产品零售	计算机软件和辅助设备零售、通信设备零售、音像制品零售、电子和数字出版物零售
	数字产品租赁	计算机及通信设备经营租赁、音像制品租赁
	数字产品维修	计算机和辅助设备维修、通信设备维修
	其他数字产品服务业	—
数字技术应用业	软件开发	基础软件开发、支撑软件开发、应用软件开发、其他软件开发
	电信、广播电视和卫星传输服务	电信传输服务、广播电视传输服务、卫星传输服务
	互联网相关服务	互联网接入及相关服务、互联网搜索服务、互联网游戏服务、互联网资讯服务、互联网安全服务、互联网数据服务及其他互联网相关服务
	信息技术服务	集成电路设计服务、信息系统集成服务、物联网技术服务、运行维护服务、信息处理和存储支持服务、信息技术咨询服务、地理遥感信息及测绘地理信息服务、游戏及其他数字内容服务、其他信息技术服务
	其他数字技术应用业	3D打印技术推广服务、其他未列明数字技术应用业
数字要素驱动业	互联网平台	互联网生产服务平台、互联网生活服务平台、互联网科技创新平台、互联网公共服务平台、其他互联网平台
	互联网批发零售	互联网批发、互联网零售
	互联网金融	网络借贷服务、非金融机构支付服务、金融信息服务
	数字内容与媒体	影视节目制作、广播电视集成播控、电影和广播电视节目发行、电影放映、录音制作、数字内容出版、数字广告
	信息基础设施建设	网络基础设施建设、新技术基础设施建设、算力基础设施建设、其他信息基础设施建设
	数据资源与产权交易	—
	其他数字要素驱动业	供应链管理服务、安全系统监控服务、数字技术研究和试验发展服务

续表

大类	中类	内容
数字化效率提升业	智慧农业	数字化设施种植、数字林业、自动化养殖、新技术育种、其他智慧农业
	智能制造	数字化通用、专用设备制造，数字化运输设备制造，数字化电气机械、器材和仪器仪表制造，其他智能制造
	智能交通	智能铁路运输、智能道路运输、智能水上运输、智能航空运输、其他智能交通
	智慧物流	智慧仓储、智慧配送
	数字金融	银行金融服务、数字资本市场服务、互联网保险、其他数字金融
	数字商贸	数字化批发、数字化零售、数字化住宿、数字化餐饮、数字化租赁、数字化商务服务
	数字社会	智慧教育、智慧医疗、数字化社会工作
	数字政府	行政办公自动化、网上税务办理、互联网海关服务、网上社会保障服务、其他数字政府
	其他数字化效率提升业	数字采矿、数字化建筑业、互联网房地产业、专业技术服务业数字化、数字化水利设施管理、环境和市政设施管理、互联网居民生活服务、互联网文体娱乐业

要充分理解数字经济，必须了解数字经济和其他一些相关概念（知识经济、互联网经济、网络经济或信息经济）的关系。其中，互联网经济、网络经济或信息经济强调使用者重视信息丰富性和借助互联网快速传输信息的特征。知识经济强调使用者对信息和知识的主导作用。相较而言，数字经济，即互联网经济、网络经济或信息经济的升级，数字经济使得信息经济由信息化及其结构升级为数字化及其结构，其基础和本质没有太大变化，数字经济是信息经济的发展方向。随着数字经济的发展，人们对其认识发生了较大的转变。

总的来讲，互联网经济、网络经济或信息经济与实体经济的集合是数字经济的重要发展阶段，当前数据要素化的阶段也是数字渗透于实体经济的阶段。之后，随着数字经济的发展，虚实相融的智能经济阶段即将到来。

2. 数字经济的实质

数字经济的实质主要体现在以下几方面。

（1）数字经济是昼夜不停运作的全球性经济

由于信息与数字网络全天不间断地运转，基于互联网、大数据、云计算等数字技术的经济活动很少受时间因素的制约，可以全天候地连续运转。而且由于信息与数字网络、数据的全球流动把整个世界变成了"地球村"，全球各地的地理距离对信息传递来说变得不再重要，基于数字技术的经济活动把空间因素的制约降到最小限度，使经济的发展进程大大加快，世界各国经济的相互依存性空前加强。随着商品、服务与资本全球流动速度的放缓，数据全球流动速度不断加快，数字经济逐渐成为主导经济全球化的主要力量。

（2）数字经济是去中介化的虚拟经济

随着互联网等数字技术的飞速发展，经济组织结构逐渐变得扁平化。消费者和生产者之间的直接联系与沟通变得更为便捷，这使得许多传统的中间环节，如分销、批发和零售等变得不再重要。除因某些交易的复杂性需要专业的经纪人和信息服务中介外，大部分交易可以直接由消费者和生产者完成。

此外，作为虚拟经济的数字经济不仅仅局限于线上的虚拟空间，它与线下物理空间中的现实经济相互对应、相互促进。在数字经济时代，经济活动主要在数字技术和网络构筑的虚拟空间中进行。这种虚拟性源于经济活动转移到线上网络空间后所呈现的虚拟性，而并非像期货、期权等虚拟资本所形成的真实的虚拟经济。

（3）数字经济是合作大于竞争的开放经济

工业经济时代，传统价值创造主体通过上游采购原材料、中游加工生产后再向下游出售最终品和提供售后服务，形成了线性价值增值链，每个价值链环节上的竞争对手越少，利润就越丰厚，他们的目标是消灭竞争对手；数字经济时代，不论是新兴平台企业还是传统转型企业，又或者是依托平台生存的各类中小微企业，都是相互依赖的产品和服务供给者，平台更多的是采取开放策略，构建互利共赢的生态系统，以增强平台的吸引力和竞争力。依托平台的企业之间虽存在适度竞争，但更多是交易协作与共同创造价值的关系，合作远大于竞争。企业可持续的竞争优势不再是自然资源的占有或可供利用的资金有多少，而是更多地依赖通过相互合作得到的富含信息和知识的数据。只有在相互协作中，企业的活力与应变能力才能不断提高。

（4）数字经济是速度型经济

数字经济成为速度型经济是由数字经济的规模报酬递增或外部性导致的，哪家企业能够以最快的速度获得规模经济，就会越来越强。数字技术日新月异，在数字技术的支撑下，信息传输速度、产品升级换代的速度在加快，创新周期在缩短，企业之间的竞争越来越成为一种时间的竞争。不论是生产制造型企业还是生产服务型企业，谁可以按最快的速度收集、处理和应用大量的数据，第一时间把纷繁复杂的数据变为可供企业决策、生产的知识与信息，谁就能不断满足消费者多样化的需求。基于此，可以说数字经济是在注重质量的基础上也注重速度的经济。

（5）数字经济是持续创新型经济

数字经济源于移动互联、大数据、云计算等数字技术，以此为基础的数字经济属于技术与研发密集型经济，需强调教育培训、研究开发，否则就不能称为新经济，但数字经济又超越数字技术，技术的创新更多来自有利于创造性发挥的组织环境、制度环境、管理观念与激励机制，所以在技术创新的同时还需要进行组织创新、制度创新、管理创新与观念创新。

另外，数字经济是需要持续创新的经济，否则其中的"新"也就难以维持了。例如，移动支付在我国发展得如火如荼，但如果能集众多信息，如医疗、养老保险信息于一张卡（身份证）上，只要一扫所有的信息都可显示，不但为身份识别提供方便，为移动支付也带来了极大便利。所以，数字经济不但是创新型经济，更需要持续创新。只有持续创新，才能永葆活力。

（6）数字经济是注意力经济

在数字经济背景下，每个人都置身于巨量信息的包围之中，只有独树一帜才能获得他人的注意，博得更多的关注，迅速聚集大批用户或粉丝，并在激烈的竞争中胜出。故而涌现出许多免费的新商业模式，如先通过聊天功能短期聚集大量用户，然后再开通移动支付、电商理财及生活服务等众多商业功能的应用程序；通过分享自己的生活方式，个性表演或展示法律、交通、医学、体育、娱乐、游戏等专业知识等，聚集大量粉丝获得打赏，使个人也成为品牌，再通过接广告展示和营销商品，或者直接将社交流量出售给广告商来变现的短视频直播平台模式；按付费多少决定搜索的商品、服务、企业及其他内容的排名的竞价排名模式，排名越靠前，消费者对其关注度就越高，其潜在的商业价值就越大。这些新商业模式都是通过博得眼球、争夺注意力来变现的。

此外，在数字经济背景下，各智能互联网平台及数字平台都通过数据挖掘技术，抓取、记录用户在互联网上的行为数据，进而分析出用户的行为特点与需求。只要用户曾经在网上搜索或关注过某方面的内容，相关平台就会记录并据此向消费者智能"推送"类似的、本地化的、可方便获得的、个性化的服务，更精确地实现内容传输与受众注意力的匹配，以在碎片化信息过载的数字经济环境中，对大量信息进行过滤和选择，满足追求个性化信息的消费者的普遍需求，进而赢得市场和创造更多的价值。因此，可以说数字经济是注意力经济。

（二）数字经济的特点

数字经济具有以下七个特点。

1. 数字化

数字化指以二进制的形式来表示和处理信息，将包括文字、图片、视频、声音等在内的诸多信息转化为计算机能够读取、处理和传输的二进制代码。[①]20世纪中叶，计算机的发明标志着经济数字化的开始。这一时期的主要商业模式是芯片生产和制造、计算机生产和制造、操作系统开发、相关软件开发等。虽然如今大部分信息都能以数字化的形式表示，但数字化的进程仍未结束，还有大量信息和设备游离在数字系统之外。

2. 网络化

网络通信技术可实现人与人、人与物、物与物之间的实时链接。20世纪60年代，阿帕网的诞生标志着数字经济网络化的萌芽；20世纪90年代以后，互联网的全球普及为数字经济发展构筑了至关重要的基础设施。全球网络空间治理体系要实现深度变革，就离不开数字经济。换句话说，准确地定位与聚焦于数字经济，就回答了全球网络空间治理体系变革是为了什么的问题，即以数字经济为驱动力，推动网络空间开放、合作、交流、共享，让互联网更好助力经济发展、社会进步、生活改善，让世界各国做到发展共推进、安全共维护、治理共参与、成果共分享。

3. 智能化

近年来，人工智能研究在多个领域实现突破，数字经济进入以智能化为核心的发展阶段。目前，其商业模式还主要集中在单一的人工智能应用上，包括语音识别、自动驾驶、机器人写稿、图像识别、医疗辅助等诸多领域。未来，智能化技术将对数字经济发展产生更多影响，推动人类生产生活方式变革。

4. 开放化

数字经济的开放化特征主要体现在以下两个方面。

（1）人的开放

人的开放是指人与人的关系，以及部分行为和互动的开放。传统经济下人的交流及关系发展形势相对而言是比较单一枯燥的，如通过书信、报纸等手段建立

---

① 梁凯. 语言符号的任意性、理据性和象似性及其关系[J]. 重庆科技学院学报(社会科学版)，2016(9)：77-78.

并维护感情，人的关系空间就显得异常狭窄甚至封闭，但在数字经济的背景下，人彻底实现了利用一个信息就能走遍天下并随时随地接受或传递个人情况及信息的梦想，人不再孤独，而隶属于群体，但不是隶属于一个固定群体，而是隶属于多个群体，群体的多样性反过来推动了人的开放。与此同时，由于数字经济组织结构趋向扁平化，处于网络端点的生产者与消费者可直接联系，人与人之间的部分互动增加，降低了传统中间商存在的必要性，从而显著降低了交易成本，提高了经济效益。数字化经济将进一步加剧现有的不平等，也就是"数字鸿沟"会出现。数字经济为人类提供了情绪宣泄的平台及交流学习的环境，数字化将从根本上改变人们的工作和生活方式。一方面，部分传统职业将消失，机械将取代人类，劳动和物质生产过程将自动化；另一方面，将有新的以人为本的工作机会和新数字技能的需求，将有庞杂的数字经济政策要求人类适应数字化社会劳动规范和规则，为进一步适应"人"的开放创造更好的条件。但是，数字经济中技术标准（质量、速度等）和个人能力的不同会造成极大的机遇不平等，因此平等接入互联网是公平参与社会的关键。

（2）技术的开放

数字产品的主要投入为知识（技术），但是技术上的保密性是企业保持竞争优势的重要筹码。数字经济喜欢新事物和新理念，数字产品缺乏创新意味着丧失竞争力，无法逃脱被淘汰的命运。简言之，"一切照旧"意味着失去机会和造成竞争劣势，速度、弹性和创新是必要的。以软件行业为例，起初技术人员在构建软件时，他们通常为心中假想的某一类用户而编写，现在软件创造者针对各种可能的潜在用户，逐步开放使用，并解决了大多数用户的需求。在移动通信行业，设计良好的平台可以促进应用程序的升级，增加平台功能，因此它可以不断增值。

此外，越来越多的数字产品在技术开放的背景下抢占了先机，一度成了市场竞争的赢家，如在移动通信领域，安卓操作系统的开放性和苹果系统的半开放性都在很大程度上击垮了技术上少有改变、没有做好应用的配套、没有唤起产业链上的合作伙伴及用户信心的塞班系统。信息技术平台在数字基础设施中举足轻重，技术的开放让多个竞争方都成为赢家。

5. 商业化

数字经济，这个以大数据、云计算、互联网及人工智能为技术驱动的新时代经济形态，正在对众多产业产生深远的颠覆性影响。传统的商业模式，无论其如何精细复杂，都已经无法满足数字经济的快速发展需求了。因此，为了适应这一变革，未来社会必须推动商业模式的重新构建，以适应数字经济的需求。随着共享经济时代的到来，数字资源的"共享价值"已经超越了传统的"交换价值"，这一变革正在重新定义商业模式。不仅仅是金融资本，社会资本也被赋予了同等重要的地位，合作共赢逐渐超越竞争，而商品使用权也逐渐被看作比所有权更重要的权益。可持续性正在取代消费主义，成为引领未来社会发展的关键因素。这些变化推动着全新商业模式的涌现。数字经济未来将以大数据、云计算、互联网及人工智能技术为线索，重新设计传统商业模式。依靠数字产品的横向延伸价值链和数字技术的纵向延伸产业链，数字经济正在打破传统行业的边界，构建基本商业模式。这一革新还将促进跨行业、跨区域商业模式的形成，数字技术的驱动力正在改变企业之间的合作方式。

6. 兼容化

数字经济还促进了产业兼容、技术兼容、消耗与可持续性的兼容，具体内容如下。

（1）产业的兼容

知识的生产、传播及应用与信息化、网络化相融合，最终促成了第一、第二、第三产业的相互融合。例如，农业生产变得机械化，其对劳动力的需求大幅度减少，工业也如此，传统工业的劳动力需求量出现一定的更迭，不能适应数字经济下新工作岗位的工人面临失业，而大量新兴的技能岗位却没有合适的工作人员上岗。因此，新农业、新工人将大量涌现，电脑控制、移动终端操作这些技术将有助于提高工作效率，降低人工成本及技术限制，三大产业之间的界限变得模糊，最终实现产业的兼容。

（2）技术的兼容

在数字经济中，互容性允许不同的平台和应用程序上的开发及使用人员进行联系和沟通，以此增加用户的使用价值。互容性是指不同硬件与软件、技术之间的兼容。不同的平台和应用程序之间的互容性允许这些单独的组件连接和沟通，这是基本数字技术日益趋同的结果。用户通过访问一个单一的平台来获得更广泛的内容，并以此来表明互容性可增加产品的价值。如今，由于数字经济中区别于传统实物交易的产品及服务均以数字化的形态存在，现实与虚拟技术的兼容成了数字经济的有力依托。例如，广泛运用的虚拟现实技术。作为数字化高级阶段的虚拟现实技术能使人造事物像真实事物一样逼真，以此来创造现实中难以实现的情景。例如，对地质灾害、火灾等突发事件的体验与防治学习，因为难以制造现实场景来构建学习平台，而虚拟现实技术能让人们产生身临其境的感觉，把各种可能的突发事件集中起来，以此来推动应急管理工作的发展完善。然而技术的兼容需要统一的标准化要求，但是标准化不应被视为技术兼容的灵丹妙药。首先，标准制订过程必须公开和透明。其次，虽然采取了许多数字标准，然而在实践中很少有成功的，因此一个有效的标准必须是精心设计、满足人们真实需求并能够广泛开展的。最后，采用数字标准的企业有可能相对于其他企业来说创新更慢，它会抑制产品的差异化发展。

（3）消耗与可持续性的兼容

传统经济发展理论认为社会资源是有限的，经济发展必然会带来资源的消耗，因此与生态环境很难兼容，即经济的发展会对有形资源、能源过度消耗，造成环境污染、生态恶化等现象。而数字经济在很大程度上既能做到消耗少量资源，又能够保障社会经济的可持续发展。

7. 共享化

各类数字技术日益融入人们的生活，因此产生了越来越多的数据。数据或技术的共享会吸引更多的用户或组织，如广告商、程序开发人员到平台上来，直接效果就是平台上的用户越来越多，吸引力越来越大，用户与产品的相互作用越来越明显，会有更多的用户和有价值的产品出现。共享会带来间接效果，这是因为平台的高使用率会给类似平台或产品的原始用户带来收益，同时原始用户通过技术把一部分额外效益无偿转移给其他生产者或消费者。例如，被广泛采用的操作系统会吸引应用程序开发人员生产新的应用兼容程序，以此来保障用户的利益，同时自身也获得额外收益。

当然，信息技术的共享也会带来不利影响，如信息及技术的共享可能会带来更多的非法应用，因此在标准化、规范化上需要有明确的法律依据及全球认可的统一准则。一方面，信息及技术的共享可能会导致市场故步自封，不采取积极的行为来提高市场地位，从而抑制市场竞争的自主性。另一方面，虽然社会各个主体都应该享受到信息技术共享的成果，但是也应注意不能试图滥用这些信息提升自身市场主导地位甚至是危害公共安全。尽管有强大的安全保障技术和防欺诈检测，但每一个程序都可能是脆弱的。未来，在数字领域进行数据共享的可能性和进一步自动化增加了市场潜在的安全漏洞。例如，通过音频技术可以分析人讲话的声音内容，提取敏感信息和细节，有目的地传播这些信息，造成危害。

（三）数字经济的类型

数字经济以数字化信息为关键资源，以信息网络为依托，通过信息通信技术与其他领域紧密融合，形成了五大类型。

一是基础型数字经济。传统的信息产业构成了基础型数字经济，它是数字经济的内核。

二是融合型数字经济。信息采集、传输、存储、处理等相关信息设备不断应用于传统产业的生产、销售、流通、服务等各个环节，形成了新的生产组织方式。传统产业中的信息资本存量带来的产出增长份额，构成了融合型数字经济。

三是效率型数字经济。信息通信技术在传统产业的普及，促进了全要素生产率提高，进而产出份额也在不断增长，构成了效率型数字经济。

四是新生型数字经济。信息通信技术的发展不断催生出新技术、新产品、新业态，这些新技术、新产品、新业态被称为新生型数字经济。

五是福利型数字经济。信息通信技术普及带来的消费者剩余和社会福利等正外部效应，构成了福利型数字经济。

（四）数字经济的框架划分

数字经济框架主要有以下几种划分方法。第一种是按照经济运行基本步骤的划分方法，可分为数字化基础设施、数字化媒体、数字化交易和数字交易产品。第二种是侧重生产力和生产关系的划分方法，它将数字经济框架分为七个组成部分，即数字资产、数字治理、数字产业化、产业数字化、数据要素、数字基础设施和数字经济保障体系。第三种是以技术基础—经济发展—综合治理为发展线索的划分方法，将数字经济框架分为支撑层、数据层、商业层和治理层。第四种是从生产要素、生产力、生产关系三个维度出发，将数字经济框架划分为数据价值化、数字产业化、产业数字化和数字化治理四部分的划分方法。

（五）数字经济的发展定律

1.梅特卡夫法则

梅特卡夫法则是指网络价值随着用户数量平方数的增加而增加，即网络的价值 $V = K \times N^2$（K 为价值系数，N 为用户数量）。在基础设施成本一定的情况下，使用的用户越多，则其价值就越大，如网络信息门户网站，资源被固定在门户网站上，浏览网页的人越多，此网页的价值就越大，相应均分到的成本就越小，即数字经济的价值随着网络用户的增加而呈指数形式增长。

在数字经济中，数字产品的复制和传播变得非常容易，这使得更多用户可以以较低的成本获取这些产品。这种低成本获取产品的现象，反过来又增加了产品的累积增值性。与此同时，大数据的整合功能在数字经济中也扮演着重要的角色。通过大数据的整合，网络平台可以将大量零散而无序的资料、数据、信息按照用户要求进行加工、处理、分析、综合，从而形成有序的、高质量的信息资源。这些信息资源可以满足不同用户的需求，为经济决策提供科学依据，进而带来不断增长的报酬。

2. 达维多定律

达维多定律指出数字经济更注重创新，创新是经济发展的不竭动力。世界经济论坛指出，数字经济是第四次工业革命框架中不可缺少的一部分。越来越多的基于数字技术和新商业模式下的创新可以使投资者减少投入，甚至是零投入，如现有产品和流程的数字化、分布式制造、依赖广告的免费业务，因此在数字经济背景下必须注重创新。与大多数现代专业人士相比，常规专业人员在执行他们被要求做的任务时，会因执行工作而迸发创新思维，这个概念适用于大多数社会工作。从这个角度来看，任何社会工作者不愿过于乐观地参与可以被视为提高技术的使用及其与社会工作之间关系水平的日常实践中，这样一个"对抗创新"的态度可能更适合社会工作环境。大多数创新都不是由工程师在实验室完成的，如早期用户之间的对话充满局限，为了寻求受欢迎的应用程序，一些业余人员有了一个好主意，开发了一个原型，然后有一些成功，之后，产品或技术的专业开发人员去研究它，这就是聊天软件的出现过程。计算机和互联网正逐渐改变人们的思维方式，如感觉、记忆、使用的语言，以及想象力、创造力、判断和决策过程。为了能够与更强大的技术竞争，人类在未来将不得不专注于创新，企业更需要如此。

3. 摩尔定律

英特尔创始人之一戈登·摩尔发现，同样面积的芯片上集成的晶体管数量每隔 18 ~ 24 个月会增加一倍，这会将芯片的处理速度和处理能力每隔两年提升一倍，而成本则会降低一半。这个定律不仅体现了网络科技更新的速度，还反映了其成本降低的可能性，而廉价是科技普及的重要条件之一。更为重要的是，在数字经济时代，摩尔定律并没有终结，摩尔定律的类似逻辑不仅在晶体管的技术革新中成立，其在数字经济背景下的硬件、软件、云、网络等技术的革新中同样成立。

4.科斯定律

在学者关于数字经济的讨论中，一般只提到前面的三大定律，而之所以要在这里再介绍科斯定律，是因为这个定律涉及交易费用，探讨该定律对于研究数字经济也具有一定意义。网络的出现从多方面降低了交易费用，当交易费用为零或接近零，企业的性质和规模会发生根本性的变化。

科斯定律，也叫科斯定理，其内容有些复杂，比较流行的说法为，只要财产权是明确的，并且交易成本为零或者很小，那么，无论在开始时将财产权赋予谁，市场均衡的最终结果都是有效率的，实现资源配置的帕累托最优（帕累托最优也称为帕累托效率、帕累托改善，是博弈论中的重要概念，主要是指资源分配的一种理想状态，假定固有的一群人和可分配的资源，从一种分配状态到另一种状态的变化中，在没有使任何人境况变坏的前提下，使得至少一个人变得更好）。

在信息技术不断发展的今天，离科斯定律中提出的"交易费用为零"的理想状态越来越接近，因而使它更具有现实意义和研究价值。随着网络的不断发展和繁荣，信息技术不断进步和丰富，交易成本早已成倍降低，使很多原来不可能的事情变得可能，使原本人们不愿意经营的项目变得愿意尝试，因此，科斯定律的某些局限性变得越来越小，科学性变得越来越强。

为了方便人们理解和记忆，笔者仅从数字经济的角度将科斯定律的核心思想简化为"两大两小"，即伴随着信息技术的发展，交易成本不断变小，企业规模（人数）不断变小，企业边界不断扩大，经营效益不断增大。由于网络技术的运用，互联网企业相比传统企业，它们的交易成本大大降低；与对应的产值相比，它们的人数大大减少；企业的经营边界越来越模糊，跨界经营越来越明显；经营的效益却不断提升。

（六）数字经济的三大支柱

数字经济有三大支柱：基础设施、治理模式和商业活动。

1.基础设施

数字经济的基础设施是指使数字系统成为可能的资源，以及个人和组织如何获取和使用这些资源。这涉及数字基础设施的各个方面，如互联网带宽、网络覆盖和电信市场动态，以及行为、社会、物理、公平使用方面的障碍和机会——谁使用或不使用数字技术及原因。

连接性基础设施是指使数据、设备（移动电话）和其他互联网服务和系统可以使用的基础组件。这方面的例子有光纤电缆、信号塔、卫星、数据中心，以及固定和移动宽带。政府和企业对基础设施的选择直接影响到谁能提供数字服务、在哪里提供数字服务、如何使用互联网，以及谁能获得和不能获得数字工具和服务。连接性基础设施还可以包括创新技术和部署模式，它们可以将互联网扩展到偏远或服务不足的地区。

完善的电信市场基础设施为数字经济发展提供了更安全的市场空间，而安全性、互操作性和竞争性体现了一个健康的电信市场的基本特征。在一个繁荣的电信市场中，政府监管被用来确保安全、可靠的网络，并通过促进竞争推动创新和降低成本。评估电信市场需要了解重要的政策、市场参与者、政府所有权的程度及互操作性的程度。可负担性衡量的是相对于当地收入的连接成本。设备、维护和数据成本可能是阻碍移动电话和互联网广泛使用的因素。对电信市场的有效监管可以通过促进竞争和创新来实现。

2. 治理模式

治理模式的关注核心在于数字技术如何与社会治理相互影响。数字政府这一概念强调了数字技术在政府现代化战略中的关键作用，其目标是提高政府的工作效率。数字政府依赖于一个多元化的生态系统，这个系统由政府行为者、非政府组织、企业、公民协会和个人组成，可以通过与政府的互动来生产和获取数据、服务和内容。数字政府可以分为三大类系统，由政府提供、管理和参与。

政府服务是指使用数字技术，如在线政务服务门户和数字身份证，来促进和改善政府机构向个人和企业提供服务的方式。在线政府门户网站汇集了政府信息和服务，供个人和企业获取信息和办理相关业务。政府服务还包括政府对于开放的政府数据的可用性和易用性的承诺。

数字政府系统包括后端信息技术系统、管理信息系统、财务管理信息系统和数据存储解决方案（云存储和政府数据中心）。强大的数字政府系统具有较强的互操作性和良好的管理、维护水平，且使用范围较广，并受到了良好的保护。当高质量的解决方案可用且合适时，政府可以通过接受开源软件解决方案来维护系统安全和确保互操作性。

数字技术为政府提供了一个极为有力的工具，用于收集和分析公众的意见。这不仅包括传统的反馈途径，如服务中断报告，而且还包括更具互动和参与性的方式，如在线投票、调查和请愿。在某些情况下，数字技术甚至可能推动在线选举的创新，为公民提供更为直接和便捷的政治参与途径。这些反馈机制在数字世界中扮演着参与式治理的重要角色，它们不仅增强了政府与公民之间的沟通，还使公民能够更直接地参与决策过程。然而，在增强交互性的同时，也需要对包容性、隐私保护及透明度进行更加细致的关注。例如，政府必须确保所有公民都有机会参与反馈过程，避免任何形式的数字鸿沟或歧视。此外，为了应对这些挑战并进一步促进与私营部门的合作，政府设立了创新中心。此类创新中心为政府提供了一个直接与创新者、研究机构及企业合作的平台。通过这些合作，政府能够更好地应对各种社会挑战，同时也能促进数字技术的创新和应用。

有效的数字政府系统通过维护公民个人权利来建立公众信任。这通常意味着要明令禁止各互联网平台随意使用公民的数据，以限制政府和其他行为者将技术用于恶性目的。政府可以通过落实数据治理政策和严守道德准则（对于人工智能和类似的新兴技术）来明确限制滥用行为。政府可以采取措施提升采购透明度，并在部署新技术时咨询受到影响的社区（数字身份证、智能城市和电子公民门户网站）。

3. 商业活动

商业活动包括数字技术在经济发展机会和效率、贸易和竞争力及全球经济一体化方面发挥的积极作用。企业利用商业活动可以评估使用数字金融服务、电子商务和数字贸易的机会和障碍，还可以分析当地数字人才库和科技创业环境的优势和劣势。

数字金融服务是通过数字技术（移动电话、卡片、互联网）实现或提供的金融服务。这些服务（支付、信贷、保险、储蓄、咨询）可以由一系列供应商提供，包括银行和许多非银行金融机构，如小额贷款机构、数字信贷供应商、支付供应商、技术供应商和电子货币发行商。发展良好的国家支付系统包括完善国家交换机和自动清算机等基础设施。普惠性数字金融可以理解为，给无法访问和使用银行服务的人提供的正规金融服务。普惠性数字金融服务可以满足用户的需求，并以用户可承受和供应商可持续的方式提供。

经济合作与发展组织将电子商务定义为通过计算机网络接收或下达订单并进行商品或服务的销售或购买的活动。电子商务活动可以通过正式和非正式的数字平台进行。实物商品需要借助物流运输交付；虚拟商品和服务（流媒体视频或远程医疗咨询）则可以通过数字方式交付。除数字工具（支付平台）外，电子商务还依赖用于货物仓储和交付的物理基础设施。电子商务的发展对传统的跨境贸易方式、交通运输基础设施、邮政和物流系统都有影响。电子商务还需考虑企业特别是中小企业，能在多大程度上利用数字平台（电子商务平台）与客户互动，并简化和维护内部运营。

数字贸易可以被定义为任何行业的企业通过互联网为用户提供产品和服务及相关产品，如智能手机和与互联网连接的传感器。这包括云存储、软件服务、银行和电子商务平台、数字媒体内容等服务，以及 ICT 硬件。电子商务侧重于实物商品的购买和交付，而数字贸易的范围更广，包括数字服务和媒体贸易，并强调跨境交易。数字贸易覆盖了从国际支付服务到电子签名和数字化海关程序等一系列数字贸易程序，涉及企业如何跨境购买和销售商品、服务，以及哪些法规和协议为跨境交易提供依据。

科技创业环境是衡量一个国家技术进步的指标。科技创业企业既包括社会企业，也包括以盈利为目的的商业服务、运输，甚至是游戏企业。在许多发展中国家，数字创业企业以迎合国际市场而不是本地采用为目标。一个有前景的创业环境可以吸引国外投资，激励熟练的互联网专业人士留在国内，并进行创新。

数字人才库描述的是能够支持一个国家数字生态系统发展的人才的可用性。这包括从互联网技术人员和专家到企业家，以及从年轻的 STEM（科学 science、技术 technology、工程 engineering 和数学 mathematics，四门学科英文首字母的大写）毕业生到学者和政策制订者。数字人才库还可以包括数字媒体专业人士，如营销人员、社交媒体意见领袖和记者。熟练的数字人才库可以为建立一个强大的、具有全球竞争力的数字经济提供智力支持，为一个国家的数字化转型铺平道路。

第二节　数字经济发展的特征

一、数字经济发展的基本特征

数字经济发展的基本特征体现在以下几方面。

（一）数据资源成为数字经济时代的核心生产要素

与传统的农业经济、工业经济一样，数字经济也需要生产要素和相应的基础设施与之配套，但每一次经济形态的重塑与社会形态的变革，都会产生与之相适应又依赖发展的生产要素。在数字经济中，由于很多要素都需要数字化，所以其又不同于前两种经济形态，数据才是与其相适应的新的生产要素。如同土地和劳动力为农业时代的关键生产要素，资本、技术、矿产、物资为工业时代的关键生产要素一样，数字经济的关键生产要素为富含知识与信息的数据资源。随着数字经济向科技研发、社会各个领域扩展与渗透的速度不断加快，数据驱动创新渐渐成为国家创新发展的关键形式和重要方向。

随着数字经济不断向前推进，与人类的消费、投资等经济行为相关的信息都将以数字化的形式存储、传递、加工和使用，大量数据的增长、处理及应用催生出了大数据概念，数据已日渐成为社会基础性战略资源。同时，随着数据存储和计算处理能力的飞速提升，数据的价值创造潜能大幅提升。庞大的数据资源也将成为企业的核心竞争力，因为企业的核心能力是产品和服务的创新引领能力，企业创新的核心是将用户、环境等产生的各类数据资源分析转化为对企业决策有用的知识与信息，基于数据的按需生产、生产流程改造与服务水平提升日益成为可能，谁掌握了各类数据，谁就更有优势。

随着数字技术向人类社会生产、生活的方方面面的渗透，人们的经济交易方式变得更加多样，甚至治理社会的方式也变得更加有效。数据已成为数字经济时代的生产要素，而且是最核心、最关键的生产要素；数据驱动型创新也正在向社会、文化、政治、生态等各个领域扩展渗透，甚至成为推动国家创新的重要动力。大量数据资源不仅为人类社会带来了更多新的价值，也为人类价值创造能力发生质的飞跃提供了不竭动力。但数据要素也有一些不同于其他要素的特征：第一，数据要素具有规模报酬递增的特性，数据越多包含的信息量越大，人们越能从中挖掘出更多的信息内涵与价值，与传统经济下要素的规模报酬递减特点刚好相反；第二，数据要素可重复使用、多人使用，但传统要素只能一次性使用，用完就不复存在；第三，数据虽然可无限增长，又可重复利用，又具有多人共享、不排他性，甚至不受传统经济发展资源稀缺性的制约，但数据依赖经济主体的消费与投资行为，缺乏独立性，广大学者仍对其能不能作为独立的生产要素推动经济的持续增长与永续发展存有疑问。

（二）数字基础设施成为数字经济发展的关键基础设施

与传统的工业经济下的经济活动更多架构在以铁路、公路和机场为代表的物理基础设施之上一样，数字经济活动的推进与实施也需要相应的基础设施与之配套；不同的是数字经济的发展需要这些专用型数字基础设施的强力推动。例如，宽带网络作为数字经济的"高速公路"，能够实现海量数据的快速传输，从而为电子商务、在线视听和远程办公等数字经济活动提供保障。同时，大数据中心则扮演着"大脑"的角色，收集、处理和分析海量数据，为政府决策、企业创新和科学研究提供数据支持。而云计算平台则像"电力"一样，为各行业提供计算和存储资源，实现资源的按需分配、灵活扩展和高效应用。除了专用型数字基础设施之外，数字经济还需要对传统基础设施进行数字化改造或增加其数字化组件，形成混合型数字基础设施。例如，数字化停车系统通过物联网技术实时监测车位使用情况，提高停车效率；数字化交通系统通过大数据和人工智能技术对车流量进行优化调度，缓解城市交通拥堵；数字化监测系统通过传感器和数据分析技术对环境、食品和设备等进行实时监控，确保人们生活安全。这两类基础设施共同构成了数字经济的核心基础设施，为其迅猛发展提供强大动力。

综合来看，传统工业时代的经济基础设施以铁路、公路、机场、电网等为代表，数字经济时代的基础设施基于"云＋管＋端"的架构运行。"云＋管＋端"的数字基础设施通过对传统物理基础设施进行数字化改造，使得土地、水利等传统农业基础设施和交通、能源等工业基础设施趋向智能化。

（三）数字技术的进步成为数字经济发展的不竭动力

人类经济社会发展从来不是循序渐进的平稳进程，技术的进步和变革是推动人类经济社会跃迁式发展的核心动力，如蒸汽机引领工业革命，ICT引发信息革命。数字技术的普及应用与日新月异的创新进步必将引发数字革命，为数字经济的发展壮大提供核心动力。

近年来，移动互联网、云计算、物联网、区块链等前沿技术正加速进步和不断突破创新，在推动已有产业生态不断完善的基础上，孕育出了更多新模式与新业态；人工智能、无人驾驶等数字技术，以及智能制造、量子计算、新材料、再生能源等新技术以指数级速度融合创新，不断发展，并进行了群体突破，不断强化着未来数字经济发展的动力，推动着数字经济持续创新发展，全面拓展人类认知和增长空间。

（四）数字产业的基础性、先导性作用突出

历史上，每一次科技变革和产业革命进程中，总有一些率先兴起、发展迅速、创新活跃、外溢作用显著的基础性和先导性产业带动其他产业的创新发展。与交通运输产业、电力电气产业、信息产业分别成为蒸汽技术、电气技术与信息技术三次科技革命中推动产业变革的基础先导产业部门类似，集中大数据、云计算、物联网、人工智能等数字技术研发的数字产业成为驱动数字经济革命的基础性、先导性产业。作为技术密集型产业，数字产业的基本特点就是持续动态创新，不仅带动作用强，其强大与活跃的创新能力更是其竞争力的根本保证。受此驱动，

数字产业也成为研发投入的重要领域，目前全球数字产业在经历早期快速扩张后已经步入稳定发展的轨道，并成为支撑全球各国经济发展的战略性产业。

二、数字经济发展的创新性特征

在数字技术迅速发展的时代背景下，数字经济的发展创新性特征应包括数字技术等新兴技术的融合、数据要素化与价值化、网络协同的放大效应、数字化渗透的产业生态的完善，以及数字化治理的结构性和系统性升级。

（一）数字技术等新兴技术的融合

数字经济背景下的新兴技术，如移动互联网、大数据、云计算、物联网、人工智能、区块链等不断取得突破，蓬勃发展。在未来，这些新兴技术将展现出更多可能性，它们之间有着错综复杂的关系。随着技术版图的不断扩大完整，人们不难发现，单一技术的发展成效和前景远不及多技术融合。技术融合不是简单的"1+1 = 2"的加法关系，而是要达到"1+1 > 2"甚至是等同于指数倍升级或两相乘积的结果。

在讨论新兴技术融合性时，人们不得不提到信息物理系统这一典型的融合技术。信息物理系统的主要目标是将信息和物理世界融为一体，将其作为一个统一的系统来进行监管和执行。这种系统在很大程度上构成了工业 4.0，即利用信息化技术促进产业变革的时代，而工业 4.0 中蕴含的信息化技术正是第四次工业革命的核心，也是数字经济产业在初级阶段的核心。信息物理系统的关键在于其融合性，它融合了计算、通信、控制技术，并进一步将信息世界和物理世界结合在一起。这使得信息不再是独立于物理世界的映射，而是与其形成了一体化的关系，共同发挥作用。在这个融合的基础上，信息世界更贴近实际，从而使模拟仿真和演算研究更具说服力；物理世界与信息世界的融合，加速了物理世界的发展，扫除了物理世界的空间距离阻碍。

信息物理系统只是数字经济中新兴技术融合的代表之一。在未来，更多的技术融合将不再只停留在技术层面，而是以基于技术融合的新模式、新产业的诞生为典型，使技术融合更具有目的性、创新性和方向性。

（二）数据要素化与价值化

1. 数据要素化

从历史和发展的角度来看，生产要素是随着时代的进步和技术的革新而不断演进和更新的。在这个过程中，新出现的生产要素往往具有更高的流动性、创新性和渗透性，这些特性使它们能够更快地传播和应用到更多的领域和地区，进而提高这些领域和地区的生产效率，推动其经济发展和产业结构优化。具体来说，早期的生产要素，如土地、劳动力等，受限于地理位置和自然条件，其流动性和创新性都相对较弱。随着科技的进步，技术、信息等生产要素开始出现，它们的流动性与之前的生产要素相比有所提高，创新性和渗透性也得到了增强。然而，这些生产要素仍然受到一定限制，如技术的研发和应用需要较长时间和较多资源投入，信息的传播也受到媒介和地域的限制。

相比之下，数据要素作为最新出现的生产要素，其流动性、创新性和渗透性更加突出。首先，数据的流动性非常高，可以轻松地在全球范围内进行传输和共享，打破了时间和空间的限制。其次，数据的创新性也非常强，人们通过对数据的挖掘和分析，可以获取新的知识，从而推动科技创新和市场预测等领域的发展。最后，数据的渗透性也非常强，几乎所有产业和经济领域都可以受益于数据的运用和发展。总的来讲，流动性、创新性和渗透性作为生产要素先进性的主要表征指标，具有重要意义。下面将对数据要素和技术、信息要素进行对比。

在流动性方面，数据具有最佳的流动效果并拥有最快速度。从理论上讲，数据拥有比信息更为精细、更标准化的特质，可以形成比互联网、物联网等信息化网络更普适化、结构更简单化的数字化网络。

在创新性方面，技术创新所需的投入往往较大，而回报周期则相对较长，这无疑增加了创新的风险。数据要素，以其独特的优势，综合了信息和技术要素的创新潜力，有效降低了创新投入的风险，并促使回报周期进一步缩短，以数字资产化、价值化为基础，使构建数字经济核算体系变成可实现的目标。在数字经济中，数据要素将与创新需求精准对接，使其最大的创新作用得以有效发挥出来。

在渗透性方面，技术具备相应的应用门槛，这导致技术可渗透的范围和领域受到限制。信息的渗透性一方面受到信息网络结构的限制，且不具备普惠性；另一方面，由于使用者的信息能力、信息素养参差不齐，信息的可验性、可控性和价值化缺乏统一的标准，使得需求与供给之间难以及时对接，这严重影响了信息的广泛应用与传播。然而，数字经济的网络化结构保障了数据的普惠性。更重要的是，相比于信息，数据的标准化程度更高，且可渗透性潜力更大。

通过单独对比技术的应用门槛可以发现，不同技术的应用门槛各具特色，即使是通用技术，其应用门槛也与行业、产业的技术基础背景密切相关。然而，数据应用门槛的通用性特征十分显著，目前主要体现在数据新基建和数字素养两方面。一方面，数据新基建与传统工业的物理基础设施是有所区别的，它不仅包括以数字技术等新一代技术为典型代表的信息基础设施，而且涵盖了传统工业的物理基础设施的数字化升级。另一方面，数字素养是数据应用的一道重要门槛。随着数字化时代的到来，具备数字素养已经成为人们的一项基本技能要求。然而，目前全球范围内仍然存在大量的数字鸿沟，许多人在数字技术的理解和运用上存在困难。这不仅限制了他们自身的发展，也阻碍了整个社会的进步。因此，如何提高全民的数字素养，是一个迫切需要解决的问题。

相比于其他生产要素，数据要素具有更为显著的融合性。这种融合性使得数据能够与其他生产要素产生协同效应，从而产生更迅速、更深远的影响。数据能够打通不同的领域、平台和主体之间的隔阂，实现信息的流通和共享，推动各行业的发展和创新，与此同时，数据的品质和数量呈现出了指数级提升趋势。在现有的生产方式下，依靠单一生产要素的聚集或者多种类生产要素的物理性聚集产生规模效益来实现生产率瓶颈突破的方式已经无法满足现代社会的发展需求，世界发展急需一种能够融合各种要素，有效发挥其作用，同时实现要素融合效用提升的新型要素，而这种新型的要素只能是数据。

2. 数据价值化

数据价值化在当今社会变得越发重要，在此之前，生产要素的价值化并未被特别强调。而如今数据价值化受到重视的原因主要有两点：首先，数据具有非常高的价值特性，这是不容忽视的；其次，数据的价值具有某种程度的隐蔽性，需要经过特定的处理和挖掘才能被充分释放。

目前，全球各国已将数据视为至关重要的战略资产和提高国家竞争力的核心资产，同时数据也被视为一种极具开发挖掘价值、名为"新石油"的新资源。数据既是各国竞相争夺的核心资产，也是推动数字经济发展的核心资源，其蕴含的价值和潜力不言而喻。之所以用资产和资源来形容和类比数据，是因为在过去的工业革命进程中，资产和资源一直都是推动社会进步和经济发展的关键因素，同时也是各个国家极力争夺的关键所在。此外，数据与传统的资产和资源具有一定的共性特征，尤其是在价值层面，数据的资产化和资源化是推动数字经济发展的关键。数据只有被资产化才能进行流通和交易，进而发挥其潜在的价值和作用。同时，只有将数据作为资源来对待，才能使其具有流通的必要性和为数字经济革命提供驱动力的可能。通过数据资产化，人们可以更加直观地认识到数据的价值所在，而数据资源化则反映了数据在数字经济革命中的形态和使命。

值得一提的是，数据作为知识和智慧的基本形式，已经渗透到了经济、社会、生产和生活的各个领域中。这种渗透不仅将知识和智慧的核心内容融入这些领域，更是推动了数据要素所带来的附加价值的全面提升。数据在这方面的作用类似于技术，但二者又有所不同，具体表现为，技术如同知识和智慧的化学方程式，更注重对于技术本身及其相关外部环境变化和规律的揭示，因此技术对外界的价值外化形式相对直观；而数据更注重加速包括自身在内的一切要素的转变、融合和分化。数据通过这种方式可以实现自身和相关外部环境的变化和新规律的构建，因此，数据对外界的价值增值作用更具长期性、动态性、衍射性、多维度和难测性。这也导致了数据要素的价值化升值空间巨大，同时也更容易受外部因素的影响。因此，为了实现价值最大化，与数据要素相关的资源配置和管理显得格外重要。

（三）网络协同的放大效应

数字经济通常具有较大的放大、倍增、叠加效应，其重要原因之一就是网络"放大器"的赋能效应。这一方面解释了互联网行业为什么在早期都要拼命"烧钱"做大规模，其目的就是要产生足够大的网络，连接足够多的信息和人，在网络规模达到一定程度后，释放出巨大的能量；另一方面也解释了为什么互联网平台有自然垄断属性：先发公司确立优势，用户规模达到一定程度，形成网络放大效应之后，实现了指数级增长。总的来讲，在发展数字经济的同时，各行业需要保持开放思维，只有依托统一的网络，彼此互联，才能够激发更大的创新活力。例如，在发展工业互联网、物联网的过程中，一定要坚持统一的标准规范，在保障安全的前提下，实现设备、工厂、车间的开放互联，只有这样才能更好地激发新技术的创新潜力。

（四）数字化渗透的产业生态的完善

对于企业和各产业来说，掌握足够的数据才能够做出正确甚至精准的决策，才能够优化配置、降低成本，才能够开发出低风险、高价值的创新性工作，进而提高自身生产效率，提高核心竞争力。因此，企业和各产业对数字化转型的热情较高，数字化在各产业的渗透率正在不断攀升。

在数字化时代来临之前，生产与生活是两个在时空上相互割裂的主体。然而，随着数字化的不断发展，这两个领域之间的时间隔膜逐渐被打破。人们可以在数字化消费中产生基于数字价值升值的"消费式生产"，也可以在生产中产生基于数据交易价值实现的"生产式消费"。以娱乐数字化为例，在这个过程中，用户不仅是消费者，而且能够在娱乐中创造出属于自己的数字化产品。这些数字化产品的运营者，出于应对消费者需求升级的目的，也可以在生产过程中以消费者身份进行数字化产品消费，在充分利用大数据技术的基础上积极挖掘用户需求，从而实现产品的重构或优化。这种数字化生活与数字化生产的完美结合，使得数字化渗透到各个领域并使其相互影响、相互合作。这种密切的联系与互动，不仅改变了人们对生产与消费的传统认知，也让人们的生活和生产方式变得更加丰富、更加高效。

数字产业属于数字经济的先导产业，但数字化具有强大的渗透性，随着数字技术的不断发展，数字化渗透的领域正在增加。例如，共享经济、众包众筹、智能制造、数字金融等新业态的出现说明了数字化渗透已形成了产业新业态。在此基础上的数字经济新业态是数字化平台的多领域应用和集成支撑的。数字化平台经济具有结构上的普惠优势，能够帮助相关企业迅速地借助平台力量成长起来，并加强企业、用户、产业行业和外界因素等的链接，鼓励其相互间和整体的资源配置优化，支持多方共赢互利，从而完善产业生态。

（五）数字化治理的结构性和系统性升级

数字化网络链接了更多人、机、物，数据量爆发，数据治理的需求迫切。以往由政府主导的治理模式，不再符合数字经济时代的治理要求，原因如下：一是成本，数字化治理的总成本更高，要达到治理要求，成本均由政府承担不太现实；二是数字化治理和传统治理模式不同，数字化治理是有一定有形和无形收益的，政府如要获取治理收益，不仅需要投入更多资源，且治理收益如何改革才不违背传统的政府职能也是个难题。因此，未来多方参与、共同治理的模式更符合数字化治理的实际要求。

数字经济注定是全球性的，数字化治理同样注定是全球性的。当前全球各国的数字化治理的水平其实还很低，很多标准和方法都没有明确。数字化治理需要向平台化方向发展，因为只有平台化能打破人、地的局限，实现共同治理的目标。假设数字化治理就是平台化的，那么谁来构建呢？谁来统筹呢？未来应该会采用"参与者共识＋平台智能"的方式来解决。那么，数字化治理的难点和重点，恐怕还在于参与者共识。好消息是，虽然绝对的共识是难以实现的，但是普惠、绿色、高效等目标是能够依靠平台智能化达成的。这才是参与者愿意参与数字化治理的前提。

在这里，提到数字化治理的结构性和系统性升级是为了说明一点：由于数字化治理的范围广、涉及的参与者多，数字化治理的结构性和系统性升级问题是必须持续研究和改进的。数字化治理的结构性和系统性不但要简洁且条理清晰，还必须能反映出数字化治理的优势和治理对象的问题。数字化治理的技术、结构、范畴、目标都应随着治理对象和外界环境进行调整。

第三节 数字经济发展的重要性

一、数字经济创造的重要价值

在数字经济的大背景下，实施数字经济转型和支持数字经济的发展很难衡量数字经济的价值和实施模式，这是因为人类对数字经济虚拟性的理解在一定程度上影响了数字转型的过程和数字经济的发展。近年来，国内外互联网信息产业企业不断创造价值，带来了数字经济产业的新形式，包括制造业在内的传统产业的数字化已在飞速发展。

（一）数字经济的三大价值

数字经济的价值创造是数字经济虚拟性的显著体现。数字产业化是数字企业的基石与核心。数字经济的基础产业在蓬勃发展的同时，也给行业带来了大量数字技术、商品技术、基础设施和问题解决方案，行业将借助数字技术、信息要素进行相关的生产经营，从而形成行业数字化，并在生产发展中创造或者体现出价值，如图 1-1 所示。

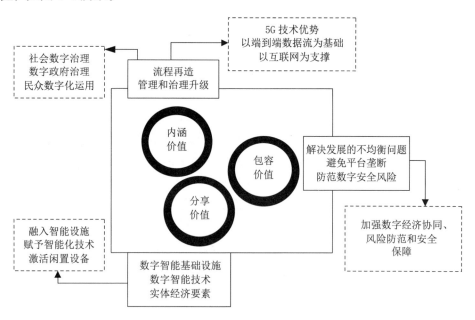

图 1-1　数字经济的三大价值

1. 内涵价值

（1）流程再造带来的价值

数字成型工艺是指运用了 5G 技术的优点，以生产关键环节的全智能化为核心，以端到端数据流和互联网为基础，从产品设计、制造、质量管控、客户服务到市场营销的全自动化工艺，使所有生产制造环节都实现了无缝衔接，从而有效地缩短了产品的研制周期，减少了各项资源的消耗与能量的耗费，以及运作成本，提高了生产工序的品质和制造效能。

（2）管理和治理升级的价值

随着数字经济和数字社会的崛起，企业数字管理工作正在经历一场深刻的变革。过去，企业的管理空间受限于狭隘的范围，无法融入社会治理、政府治理及民众的数字化应用当中。然而，随着时间的推移，企业数字管理工作逐渐延伸，并与其他领域融合，形成了一种全新的治理模式，既关注宏观与微观的层面，又将内部与外部的要素相结合，呈现出一种更具主体性和多样性的数字管理形态。

2. 分享价值

（1）为中国传统产业引入数字智能基础设施

数字经济依托数字技术进一步发展，把交通与网络等基础设施建设融合到5G、产业网络、新一代人工智能与大数据中心等智慧基础设施建设之中，从而得到万物互联的新条件，并激活已沉淀的、无机的旧条件，形成体系完善、快捷有效、智慧绿色、安全的现代化经济发展基础设施系统，为大数据流动和以创新驱动的科技发展提供更有力的保证，并支撑现代工业网络的整体运行架构，将现代制造业企业连接成网状拓扑架构。

（2）为实体企业引进数字智能技术

制造业数字化是在传统工业信息机械化、自动化的基础上进一步发展的一种管理方式。它通过赋予制造业企业各种数字化智能管理手段，将传统生产信息和现代数字化技术相结合，从而形成一种独特的工业智慧系统。该系统集数据获取、统计分析、管理决策和工程项目实施于一体，能保证行业的工业智能管理水平进一步提升。

（3）利用数字技术盘活实体经营要素

一是借助互联网平台和信息配置资源，可以降低成本、无耗能地拓展经营领域，打破了地域、交通、经济、企业、能源、人员等传统条件的约束，通过激活当地的闲置基础设施、能源、人员等资源，更好地连接和集聚各种资本，进一步优化资源结构。

二是利用资源配置的灵活性，调动社会组织和个人的创造活力，促进生产要素从资金、劳动力等方面向科技、服务转化，推动现代生产服务业的蓬勃发展，增强相应的生产技术和商业经营模式的创新性。

3. 包容价值

（1）解决发展的不均衡问题，追求共同价值

实际上，各地区存在数字经济发展方向同质化问题，各地区对关键人才的争抢导致了数字经济发展的不均衡。所以，缩小数字发展的区域差异及城乡、人群差异有助于促进数字企业共同发展，增强区域数字经济发展，提高数字经济对劣势地域和产业的渗透性。政府可以利用服务平台更新和改造落伍产业，使其占领市场主动权；可以利用各种各样的因素和资源，提高经济不发达地区的创新能力，使其能够独立创造出价值，而不是一直依赖其他地区的供给，避免数字鸿沟的产生。各经营主体可以依据整体利益和总体目标，加强与系统软件内部结构的协作，使各地区融洽发展。

（2）避免平台垄断，追求使用价值

随着数字经济的发展，数据平台纷纷涌现，这些平台利用其独特的优势，帮助许多企业更好地了解和满足用户需求，推动了市场的发展。然而，随着数据平台的崛起，市场出现了一些问题。一些数据平台凭借其强大的技术和资源优势，逐渐掌握了市场的主导权，形成了垄断局势。对此，政府需要采取措施应对这些问题和挑战，保障市场的公平和用户的合法权益。

（3）防范数字安全风险，追求完美价值

因为与网络大数据挖掘、云计算、物联网、移动网络等的技术性结合，网络信息安全风险较大，数字经济需要在建设和发展的同时进行风险防控和信息安全维护。在建设数字经济设施的同时还需要建设安保人员援助设施，制定、贯彻和执行数字经济建设的相关政策法规。

（二）数字经济带来的社会价值与经济价值

近年来，数字经济的浪潮不断涌现，在此背景下，各领域必须加强数字化基础设施建设。数字经济作为经济高质量发展的新引擎，谁把握住了数字经济发展的主动权，谁就能占领经济发展的主要阵地。

1.从两大视角看社会价值

数字经济发展趋势也有其独特的价值，可以从两大视角进行关注：一个是数字化平台，另一个是技术平台。行业领先者推动整个产业的发展，产业和科技双推进，促使科技带动创新，如图 1-2 所示。

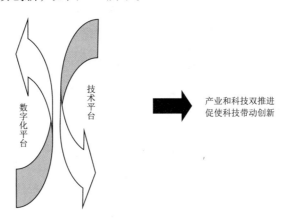

图1-2　数字经济发展体现的社会价值

2.经济价值五个方面的体现

第一，数字经济发展能够促使交易成本显著降低，减少交易成本是生产过程中值得关注的问题。

第二，在各领域合作发展过程中实现供需双方的良性、即时互动，这不仅可以提升服务项目的相对密度和深度，还能减少一部分领域的市场准入门槛。

第三，推动了专业知识扩散，使原本没法参加供货的潜在企业也能登记并添加供应商。在各供应商的支持和带领下，潜在企业重获新生，不断发展壮大，闯出自己的一片天地。

第四，在数字经济发展中合理支持自主创新和科研项目，以便顺利地完成产业商业化。

第五，根据数据信息支持达到规模集聚的实际效果，同时实现少许客户付钱、绝大多数客户完全免费的服务平台自主经营，进而促使共享经济模式产生。

二、数字经济发展的重要意义

2008 年国际金融危机之后，世界经济进入深度调整创新阶段。此阶段一方面表现为，传统经济持续低迷、发展疲软；另一方面则表现为，以互联网为基础的数字经济快速崛起，展现出十分强劲的生命力。随着全球信息化步入全面渗透、跨界融合、加速创新、引领发展的新阶段，我国也借势深度布局、大力推动数字经济的发展，从而使其逐渐成为整体经济创新发展的强大引擎，并为全球经济复苏和优化发展提供借鉴和参考。数字经济是在计算机、互联网、通信技术等新一轮信息革命的基础上发展起来的，因此，也被称为信息经济。面对复杂的国际局势，对于正处在整体经济转型升级关键期的中国经济而言，发展数字经济尤为重要，其具有战略性意义，有利于推动新常态下经济发展和创新战略的实施。

（一）发展数字经济有利于推动新发展格局构建

发展数字经济，对于构建以国内大循环为主体、国内国际双循环相互促进的新发展格局，具有十分重要的意义。数字技术、数字经济在经济活动的生产、交换、分配和消费等环节，都可以准确、快捷地实现各类资源要素的快速流动，加快各类市场主体的融合，帮助市场主体重构组织模式，实现跨界发展，甚至能够打破时空限制，延伸产业链条，畅通国内外经济大循环。实现经济发展模式和格局由传统的规模外延增长，向智能化技术密集型产业增长，这既是世界经济发展的新趋势，也是中国经济百年发展的新转型机遇。

1. 数字经济高度契合新发展理念

数字经济能以创新、协调、绿色、开放、共享的新发展理念，高质量推动以国内大循环为主体、国内国际双循环相互促进的新发展格局的构建。一方面，数字经济不是以增加生产力的实体要素的扩展来实现经济增长的，而是以信息知识和技术等的数字化形式，运筹和重组生产力的实体要素和生产经营过程，提升供给体系的适配性，从而提高生产效率和效益的经济活动。所以，数字经济是依靠创新驱动来实现经济发展的，是使生产力要素之间的关系及生产部门之间的关系更加协调且绿色环保的经济，是通过大数据网络平台开放资源、资源和信息共享的经济。这样，数字经济不仅在国内经济大循环中是首选路径，而且在国际大循环中也是最优的路径选择。另一方面，数字经济以数字技术为基础平台资源，更有利于准确地构建国内国际双循环相互促进的新发展格局。远程办公、视频会议、在线教育、远程医疗、跨境电商、网上展会等，都在促进国内外经济循环的畅通。总的来讲，近年来，我国数字经济的快速发展正发挥着关键作用，为新发展格局的构建做出了重要贡献。

2. 利用智能化数字经济有利于推动新发展格局构建

在过去百年的工业现代化发展历程中，我国取得了辉煌的成就。然而，客观来看，在传统工业的一些领域，我国现代化水平仍与发达国家存在一定差距，需要继续努力。然而，在第三次科技革命和信息产业革命中，中国人觉醒迅速、行动敏捷、即时跟进；国家在宏观管理层面上，及时组建工业和信息化部，统筹规划信息技术产业集群，并进行了传统产业的信息化改造。今天，我国可以自信地宣称，在高新技术领域，即以计算机科学技术为核心的信息经济领域，不仅没有落后于发达国家，而且在许多方面已处于世界领先地位。在新兴信息产业领域，我国的研发、制造、应用能力尤其突出，尤其是计算机软件硬件的研发制造方面。此外，我国的高铁技术、桥梁工程、建筑工程、生物工程、大型光伏技术等，也均处于世界领先地位。这些产业领域快速崛起的一个重要原因就是秉持跨越式发展的理念，紧跟新科技革命引发的第三次工业革命的步伐，在信息技术及信息经济领域弯道超车，并以此完成传统工业的信息化改造，从而迅速赶超欧美发达国家。自20世纪80年代以来，我国积极投身于全球范围内兴起的第三次革命浪潮，即新技术革命和产业革命的洪流。在此过程中，我国致力于加速传统产业的信息化改造和信息化进程，推动新型工业化发展，力争缩小与西方发达国家信息化的差距，试图实现技术社会形态的"第二次跳跃"。这么多年来，中国社会信息化的发展速度惊人，不仅计算机普及程度很高，传统产业的信息化改造速度很快，而且网络化的外延和内涵均十分丰富，电子商务、电子政务等数字化办公方式正在兴起，新型信息化产业增长速度和市场份额不断提高。

（二）发展数字经济有利于推动国家竞争新优势出现

在新的世界历史背景下，大国的博弈本质上是经济实力和综合国力的竞争。在这种竞争的背后，高新科技及其产业的力量日益凸显。以人工智能科学为引领的现代数字技术和数字经济新形态，正逐渐成为国家竞争的基石和优势所在。可以预见，在未来，国家的实力在很大程度上将取决于数字经济的发展水平。因此，加强与互联网、大数据、云计算、人工智能、区块链等技术相关的数字经济领域的创新发展，将是国家发展的顶层设计的战略选择。跨国公司的资本、资源、人才、技术和市场等整合重组，以及世界经济结构的重新洗牌，往往都是通过数字经济的网络平台手段运作实现的。因此，我国必须认识到数字经济的发展对于提高国家竞争新优势的重要性。

中国是全球互联网用户数量最多的国家，这一事实为我国经济社会发展提供了庞大的潜在消费群体。几乎每个成年人都有一部智能手机，他们每天都会在网络上花费大量时间，这使得数字服务业在国内和国际市场都具备了规模经济的优势，而这一优势进一步促进了数字企业的蓬勃发展。作为全球产业体系最完善的大国之一，中国拥有强大的产业基础和良好的现代工业体系。通过有效推动各领域智能化、数字化加速转型升级，有助于实现国家竞争力的大幅提升。

1.数字经济是当下世界各国进行博弈的重要手段

从世界发展历程来看，世界政治之所以朝着多极化格局发展，保持相对平衡稳定的局势，一方面是因为经济发展的影响。纵观当今世界舞台上的主要政治力量，都是新技术革命的引领国，都拥有和掌控先进的数字技术和人工智能科技。

2.数字技术等先进科学技术已经成为国家竞争力的重要组成部分

如今，知识不再仅仅作为生产力运用，还会被争夺。科学技术的社会化和社会的科学技术化，使得"财富""效率""真实"的关系十分密切，由此决定了后现代知识的实用价值不断彰显。从一定意义上来说，掌控和用好数字经济及网络智能技术，已成为维护国家安全和世界和平的重要保障。无论是国家层面的政治、经济、国防、意识形态、文化等方面的安全，还是公民个人生命、财产、信息等方面的安全，都与数字经济和网络智能技术及其合理应用密切相关。一定要加强数字经济的基础建设，特别是要加强网络平台及能使其安全运行的软硬件研发和建设，持续推进宽带普及，加快光纤网络改造和移动通信网络升级，提高网络速度，不断扩大5G网络覆盖范围，确保云计算、大数据、物联网、人工智能、区块链等数字技术的地位，为智能社会建设奠定基础。

第四节　产业数字化——数字经济发展的主阵地

一、产业数字化概述

（一）产业数字化的概念

产业数字化能以互联网、大数据、人工智能等数字新技术为基础，全方位改造实体产业的生产模式、组织模式及商业模式，提高实体产业全要素生产率与市场竞争效率，释放数字技术对实体经济发展的放大、叠加、倍增作用。产业数字化将驱动产业在制造形态、企业组织形态、市场形态与效率上发生变革。

为了更好地理解产业数字化的概念，人们需要对产业数字化的核心、微观基础和落脚点有所了解，具体阐述如下。

第一，产业数字化的核心是制造形态变革，即通过数字技术连接消费端与制造端，形成智能化、网络化、集成化的新制造形态。新制造形态内嵌两层结构，首先，通过大量物联网（Internet of Things，以下简称 IoT）技术、人工智能（Artificial Intelligence，以下简称 AI）技术的应用融合，实现单个企业制造全过程的数字化、可视化，将制造工厂变成线上线下完全映射的"双胞胎"，然后打通并集成包括以产品生命周期管理、企业资源计划、制造执行系统为核心的十多个软件系统及几十个子软件系统。其次，通过产业上下游互联，打通原料—物流—中间产品—加工—组装—终端产品各环节，实现超出单个企业自身范畴的供应链协同，也实现工序链内跨企业的生产制造环境数字化协同。

第二，产业数字化的微观基础是企业组织形态变革，即通过数字技术突破传统规模经济束缚，形成分散化、多中心、高弹性的新组织形态，促使企业组织革命。在工业化时代，产业刚性生产和柔性生产之间的矛盾长期存在，这也被称为标准化与个性化的矛盾。这一矛盾将在产业数字化条件下有效缓解。其中，企业可以通过基于全社会公共数据平台迅速捕捉与满足消费者个性化偏好，进行小批量、多种类、合理成本的快速响应生产，推动整个产业组织进入分散化、多中心、快速创新的新形态。这将极大破解中小微企业长期面临的规模经济约束，激发中小微企业在产品种类、功能、外观等方面进行多样化创新，减少冗余投资与库存，提高创新针对性，进而提升企业全要素生产效率。

第三，产业数字化的落脚点是市场形态与效率变革，即通过数字技术迅速融合供需两侧，增强市场价格机制、竞争机制与纠错机制功能，形成高质量、高效率、一体化的新市场形态。首先，数字化将极大增强价格机制的灵敏性与有效性。随着数据的健全与共享，产品质量信息、市场交易信息的透明度与不对称性约束将大幅缓解。企业可通过数据平台在需求侧精准捕捉终端产品市场需求，并由此根据技术水平反映出对中间产品、要素供给侧的需求，进而形成要素、产品价格，并迅速扩散至整个行业，使要素与产品价格迅速调整，降低市场盲目性。其次，数字化将极大提高市场竞争与纠错机制效率。数字化使产品信息不对称性大幅降低，显著提高消费者对国内外市场上同类产品的搜寻、比较效率，进而充分支撑市场竞争对产品与企业的筛选、淘汰与纠错功能。

（二）产业数字化的特征

在数字经济时代，产业数字化已成为世界各国实现经济创新发展的新动能和优化经济体系的新兴力量，产业数字化转型是大势所趋。产业在数字化转型过程中，呈现出三个方面的新特征。

1. 消费者需求成为商业模式创新的动力

传统产业在数字化程度上普遍存在着偏低的现象，其商业模式主要以产品驱动为核心。然而，在云计算、人工智能、物联网等数字技术的推动下，传统产业的商业模式正在经历颠覆性的变革。现如今，生产端的企业直接与消费端的消费者相互交流，消费者的需求和体验成了驱动企业生产的新动力，为企业的创新提供了新的方向。这一变革是在数字化平台的推动下实现的。通过数字化平台，生产商、中间商和消费者之间的信息得以互联互通，这促使着传统产业向柔性化、定制化和个性化的方向进行变革。供求信息的精准匹配成为商业模式创新的新动力，而基于应用需求驱动的软件功能创新则成了商业模式数字化转型中至关重要的一环。以我国服装业领先的个性化定制厂商为例，他们充分利用大数据、云计算、物联网等技术，通过提供互联网化的 C2M（Customer to Manufacturer，从消费者到生产者的简称，它是平台与厂商合作组织产销的一种模式，其特点是通过互联网对消费者的信息进行搜集、整合，从中分析出消费者的需求状况，然后将这些信息发送给制造者，生成订单）平台，创造了全面定制的工业化生产方式，实现了商业模式的创新。

2. 产业互联网成为产业转型的助推器

产业互联网是基于海量数据采集、汇聚、分析，融合应用云计算、大数据、物联网、人工智能等数字技术，构建生产服务体系，重塑并改造各个垂直产业的产业链和内部的价值链，实现产业资源的泛在连接、弹性有效供给、高效精准配置、数字化转型的重要模式。产业互联网将最新的数字化技术与现代技术深度融合，通过产业全要素的泛在连接形成资源汇聚分享的重要平台，使得产业能够对数据全面感知、动态传输，它提高了资源配置效率，构建了智能生产模式，实现了互动化服务闭环，从而形成了互联网生态和形态，成了传统产业转型的助推器。产业互联网是一种新的经济形态，能利用信息技术与互联网平台，充分发挥互联网在生产要素配置中的优化和集成作用，实现互联网与传统产业深度融合，将互联网的创新成果应用于国家经济、科技、军事、民生等各项经济社会领域中，最终提升国家的生产力。

3. 快速、敏捷、开放成为产业运行新常态

产业数字化转型通过对云计算、大数据、物联网、5G、人工智能、区块链等新一代信息技术的应用，将数字技术与各产业的设计、生产、制造、销售、服务等各环节相融合，加快了信息获取和传播速度，提升了产业和企业运行的效率，

整个企业乃至产业各个环节都在数字化转型中实现了快速选代和自组织适应。企业作为产业组织的基本单位，是一个封闭型组织，企业边界决定了企业的经营范围，也在一定程度上制约了生产要素在市场上的流通。产业数字化转型打破了企业传统封闭的运营模式，基于大数据、物联网、移动化与云服务等信息技术，各部门间联系更加紧密、依赖度上升，企业与企业、行业与行业之间形成了互联互通的开放产业生态。

（三）产业数字化的重要意义

1.升级产业结构，促使产业提质增效

产业数字化针对传统产业要素进行更新、集成、升级，推动了传统产业要素优化配置和传统生产方式的转型，它能提高产品生产加工全流程的自动化和智能化水平，有效减少产品的开发时间和成本。在生产工具方面，智能化机器人将会高速发展，促使产业提质增效，实现企业生产力水平提升。

2.塑造可视产业，提升战略决策能力

产业数字化创造了数据可视化的行业机构方式，完成了经营者、顾客、经销商、机器设备和商品的数字化，成了信息的"结合池"和网络资源的"配对器"。每一个参加的行为主体不但可以了解与自身有业务流程关联的合作方，还能够确立、鉴别与自身有间接关联的各种行为主体，从而制订出准确的经营战略，快速提升企业的运营能力。

3.提高企业的效率和效益

产业数字化改变了传统制造业的生产周期和生产过程，使企业可以利用互联网技术的数据联网功能打破时间限定，为更多消费者提供产品和服务，提升企业的生产效率，扩大企业的生产规模，使企业可以高效地运用当代信息技术的精确性，提升生产制造、运营的效率及产品和服务的品质。

4.孕育新模式、新业态，加速"数实"融合

数据资源将不断催生个性化订制、智能制造、互联网协同、服务型生产等新模式和新产业，将促使数字与实物产品深度交互、物质与信息技术高度耦合驱动的全新经济发展模式建立，并持续引发商业模式革新，成为在互联网等新型领域中提高产品附加值、提高企业核心价值的巨大推动力。工业互联网数字化的发展将逐步促使数字经济和实体经济深度融合，并成为构建现代化企业的管理体系、实现工业经济高质量发展的关键途径。

5. 助推行业价值重塑

"从数据中来，到实体中去"是发展数字经济的根本出发点与落脚点，也是产业数字化的根本任务。数据可以打通线上与线下，数字化转型包括物理世界的多维信息及产业知识的数字化，该过程会产生海量数据，将大数据分析应用的结果反哺到实体场景中，释放数据红利，实现价值创造。同时，数字化可以打通产业链各环节的内外部关系，通过研发重塑、生产重塑、消费重塑、协同重塑等方式重构企业组织架构、再造全产业链流程、助推行业价值重塑。

一方面，产业数字化转型直接通过数字化平台与消费者进行及时、持久的双向交互，更加精准快速地把握市场变化和消费者痛点，有针对性地随时调整研发方向和内容；同时可以让消费者直接参与产品研发设计，为产业带来更多的创新源泉，推动研发由过去封闭式自我研发向开放式众包研发转型。

另一方面，通过云计算、大数据、物联网等数字化技术，企业不仅可以更加及时了解消费者需求，还能够挖掘出生产环节产生的大量数据信息的深度价值，再造企业的全产业链流程。此外，数字化技术解决了传统消费模式下企业依赖中间渠道寻找客户而产生的信息的不对称问题，通过线上线下的多渠道交互实现了供需两端的精准高效对接，重构了传统消费业态，实现了全渠道、交互式、精准化营销。

与此同时，产业数字化转型不仅有助于企业内部协作，还能够从整体产业层面实现不同环节的协同联动，打造更具有生命力的产业生态系统。产业数字化转型既可以实现电子商务、互联网金融智能生产、移动办公等分散应用的连接整合，又能够将产业链的不同环节连接起来，实现上下游企业的协同联动，以及产业生态系统的优化完善。总之，产业数字化转型使得行业各方用共建共生替代自我封闭，实现数据和技术应用在多产业、多链条的网状串联和协同，进而创造更大的产业价值和客户价值。

二、产业数字化发展的主要内容

产业数字化是数字技术赋能实体经济的过程，是数字经济发展的核心和重点，是推动制造业、服务业和农业全方位、全角度转型升级的关键。根据中华人民共和国国家统计局的分类，产业数字化是指数字经济核心产业分类中的第五大类，即数字化效率提升业，它是数字技术与实体经济的融合，具体包括智慧农业、智能制造、智能交通、智慧物流、数字金融、数字商贸等，通过数字技术提高全要素生产率，形成放大、叠加、倍增的创新赋能作用。数字经济要成为经济发展的支柱，关键看产业数字化的发展水平。作为数字经济发展的主阵地，产业数字化发展的主要内容包括以下几方面。

（一）智慧农业"兜好"发展底线

农业是我国发展的底线，既要"兜牢"更要高质量"兜好"。大力发展智慧农业，可以充分发挥数字技术的作用，驱动靠天吃饭的传统农业向数字化农业转变，逐步构建现代农业体系。智慧农业对于稳住农业基本盘，确保农业稳产增产、农民稳步增收、农村稳定安宁具有十分重要的作用。一般来讲，智慧农业涉及种植业、林业、养殖业、育种等方面。在种植业和林业方面，企业可利用遥感、地理信息系统、物联网、人工智能、大数据、云计算、无人机等现代信息技术和智能化数字技术对土壤、地形、地貌、温度、湿度、农作物状态、林业状态进行全方位精准监测，实现种植业、林业等相关生产活动的自动化、智能化。例如，构建数字化蔬菜大棚、建设林产业大数据平台。在养殖业方面，通过射频识别、自动进食、人工智能、大数据、云计算等现代信息技术企业可实现牲畜饲养、家禽饲养、水产养殖、畜禽粪污处理等畜牧活动的自动化、智能化。例如，构建数字化牲畜养殖场、数字化鱼塘及海洋牧场。在新技术育种方面，企业可利用数字化、信息化、智能化等手段，对种植业、林业、畜牧业、养殖业等行业开展科学育种育苗。例如，建设数字化育种实验室。

除上述行业之外，要继续利用一系列数字化手段对农、林、牧、渔业的生产经营活动进行数字化管理。例如，推进"三农"综合信息服务体系建设。国家十分重视农业生产的可持续、再利用、生态化，智慧农业的发展推动着信息感知、数据采集等感知终端在农业生产、环境监测、生物本体识别、植物病虫害和动物疫病防治，以及畜禽水产养殖、渔船动态监控、质量安全管控等方面的应用部署加速进行。智慧农业在满足农业发展的同时还要重视对环境的保护，建设农业农村监测网络，搭建农产品质量追溯、渔政执法远程监控和水生生物资源监测平台，要"兜好"发展底线，还要守住绿水青山就是金山银山的生态发展底线，实现智慧农业＋生态农业的双重发展目标。

（二）智能制造做优"中国智造"

智能制造是产业数字化的重中之重，是数字技术与实体经济深度融合的关键环节。大力推动制造业的数字化、智能化转型将助力我国制造业高质量发展，完成我国由传统制造业大国向制造业强国的转变，取得"中国智造"领域的更好成绩。一般来讲，智能制造涉及四个方面，分别是数字化通用、专用设备制造，数字化运输设备制造，数字化电气机械、器材及仪器仪表制造，其他智能制造。数字化通用、专用设备制造是指利用数字孪生、人工智能、5G、区块链、虚拟现实技术、边缘计算、试验验证、仿真技术等技术或设备，在通用、专用领域开展的生产和制造活动。例如，建设全智能化、自动化机器人制造业流水线、开展以用户需求为导向的个性化定制和订单式生产模式。数字化运输设备制造是指利用数字技术实现运输设备的全自动、智能化快速生产。例如，建设智能化高速动车组生产基地、大飞机制造等。数字化电气机械、器材及仪器仪表制造是指利用数字技术在电气机械制造、精密仪器仪表制造等领域开展"精益求精"的生产和制造活动。例如，建设精密仪器柔性化生产线。对制造业进行数字化、智能化改造升级，关键在于核心技术攻关、示范工厂建设、行业数字化网络化改造、新装备创新发展、工业软件突破提升及行业标准制订等重点任务的完善和完成，这些任务的完善和完成可以逐渐夯实"中国智造"的基础。

（三）智能交通畅通国内循环

交通运输行业的现代化是国家现代化的一个重要方面，其决定了人民出行的方式和便捷程度，是一个国家实现强国目标的必要保证和基本条件。5G、大数据、人工智能、区块链等新技术与交通行业的深度融合正在全方位展开。新技术在交通领域展现出的强大赋能能力，为实现人民满意、保障有力、世界前列的交通强国目标奠定了坚实的数字技术基础。一般来讲，智能交通涉及铁路、公路、航空、港口及其他特殊运输方式五个方面。通过对数字化技术和互联网平台的充分利用，我国可实现对铁路、公路、水路、航空等运输方式的网络化、数字化、智能化管理。这涵盖了运输、调度、经营、维护及其他相关辅助管理活动的全面升级，确保了交通运输的高效性和安全性。电子地图的全面覆盖，使得运输路线和运输计划的设计更加精确和实时。通过大数据分析和人工智能技术，交通管理部门可以预测某一时间段内人们的运输需求，从而优化运输路线，减少拥堵和延误。同时，电子客票的全面普及，使得旅客可以方便快捷地购票、退票和检票，提高了客运效率，而运单的全面电子化，使得货物运输信息可以实时更新和查询，提高了货物的透明度和可追踪性。可以说，在保障安全的前提下，构建智能、高效、完善的智能化交通体系对交通运输业发展是至关重要的。例如，智慧车站的建设，其可以通过智能化设备和大数据分析，提高车站的运营效率和服务质量；智能公路管理体系的建立，它可以通过实时监控和预警系统，确保道路的安全和畅通；智慧停车场、智慧港口、数字航道、智慧民航等的建设，都可以借助数字技术和互联网平台，实现智能化管理和运营。同时，还可以借助数字技术和互联网平台构建海底和陆地管道运输体系，这两种运输方式的互联互通和快速转运，提高了运输的多样性和灵活性。智能交通以数字化、智能化为基础，以提高运输效率为导向，旨在实现运输工具、运输基础软硬件设施、运输监管等的全面电子化、智能化升级，构建综合智能化交通运输网络体系。

（四）智慧物流促进降本增效

智慧物流是数字经济的重要组成部分，具有高效匹配供需、优化仓储配置、降低运营成本、绿色低碳运行的显著优势，是现代物流发展的大趋势，也是我国由物流大国向物流强国转变的必由之路。近年来，我国物流业数字化转型取得显著进展，数字技术推动了物流产业的数字化、智能化发展。一般来讲，智慧物流涉及智慧仓储和智慧物流两个方面。根据我国物流产业的特点和发展现状，相关企业要以信息化技术为依托来实现装卸搬运、仓储服务、邮政快递服务的全智能化、数字化，构建智慧仓储、智慧物流；要加快对传统物流设施的数字化改造升级，特别是对乡村地区的物流设施的改造，促进现代物流业与农业、制造业等产业融合发展；还要加快建设跨行业、跨区域的物流信息服务平台，实现物流信息的实时共享，进一步降低物流的时间成本和资金成本。物流企业要以建设"互联网＋物流"为特征的智慧物流产业链为目标，实现物流平台数字化，做到物流运输轨迹全程可追溯，人、车、货精准对接；实现仓储平台自动化，做到无人化货物仓储、无人化货物分流，做到全程自动分拣；实现配送平台智能化，做到无人化配送、智能快件箱、农村智运快线便捷"最后一公里"。智慧物流能在快速高效无误地将货物送至用户手中的同时，降低物流成本、减少不必要损失，实现降低社会物流成本、推动物流业提质增效的最终目标。

（五）数字金融提升配置能力

近些年，随着数字相关技术的不断发展，数字金融的发展如火如荼，数字金融和金融科技正在对金融服务业进行重塑与再造。从业界的实践来看，数字金融、金融科技有效提高了金融服务业的工作效率，改善了用户体验，提升了金融服务的覆盖率、可得性与满意度，有力支持了普惠金融的发展，并且还大幅降低了成本与风险。

一般来讲，数字金融包括银行金融、数字资本、互联网保险和其他数字金融相关服务，为新时期的数字金融和金融科技发展勾勒蓝图、明晰脉络。借助数字化技术和互联网平台，金融行业能实现银行金融服务、数字资本市场服务、互联网保险及其他数字金融服务行业的业务、监督、审查的电子化与智能化，推动银行发放贷款、理财、监管等服务活动，以及证券市场服务、公开募集证券投资基金、非公开募集证券投资基金、期货市场服务、证券期货监管服务、资本投资服务和保险机构的保险经营活动电子化。坚持金融活动全部纳入数字化监管平台，加强动态监测，规范数字金融有序创新，严防衍生业务风险。通过数字金融的不断发展完善，有关部门可实现对金融市场的数字化管理。借助数字化、智能化手段，有关部门能够对金融资源配置效率的提升、缓解信贷市场存在的"所有制歧视"和"规模歧视"、对金融体系的全方位监管等起到巨大的促进作用，进一步实现资源优化配置的目标。

（六）数字商贸激发市场活力

数字技术是拉动商贸及服务行业的重要引擎，对相关行业的拉动、稳定作用明显。大力推动数字商贸发展，充分发挥数字技术的创新赋能作用，加快推动商贸、服务等领域的相关企业的数字化转型，对于做好"六稳"（稳就业、稳金融、稳外贸、稳外资、稳投资、稳预期）"六保"（保居民就业、保基本民生、保市场主体、保粮食能源安全、保产业链供应链稳定、保基层运转）工作，激发商贸市场活力具有重要意义。一般来讲，数字商贸包括批发、零售、住宿、餐饮、租赁及商务服务产业。要利用数字化技术在商品流通环节中实现批发零售、住宿餐饮、租赁、商务服务行业的数字化与智能化，就要提升贸易数字化水平，引导批发零售、住宿餐饮、租赁和商务服务等传统业态积极开展线上线下、全渠道、定制化、精准化营销创新，完善物流链、批发零售业供应链体系和服务体系，创造方便快捷的消费方式和精准交互的消费体验。例如，构建批发信息平台、智能零售系统、共享出行、餐饮外卖、团购、在线购药、共享住宿、电子商务平台等。运用一系列数字化、智能化消费服务手段积极引导传统商贸企业提升数字化应用能力，加快线上线下融合发展步伐，支持商圈、商贸步行街运用数字技术连接消费端、企业端，线上赋能引流，线下体验服务，提升消费者体验感、商户经营效率和商务服务能级，不断激发市场活力。相关企业可利用数字应用激发消费者消费活力，开展"生活消费券""直购满减""网上购物节"等活动，结合线上线下融合的数字经济发展模式及商业、生活服务业的数字化转型，提升消费品质，推动数字生活高质量发展。

第二章 国内外数字经济发展现状

放眼全球，新一轮科技革命和产业变革正在不断深入，大数据、云计算、人工智能、区块链等数字技术较为活跃，数字化转型深入经济社会各领域传统产业，并推动生产方式变化发展，促使数字经济成为重组全球资源、重塑全球经济结构、改变全球竞争格局的关键力量。世界各国纷纷着力发展数字经济，意图占领未来经济、技术的新高地。本章围绕国外数字经济发展现状、国内数字经济发展现状展开研究。

第一节 国外数字经济发展现状

一、国外数字经济发展的主要成就

（一）数字经济总体发展势头良好

数字经济给世界经济发展带来了巨大冲击，给世界各国带来了综合实力重新排位的机遇和挑战。目前，从各国数字经济建设的规模来看，美国具有领先优势。在产业基础优势上，德国的传统制造业优势明显，其工业 4.0 战略的代表性地位突出；日本和韩国在半导体制造方面具有一定优势；印度的软件产业基础较好，数字经济规模在发展中国家中处于高水平。在数字经济发展进程中，有些国家已形成独特的发展优势，有些国家却因其数字经济产业基础较差、投入不足等原因逐渐落后于世界整体数字经济发展水平。但总体来看，各国数字经济发展势头良好且发展潜力巨大。

综合来看，国外数字经济发展如火如荼，整体增长态势向好，作为主导的产业数字化部分渗透特征不一，各国数字化治理发展迅速。

（二）数字经济发展战略布局日益完善

目前世界主要国家纷纷出台数字经济相关战略，推动数字经济发展，特别是经济合作与发展组织（中文简称"经合组织"，英文简称"OECD"）中80%以上的成员国都将数字经济作为经济发展的重点，制定了促进数字经济发展的国家发展战略与部门政策，积极发挥数字技术的作用。

在数字经济发展过程中，多数发达国家较早认识到了数字经济的重要性，这些国家的数字经济发展战略布局起步较早。欧洲、日本等地区和国家紧跟美国，积极推进数字革命，产生了巨大的成效。英国是最早出台数字经济政策的国家，也是首个以数字化为国家顶层设计形式的国家。

相比之下，发展中国家对于数字经济的布局相对滞后，多数发展中国家近几年才开始布局相关战略。印度、巴西、俄罗斯分别于2015年、2016年、2017年，提出了与数字经济相关的发展战略。尽管发展中国家发展数字经济起步较晚，但目前已经在积极开展数字经济规划布局，营造数字经济发展的宽松环境了，其抓住了数字经济发展新机遇。

综观国外数字经济发展进程及各个国家制定的数字经济发展战略，最初各国在制定经济发展战略的时候，多数还是集中在对数字经济的狭义层面，即信息通信技术领域，如互联网、宽带、电子商务、在线服务等。英国、澳大利亚、新加坡等国对以音乐、影视、游戏为代表的娱乐业、出版发行业给予了充分的关注；以日本为代表的一些国家，由于数字基础设施建设基础较好，更加注重数字经济的外延发展，将电子政务、医疗健康、教育、人力资源管理等纳入了数字经济发展战略；以美国为首的部分国家已从初期的围绕互联网、电子商务为主的数字经济发展升级为重点支持互联网、移动互联网发展，基础设施数字化，支持数字资源开放和数字政府信息服务水平提升的数字国家战略。

总体来看，其他国家在数字经济发展过程中取得了一些成就。近年来，其他国家重新认识到制造业等实体经济的重大意义，将数字经济发展战略重点逐步转变为新一代信息技术与实体经济的深度融合，纷纷制定并持续推进"再工业化"战略，如美国的先进制造业国家战略计划、德国的工业4.0战略、法国的"新工业法国"计划、英国的高价值制造战略、日本的再兴战略等。世界主要国家和地区的产业数字化转型重点举措如表2-1所示。

表2-1　世界主要国家和地区的产业数字化转型重点举措

国家	重点举措
美国	聚焦前沿技术和高端制造业，引领全球数字化转型浪潮
德国	积极践行工业4.0战略，明确五大行动领域

国家	重点举措
法国	明确工业转型和人才培养方案，打造欧洲经济中心
英国	强化战略引领作用，打造数字化强国
俄罗斯	注重技术自主研发，着力夯实数字化转型基础
新加坡	描绘数字化蓝图，助力服务业转型升级
泰国	积极开展国际合作
日本	以技术创新和互联工业为突破口，建设超智能社会
韩国	以建设智能工厂为先导，为制造业转型积极布局

由于 2020 年前后的一段时间内全球各国实体经济都受到了巨大冲击，发展势头减弱，数字经济借机展现出了强大的活力，对促进全球各国经济持续稳定发展起到了重要作用。在此背景下，各国数字化战略不断转型升级，从顶层设计向提升数字创新应用能力发展，各国围绕大数据、人工智能等领域的研发创新和应用发展加快布局，如美国的《国家人工智能研发战略计划》、德国的《高技术战略 2025》和《人工智能行动计划》、日本的《科学技术创新综合战略 2019》等。

此外，其他国家都加快了数据保护、开放共享、平台治理、人工智能伦理、数字税等方面的数字规则制订，推动数字治理国际新机制形成。例如，欧盟的《通用数据保护条例》和《非个人数据在欧盟境内自由流动框架条例》成为国外个人数据保护立法的典范。美国对跨国公司、大型科技企业实施的反垄断方法对数字化垄断防治起到关键作用。欧盟发布的《人工智能白皮书：通往卓越与信任的欧洲之路》，以及联合国教科文组织发布的《人工智能伦理问题建议书》对人工智能伦理的规范及标准提出了要求。同时，全球几十个国家和地区都制定了针对数字服务领域的数字税政策。

综合来看，当前国外数字经济发展战略包括五大共性趋势：一是创新驱动成为数字经济发展的优先选择；二是新型基础设施支撑各国经济社会发展；三是深化数字经济融合应用成为战略焦点；四是积极应对数字经济治理问题；五是提升国民数字技能，抢抓数字人才。

（三）数字经济带动多领域变革

数字经济通过不断创新融合，驱动多领域升级变革，正在为全球各国的社会发展创造新的机遇。

1.数字转型驱动传统部门转型升级

随着传统产业逐步实现数字化转型，数字技术在科学、医疗、农业和城市管理等领域正得到创新应用。例如，在科研领域，随着海量研究数据的收集分析和研究结果的共享扩散，其正形成开放获取期刊和同行审查的新模式；在医疗健康领域，移动健康软件和电子健康记录设备的使用日益增加，为临床管理工作的优化和发展带来了新的机遇；在农业创新方面，精确的农业和自动化技术正在深刻影响着传统的种植和养殖模式；在城市管理方面，数字技术的应用也为交通、能源、水资源和废物处理等系统带来了潜在的改善和优化机会。城市正在通过对数字创新潜力的持续挖掘来提升自身的规划和决策能力。

2.数字革命深刻改变就业市场

传统的经济理论对技术进步与就业关系尚存争论，在现实中，新一代数字技术对就业的复杂影响也已开始展现——在大多数 OECD 国家，ICT 投资会导致制造业、商业服务和贸易、交通和住宿方面的劳动力需求下降；而在文化、娱乐和其他服务建设方面劳动力需求会增长。此外，数字技术的使用引起了就业结构和就业性质的变化。例如，越来越多的新兴就业群体乐于通过网络交易平台从事灵活的、临时的、兼职的工作。

3.数字经济正重塑国际贸易格局

数字化技术正在重塑贸易格局，对服务业影响尤为巨大。其一，ICT 技术可以提高产业生产力和国际竞争力，并通过在研发活动中加强协作等方式来使其转化为效益；其二，ICT 技术的使用还可以增强客户关系，并改善供应链管理，这最终将导致生产率的提高和市场份额的提高，并且有助于国家在国际竞争中处于优势地位。一般来讲，制造业出口中 ICT 附加值较高的经济体，未必在出口中增加高份额的 ICT 服务价值，反之亦然。高效率的 ICT 服务，有助于国家提高生产率、贸易和竞争力；但在一些国家，经济及与贸易有关的限制（包括电信和计算机服务限制）仍然十分普遍。

二、国外数字经济发展存在的问题

（一）思想认识和关键技术方面面临挑战

1.数字经济在思想认识发展方面面临挑战

数据作为数字经济的核心要素，具有边际收益递增、边际成本近乎为零、供给的充裕性、使用的共享性与关联性等新特征。传统经济学的理论研究对数字经济发展的实践指导性有限:一方面,传统的单纯基于资本与劳动力等生产要素的宏观经济理论模型,已经不能很好地适应现有条件下的经济发展规律;另一方面,传统微观经济学提出的各项假设及条件也已发生了不同程度的变化。数字经济的高质量发展亟待数据要素市场理论、数据内生增长理论、网络效应理论、网络平台反垄断理论等相关理论的完善,只有这些理论得到完善,其才能在数据资产地位确立、确权、共享流通等方面实现统一认识,统筹规划和稳步推进。在此背景下,一些国家在数字经济思想认识上无疑要面临一系列的挑战。对此,这些国家需要研究数字时代数据要素对传统经济学的假设和理论产生了什么影响,并通过科学方法对传统经济模型进行改进和创新,构建数字时代新的经济理论框架。

2. 数字经济在关键技术发展面临挑战

数字技术作为数字经济的核心动能,现已成为国外普遍关注和争相探索与竞争的焦点。数字技术底层硬件一直按摩尔定律发展,计算系统的渐进式发展模式所带来的数据处理能力的线性提升远远落后于数据的指数级增长。据统计,受限于计算能力不足,各国已获取数据的平均留存率仅为2%,大量数据从未被处理和利用就被丢弃。回顾过去,国外在大数据管理与处理技术、大数据分析方法和大数据治理技术方面已有了一定的进步,但究其实质而言,都是在现有通用技术体系上,面向大数据需求,通过软件技术进行的调整和优化。这种技术发展模式面临一系列重大挑战,如数据模型独立,数据难以关联共享;负载类型不同、冷热数据不同,难以优化调度不同硬件资源;等等。在大数据应用需求驱动下,计算技术体系有必要进行重构,以数据为中心的新型大数据系统技术成为其重构方向,信息技术体系将从以计算为中心向以数据为中心转型,新的基础理论和核心技术问题仍有待探索和破解。

(二)新型数字鸿沟正在出现

虽然从国外的实际情况来看,个人对ICT的使用率不断提升,但在各经济体中的分布仍存在严重不均的问题。例如,在一些发达国家中,在线购物的人口比例较高,而在一些发展中国家中,这一比例却是较低的。数字鸿沟之所以产生,其一是因为数字化提升了许多的“软”技能的重要性,如人们在社交网络和电商平台上留言交流等,需要更抽象的读写能力和沟通技巧;其二是由于大企业(相对于中小微企业)本身内部业务流程较为复杂,更有可能利用先进的信息通信技术应用,如企业资源规划软件、云计算和大数据等,而中小微企业很少面临较大的经济压力，所以较少采用数字技术，其对数字技术的运用因此仍存在很高的使用壁垒。

（三）安全和隐私风险抑制了数字经济充分发展

国外消费者对个人隐私安全、网络诈骗及网上购物质量的担忧有可能对数字经济的充分发展构成限制。在网络技术迅速发展的当下，互联网用户对于隐私问题十分关注，特别担心个人信息的保密性及线上支付的安全性。最近几年，国外数字安全事件的复杂性、发生频率和影响力都在持续增加，其中较为严重的安全事件可能会对大多数互联网用户产生影响，进而导致他们对数字技术产生负面印象及使用上的抵触感。

（四）逆全球化思潮不利于跨境数字经济有序发展

受逆全球化思潮影响，数字贸易国际规则体系亟待健全，数字经济领域的投资保护主义倾向日趋明显，发达国家及其跨国公司进一步巩固自身对互联网技术的控制力和领先地位的现状亟须引起重视。

一是数字经济领域的投资保护主义倾向制约了跨境数字经济有序发展。在各国竞相争取本国数字权益的环境下，数字贸易壁垒增多。多数国家的跨境数据流动管理政策过于保守，且受到隐私保护、市场准入、产业能力、国家安全、地缘政治、国际格局等复杂因素的影响；在受数字化影响较大的媒体、运输、电信、金融、专业服务等行业，数字经济普遍受到各国政府管制。近年来，发达国家加强了对数字经济领域信息技术及相关核心资产（包括数据）的保护，并加大了对跨国并购贸易的审查力度，特别是对于技术敏感领域的外国投资，其在审核和干预方面的工作也进一步加强。数字经济已经成为各国进行外资监管的重点领域之一，数字经济领域跨境投资面临着不同程度的政策限制，因此，各国需要加强国际外国投资政策的协调。一些国家出于促进本国电子信息制造业发展的考虑，对电子、通信设备等进口商品和服务加征高额关税，以实现巨额贸易逆差的平衡。随着贸易摩擦的增多，以及人工、用地等成本的上升，一些外资电子厂商开始迁回本国，或迁往东南亚等成本相对更低的地区。

二是西方发达国家和跨国公司对信息技术话语权的争夺制约了跨境数字经济有序发展。发达国家对优秀科技人才和研究开发资源进行了垄断，推动着信息科技资源向少数发达国家集聚。西方国家在技术合作和输出方面较为保守，对信息技术合作及转移制订了更加严厉的限制措施，信息技术的政治化、安全化和壁垒化倾向出现，个别国家的数据霸凌心态仍将持续并可能升级。例如，美国为了巩固数字经济领域既有优势，利用传统和非传统手段（技术壁垒、外资审查、知识产权限制、加征关税、排他性协议等）加强自身在高科技制造业的领导地位，助推本国制造业"再次伟大"。

第二节　国内数字经济发展现状

一、国内数字经济发展的主要成就

在经济下行压力加大、外部环境复杂多变的新时期，数字经济越来越成为推动我国经济发展的关键引擎，从大数据首次写入政府工作报告到数字经济上升为国家战略，我国政府各部门出台了一系列规划与政策支持数字经济发展。经过几年的建设，我国数字经济发展成绩斐然，成为我国参与国际竞争的核心力量。

（一）数字经济规模不断扩张

在国际经济环境复杂严峻、国内发展任务艰巨繁重的背景下，我国数字经济依然保持了较快的增长速度，各领域数字经济稳步推进，质量效益明显提升，数字经济持续高质量发展。

2017年到2021年，我国数字经济规模从27.2万亿元增至45.5万亿元，而到了2022年，更是达到了50.2万亿元，占国内生产总值比重41.5%。[①]可以说，数字经济在国民经济中的地位进一步提高。从总体上看，我国数字经济规模不断扩张，贡献不断增加。我国以互联网为代表的新一轮科技和产业革命势头迅猛，在人工智能等新兴技术领域成为全球创新高地。

（二）数字经济规划体系逐渐形成

数字经济创新发展试验区总结了一批可复制、可推广的经验，为全面推进数字经济规划体系建设奠定了坚实的基础。

2021年3月11日，第十三届全国人民代表大会第四次会议审查了《中华人民共和国国民经济和社会发展第十四个五年规划和2035年远景目标纲要（草案）》，会议决定批准这个规划纲要，该规划纲要以"加快数字化发展建设数字中国"为题进行了专篇规划，其指出，要迎接数字时代，激活数据要素潜能，推进网络强国建设，加快建设数字经济、数字社会、数字政府，以数字化转型整体驱动生产方式、生活方式和治理方式变革。

---

① 田永坡. 推进数字经济与数字职业协同发展［J］. 中国外资，2022（21）：10.

2022年1月，中华人民共和国国务院办公厅印发《"十四五"数字经济发展规划》，这是我国数字经济领域的首部国家级专项规划，标志着数字经济正式进入国家规划体系。该规划在深入分析我国数字经济发展形势、发展条件、发展环境的基础之上，明确了未来数字经济的发展目标，部署了数字基础设施、数据要素、产业数字化、数字产业化、数字经济治理体系、国际合作等方面的任务，提出了到2025年，数字经济将迈向全面扩展期，数字经济核心产业增加值占国内生产总值比重的10%等发展目标，还特别设定了产业数字化的发展目标，即工业互联网平台应用普及率达到45%，为数字技术赋能实体经济提出了明确的目标要求。到2035年，我国数字经济将迈向繁荣成熟期。

《中华人民共和国国民经济和社会发展第十四个五年规划和2035年远景目标纲要》和《"十四五"数字经济发展规划》对加快我国数字化发展、实施数字经济国家战略的重大举措均进行了阐述，具体如下。

第一，优化升级数字基础设施，其涵盖加快建设信息网络基础设施、推进云网协同和算网融合发展、有序推进基础设施智能升级三方面举措。具体措施主要包括建设高速泛在、天地一体、云网融合、智能敏捷、绿色低碳、安全可控的智能化综合性数字信息基础设施；加快构建算力、算法、数据、应用资源协同的全国一体化大数据中心体系；稳步构建智能高效的融合基础设施，提升基础设施网络化、智能化、服务化、协同化水平。

第二，充分发挥数据要素作用，其涵盖强化高质量数据要素供给、加快数据要素市场化流通、创新数据要素开发利用机制三方面举措。具体措施主要包括支持市场主体依法合规开展数据采集，聚焦数据的标注、清洗、脱敏、脱密、聚合、分析等环节，提升数据资源处理能力，培育壮大数据服务产业；加快构建数据要素市场规则，培育市场主体、完善治理体系，促进数据要素市场流通；适应不同类型数据特点，以实际应用需求为导向，探索建立多样化的数据开发利用机制。

第三，大力推进产业数字化转型，其涵盖加快企业数字化转型升级、全面深化重点产业数字化转型、推动产业园区和产业集群数字化转型、培育转型支撑服务生态四方面举措。具体措施主要包括引导企业强化数字化思维，提升员工数字技能和数据管理能力，全面系统推动企业研发设计、生产加工、经营管理、销售服务等业务数字化转型；立足不同产业特点和差异化需求，推动传统产业全方位、全链条数字化转型，提高全要素生产率；引导产业园区加快数字基础设施建设，利用数字技术提升园区管理和服务能力；建立市场化服务与公共服务双轮驱动，技术、资本、人才、数据等多要素支撑的数字化转型服务生态，解决企业"不会转""不能转""不敢转"的难题。

第四，有效拓展数字经济国际合作，其涵盖加快贸易数字化发展、推动"数字丝绸之路"深入发展、积极构建良好国际合作环境三方面举措。具体措施主要包括以数字化驱动贸易主体转型和贸易方式变革，营造贸易数字化良好环境；加强统筹谋划，高质量推动中国—东盟智慧城市合作、中国—中东欧数字经济合作，围绕多双边经贸合作协定，构建贸易投资开放新格局，与非盟和非洲国家研究开展数字经济领域合作；倡导构建和平、安全、开放、合作、有序的网络空间命运共同体，积极维护网络空间主权，加强网络空间国际合作。

（三）数字经济相关立法工作加速推进

总体而言，数字经济还是一个新生事物，有很多新的发展规律和特点，现有法律法规还不能完全适应数字经济发展和治理需要。加快数字经济立法，是推动数字经济更好服务和融入新发展格局的必然要求。近年来，我国积极推进数字和信息领域的相关立法工作，《中华人民共和国网络安全法》《中华人民共和国数据安全法》《中华人民共和国个人信息保护法》等一批国家级法律陆续出台生效。我国数字和信息领域的立法充分体现了政府统筹发展与安全发展的思路，注重平衡保护、规范、鼓励的关系。例如，《中华人民共和国数据安全法》明确提出，国家保护个人、组织与数据有关的权益，鼓励数据依法合理有效利用，保障数据依法有序自由流动，促进以数据为关键要素的数字经济发展[1]；还提出，国家实施大数据战略，推进数据基础设施建设，鼓励和支持数据在各行业、各领域的创新应用，省级以上人民政府应当将数字经济发展纳入本级国民经济和社会发展规划，并根据需要制订数字经济发展规划，[2]将制订的数字经济发展规划作为地方政府的法定义务提出来，充分体现规划鼓励数字经济发展的导向。

地方在数字和信息领域的立法工作也在加速推进。截至2022年6月，全国已有18个省（自治区、直辖市）出台了数据方面的法规条文，界定了公共数据范畴，明确了数据共享开放的主体责任、公共数据授权开发利用原则、公共数据安全管理等问题，部分地方还对构建数据要素市场做出了部署，在数据权属界定上进行地方立法实践探索。

部分省（自治区、直辖市）专门出台了数字经济促进条例。自2021年3月

---

[1] 李雪莹，张锐卿，杨波，等. 数据安全治理实践[J]. 信息安全研究，2022，8（11）：1069-1078.
[2] 中华人民共和国数据安全法[J]. 中华人民共和国全国人民代表大会常务委员会公报，2021（5）：951-956.

1日《浙江省数字经济促进条例》出台以来，广东、河南、北京、江苏等地也纷纷出台本地区的数字经济促进条例。这些地区根据当地经济发展的实际情况，以地方立法形式探索适合本地区的数字经济发展之路。其中，北京的发展定位是建成全国领先的数字经济发展高地；上海的定位是建设国际数字之都，数字经济发展水平稳居全国前列；浙江将数字经济列为"一号工程"，以数字经济发展水平稳居全国前列、达到世界先进水平为目标，高水平建设国家数字经济创新发展试验区；湖南、广东等地注重对数字经济发展先导区的打造；安徽、宁夏等地侧重数字经济特色园区的发展；山西、山东、江西等地侧重数字经济规模的提升；湖北、内蒙古等地注重数字化公共服务水平的提升，使数字经济更好地服务人民的生产生活。

（四）数字产业化基础夯实

ICT产业是数字经济发展的基础，我国的数字基础产业在技术和规模上不断提升，产业的结构也在不断优化。从规模上看，我国2022年数字产业化规模为9.2万亿元，占数字经济比重为18.3%；从结构上看，数字产业结构不断变化，软件行业和互联网行业占比持续提升。产业数字化深入推进，由单点应用向连续协同演进，数据集成、平台赋能成为推动产业数字化发展的关键。

（五）产业数字化加速融合

近年来，物联网等新一代信息技术在我国农业生产、加工、销售等各个环节中得到了广泛应用，推动农业数字化转型进程不断加速。数字经济作为农业现代化的重要推动力，正在深刻改变传统农业生产方式，其不仅实现了生产效率的提高，促进了产销精准对接，还可以为农民提供科学的决策支持。在制造业方面，数字经济正逐渐成为引领和驱动传统制造业变革的重要力量。通过与传统制造业的深度融合，数字经济催生出了一系列新的业态和模式，如网络化协同制造、大规模个性化定制和远程智能服务等，这些新业态、新模式更加贴合市场需求，能推动传统制造业的数字化转型。可以说，数字经济在我国制造业中发挥着日益重要的作用，能推动着企业生产和管理方式的创新变革。通过实现制造业的智能化、个性化、网络化、服务化，数字经济为制造业带来了更高的生产效率、更精细的资源配置和更广阔的市场前景，促使传统产业实现转型升级。此外，数字经济还在服务业领域催生出许多新的模式。随着移动互联网的逐步普及，数字经济发展迅速，分享经济、网络经济等新的业态和模式不断向交通出行、商旅住宿、快递物流等领域渗透，并逐渐向知识内容、文化创意等领域拓展。

（六）数据价值化加速推进

数据作为我国数字经济发展的核心生产要素，已经逐渐发挥出较大的作用。在产业层面，我国已经构建了一条较为完整的数据供应链，包括数据采集、数据标注、数据库管理、数据存储、商业智能处理、数据挖掘和分析、数据安全、数据交换等环节，进一步实现了数据管理和应用能力的有效提升。此外，我国在数字化治理方面的能力也在不断提升。政府通过数字化转型和升级，实现了从低效到高效、从被动到主动、从粗放到精准、从程序化反馈到快速灵活反应的转变。数字政府的建设推动了政府治理模式的升级，使得新型智慧城市得以实现以数据为新起点的高质量、可持续发展。

（七）数字经济成为国际合作的新热点

"数字丝绸之路"建设在推动数字经济背景下各产业的广泛合作中发挥着越来越重要的作用，为相关国家提供了数字化发展机遇，并释放了其创新增长潜力。同时，这一建设也加强了其他国家与我国的合作力度。特别是随着与相关国家数字经济领域的政策沟通和战略对接不断加强，中国—东盟信息港建设、中国-阿拉伯国家网上丝绸之路经济合作试验区建设等项目率先启动。这些项目的实施，为我国优秀企业提供了走出国门的机会，使其能够在跨境电商、大数据、智慧城市等新兴产业领域发挥作用。

二、国内数字经济发展存在的问题

（一）关键领域的基础创新能力较弱

数字经济的核心是创新，未来，支撑数字经济颠覆性变革的将是创新型科技。但现实情况是我国多数企业数字化水平较低，网络化、智能化演进困难，这也间接导致了我国很多高端工业，如传感器、工业控制系统、关键工业软件等仍被国外垄断。目前，从本质上来讲，我国仍然属于芯片进口国，自主研发芯片并制造的核心技术仍任重道远，尤其是在逆全球化思潮和单边主义的影响下，加强基础科学前瞻布局和提升原始创新能力刻不容缓。此外，虽然大数据、云计算、物联网、服务联网、仿真分析、工业软件、数字控制、虚拟现实等名词不断被提到，但我国在这些技术层面的发展都不占优势。在传感器、芯片、控制器等核心元器件方面，设计开发工具、仿真测试工具、制造执行系统等工业软件方面，还有云计算、大数据等网络应用方面，我国的核心技术实力都亟待提升；我国应加强基础类硬技术的攻关，包括无人驾驶、无人卖场、机器人、物联网、区块链、大数据及生物基因等技术的突破。

（二）数字经济与实体经济的融合发展尚有不足

在我国，数字经济与实体经济的融合发展已经取得了一定的成果，但从深度和广度来看，还存在很大的提升空间。特别是在产业融合发展方面，两者的融合显现出明显的不足。从宏观层面来看，我国现有的数据挖掘利用能力尚未跟上数据爆发式增长的现实态势，在解决市场信息不对称问题方面还需要进一步的努力和探索；同时，我国技术创新取得的成效与经济高质量发展的需求尚未完全匹配，仍需继续加强创新驱动，推动经济高质量发展。从微观层面来看，企业对数字经济与相关产业深度融合所能带来的价值认识尚不充分，缺乏主动作为的意识，在具体的实践过程中，企业也暴露出在数字化、网络化、智能化资源整合方面的力量不足问题。作为实体经济的主战场，制造业在我国的发展中具有举足轻重的地位。然而，目前我国制造业企业在数字化发展方面存在不平衡、不充分问题。许多企业的数字化水平仍然较低，网络化和智能化的演进基础也相对薄弱。

（三）数字经济人才短缺问题突出

我国数字经济发展的速度较快，呈现出持续增长的趋势，但在这个过程中，我国数字经济发展也遇到了一些问题。其中，人才储备不足是一个关键问题。很多科技型企业和研究机构在人才储备方面都存在较大的不足。数字经济的发展需要大量的人才支持，尤其是在核心技术研发、大数据应用研究等领域。这些领域的人才需要具备较高的专业技能和知识水平，同时还需要具备创新精神和团队协作能力。然而，目前我国的数字经济人才储备情况并不理想，缺乏具备这些能力和素质的人才。这不仅制约了科技型企业和研究机构的发展，也影响了数字经济的整体发展。

（四）数字经济测度考核体系有待优化

要想评价和推进数字经济发展，就要构建科学的测度考核体系。目前，已有研究机构根据各自对数字经济内涵的不同理解，探索研究了不同的测度考核体系。数字经济具有渗透性、融合性、协同性特质，容易使常规的国民经济核算方法难以全面测度其发展水平。

1.指标体系的构建质量

我国的数据与发达国家相比，质量整体不高，数据标准和格式不统一，"数据孤岛"和"碎片化"现象仍然存在。高效便捷的数据开放与共享系统尚未完全建立，跨部门、跨行业的数据开放和共享难度较大，数据获取方面的困难制约了指标体系构建的顺利推进。我国的数字经济研究和实践起步相对较晚，已有成果在研究目标、范围、方法、指标赋权等方面，均存在差异，尚没有权威、客观、一致、可比的结论和结果。

2. 统计体系内容的完整性

现有统计体系呈现"两多两少"特征，即反映经济成就和成绩的指标多，反映人与自然和谐发展的指标少；反映总量的指标多，反映结构调整和转型升级的指标少。此外，反映新经济、新动能成长和质量效益方面的指标也不充分。具体到数字经济领域，由于缺乏顶层设计，过程指标与结果指标相混同，同类指标重复，导致少数统计指标的测度较为困难。现有的数字经济统计体系研究在数字技能、社会福利和安全保护方面较为薄弱，尤其是反映质量、效益的指标及体现人民群众幸福感的指标，还很不完备，难以满足推动数字经济高质量发展的要求。

3. 相关测度考核的主观性

在具体实践中，数据成本、价值等领域的有效计量方法尚未建立，数据作为企业生产经营的附属产物，很难与其他资产、资源剥离，难以通过市场直接定价。由于交易量大且交易分散，反映数字经济发展的政策体系、标准体系尚不健全，对数字产品的分类难以体现数字化活动和产品增长，部分关键指标时效性较差。由于工具、方法、数据等因素制约，现行测度考核体系无法有效测量数字经济的增加值，无法为数字经济发展及时、全面地提供决策依据。由于数字经济相关的测度考核指标具有主观性，难以精确计量，加上计量口径不一致，现有的研究成果尚未形成一套全面、权威、细化、科学的考核体系，绩效评价和政绩考核等仍有较大拓展潜力和发展空间。

（五）数字安全治理仍处于探索阶段

随着数字经济涵盖范围的不断扩大，数字经济的复杂性不断提高。即便是数字经济领域的细微问题，也有可能对整体经济产生一定的冲击和影响，甚至动摇一国经济运行的基本盘。数字经济发展模式正在演变为一种新的社会公共治理范式，这种变革使得相关的风险不仅存在于经济领域，还会传播到社会领域。在诸多领域，如信用关系、就业结构、安全监管、工业互联网等，其应对新经济形态的治理能力还有很大的提升空间。这种状况对现有的政府监管效能构成了挑战，而且会对数字经济长远健康发展产生不利影响。

1. 信用关系的技术化风险

在数字经济中，信用关系呈现显著的技术化特征，交易者获取信息更加及时、便捷，成本更低，识别信用更为自动化、智能化、网络化和精准化。在智能投资顾问、众筹平台、投资理财平台、算法交易等领域，此类金融交易中的信用关系均以技术化的方式呈现。数字加密货币、智能合约、区块链等进一步把信用关系的技术化推向新的高度。然而，信用关系技术化的内置或前置预设导致隐私、信息安全等易被侵犯，且不易被察觉，也很难维权。算法程序如何识别结构复杂的信用关系，往往是一个黑箱，投资者和监管者对具体过程无从得知。基于技术的信用关系成了数字经济发展过程中风险产生的重要根源，不但增加了技术创新的成本，也加剧了信用危机蔓延的风险。

2. 工业互联网的安全防范

网络安全是数字经济稳健发展的基础和保障。然而，工业互联网平台发展正面临网络威胁、网络漏洞等网络安全问题。鉴于工业领域网络受攻击的方式多元、多变，工业信息安全防护体系尚有很大提升空间。对特定工业设备、工业软硬件系统中存在的漏洞发起网络攻击，不但会中断工业设备正常运行，而且会干扰其生产安全和经济运行。5G 相关信息技术基础设施的开放性高，终端应用场景复杂，也易受黑客的网络攻击。物联网安全的保障难度大于互联网，区块链领域面临"女巫攻击（Sybil Attack）"（也称为身份或声誉攻击，属于一种在线安全威胁，它是由一个实体创建多个节点、账户或主机，意在破坏或以其他方式获得对于网络的控制）等多重威胁，数据泄露和滥用风险凸显。工业互联网安全防护流程复杂，防护难度大。由于存在弱口令、权限绕过、远程命令执行等安全漏洞，工业互联网平台容易成为主要攻击目标，遭受扫描探测和恶意程序监测，致使重要敏感数据时有泄露。目前，国内厂商的安全服务能力难以满足现实需求，安全防护体系处于初级阶段，还需进一步完善。在这种情形下，一旦受到木马病毒感染或有组织、有针对性的网络攻击，将会产生严重后果。

3. 网络与信息安全

随着数字经济的不断发展，数字安全问题日益增多。高危漏洞数量一直呈增长态势，网络关键基础设施也处于危险之中，尤其是金融领域和能源行业，更是成了重灾区。近年来，随着物联网的快速发展，网络安全面临着前所未有的挑战。物联网是集软件和硬件于一体的平台，涉及的零部件和关联部分较多，难以通过简单的升级、修改或替换等方式来应对潜在的安全问题，因此物联网安全的保障难度相比于互联网而言要大得多。尤其是许多智能设备的开发商都是小型创业公司，缺乏为物联网提供复杂安全功能的经验或资源。国家互联网应急中心对网络安全态势的相关研究表明，在现阶段，威胁我国网络安全的事件数量仍在显著增加，网络安全对抗进一步细化和升级，重大安全事件屡屡发生，网络攻击技术也日益先进。除传统网络攻击事件数量在持续增加外，移动智能产品也成为网络违法犯罪分子的目标。与此同时，我国网络安全的研究投入低于发达国家，这也导致了我国的网络安全形势变得更为严峻。

4.数字经济中的结构性失业风险

数字经济发展在促进、带动就业的同时，也可能对就业产生不利影响，进而破坏社会发展成果，冲击社会稳定。知识结构比较落后、技术水平比较低的传统就业群体更容易受到数字经济的冲击。我国制造业总体上处在全球价值链的中低端，生产组装等常规工作对就业者的技能要求不高，导致其极有可能被机器替代，由此带来了一定的就业压力。在生产任务总体不变的前提下，数字经济生产效率的提升，有望降低企业对劳动力的需求。可以说，新旧业态更替和产业结构转型升级增加了结构性失业风险。数字经济还可能加重资本剥削，增加失业风险。

（六）存在数字鸿沟与数据质量问题

数字鸿沟是指信息技术在不断发展过程中，由数字化进程的速度和程度不一致导致的基础设施、居民数字素养及数字信息内容公开程度上的差异。这种差异不仅存在于经济发展水平不同的国家之间，也存在于同一国家内部的不同地区、不同产业和社会阶层之间。

近年来，尽管中国宽带普及率在不断提高，网民数量也在逐年增长，但城乡之间及东西部之间仍存在数字鸿沟。对于农村地区来说，由于 ICT 基础设施的滞后，它们面临着网络覆盖率低、网络速度慢、网络稳定性差等问题。这些问题不仅影响了这些地区的人的信息获取和传播，也制约了其在数字化时代的发展。同时，由于教育资源的不足和落后，这些地区的人往往也缺乏必要的数字技能和素养，无法有效地利用数字技术和信息资源来提高生产效率和生活水平。此外，数字信息内容公开程度也是导致数字鸿沟出现的原因之一。数据及信息开放程度的降低将会对民众和企业的信息获取和应用造成直接影响，进一步拖缓数字进程，进而影响到数字经济的发展。

此外，数据质量也是一个重要问题。在如今这个数据驱动的时代，数据已经成为各行各业的核心资源，其质量直接关系着社会各方对资源的利用效率。因此，数据质量的重要性不言而喻。一般来讲，数据质量是指数据的一组固有属性满足数据消费者要求的程度，这些属性包括真实性、及时性、相关性，即数据能否将客观世界真实反映出来、数据的更新是否及时、数据内容是否与消费者需求相符。除了这些固有属性，高质量的数据还需要满足一些其他的要求，即其不仅应该是完整无遗漏的，同时也应是没有非法访问风险并且能够被理解和解释的。

在数字技术不断发展完善的今天，数据质量面临着前所未有的挑战。影响数据质量的原因有很多，其中较为显著的是数据的多源性。当一个数据存在多个来源时，其数据的准确性和一致性就会难以保证。另一个影响数据质量的原因是复杂数据的表示方式不统一，标准不明确。随着大数据的蓬勃发展，每天都会产生大量、多维度、异构数据，如何对复杂数据进行统一编码，使数据之间的兼容与融合更加便利，仍有许多技术难题需要解决。

（七）数字经济制度体系运行存在薄弱环节

数字经济制度激励和约束功能的实现，即制度体系运行所产生的实际效果，总会受到人的认知和外部环境等主客观因素的影响，其制度功能的发挥会受到一定的边界和条件限制。

1. 部分制度缺乏必要的过渡和衔接

有的数字经济制度缺乏科学性、一致性和可执行性，对数字经济难以产生整体最大效果。由于前期调研不深入、不充分等，有的数字经济制度难免带有主观判断或者部门偏见；在征求其他相关部门的意见建议时，由于沟通不畅、衔接不够，往往出现相互掣肘的情形。有的制度侧重于短期目标，力求用通知、办法等短期化与临时性的手段改变长期性的制度规则和习惯，不符合市场化和法治化精神。以上情况均有可能扰乱市场秩序。

2. 数字经济制度变迁的滞后性

随着数字经济的发展，数字经济制度既有的一些功能不再发挥应有的功能，有的上层建筑不再适应数字经济生产力的发展。与数字经济鲜活的实践活动比较，有的数字经济制度相对保守，加上受信息成本和认知分歧的制约，制度供给和制度需求均有一定的滞后性。制度一旦确立和运行，除非有环境或技术的压力，否则很难在短期内有意愿和动力做出积极的调整和改变。由于制度本身的特殊性，初始条件对制度变迁具有极强的影响力和制约作用。当数字经济制度体系无法及时演化变迁和自行更替时，打破现有框架、重构制度规则就成为一项紧迫的现实任务。

3. 约束功能重于激励功能

纵观人类社会发展进程，"赏""罚"虽然成了国家和组织治理所运用的最主要手段，但"罚"的实施往往重于"赏"的运用。在数字经济的一些具体领域和环节，制度约束功能占主导，激励往往成为辅助的次要功能，完全意义上的激励制度往往较少。制度激励是数字经济主体达成和履行合约的过程，但由于利益冲突不可调和，数字经济主体间往往很难达成一致意见，相关主体能否依照激励制度所引导的方向行动，这存在不确定性，此时，数字经济制度约束、激励功能的合力就很难充分发挥。

4. 数字经济制度缺乏有效的体制机制制约

数字经济制度不够有效，主要体现在三点上。首先，数字经济制度文本的内容过于宽泛，针对性不强，权威性不够，下位阶制度规则与上位阶制度规则不统一，缺乏可操作性。个别规定和内容简单参考国外的政策和制度内容，没有充分考虑现实国情和实际情况，与客观实际或数字经济参与主体的诉求不符，难以有效落地实施。其次，数字经济制度仍有重复或缺位倾向，既有监管重叠，也有监管盲区，如数据安全治理领域亟须立法予以规范，但多头立法、选择性执法等现象也时有发生。最后，数字经济主体寻求制度救济的积极性不高，这主要由于制度实施成本过高，数字经济主体对数字经济制度缺乏足够的了解和信任，对数字经济制度的期望不高。

（八）经济理论与组织管理机制缺乏适用性

数字经济的发展对传统的经济理论和组织管理制度都提出了相应的要求。根据现有的国民经济核算方法，非营利性活动和非市场性活动都无法计入国内生产总值，同时国内生产总值核算只关注消费发生额，而不关心这些消费的有效性和浪费情况。数字经济中的活动，如分享经济强调的资源分享、节约利用等理念与现有经济理论是有所差别的，许多分享行为都是在买卖双方之间直接进行的，因此难以计入国内生产总值中。

随着数字经济活动的增加，运用传统的经济核算方法将难以有效衡量数字经济的规模，同时也很难制定出有效的政策。按照市场经济理论，在完全竞争的自由市场上，确保供需双方信息完全透明，有助于达成对消费者最有利的均衡价格。但在数字经济条件下，利用公开信息和一定算法，却可以实现"非串谋性"操纵，这意味着市场经济的基石——"信息完全性"，不能增进消费者权益，反而可能对消费者权益造成损害。

数字经济的一些活动还可能会增加监管执法难度。例如，通过编写定制算法，可以人为地维持高价，从而实现对市场的操控。一个追踪加油站汽油价格的软件能瞬间监测到某家加油站降价，并采取相应降价行为以免造成顾客流失。因此，任何供应商都没有首先降价的动机，这就导致了价格始终处于高于合理价格的水平。但是，这种"非串谋性"操纵行为却很难被发现或起诉，所以这种行为也被称为数字时代的难题。

就机构自身而言，数字技术的应用必然会引起数字化转型，而这一进程必然伴随着组织管理的变革。随着数字技术在各领域得到广泛应用，组织管理也将发生变革。特别是自20世纪90年代以来，西方企业一直在推动业务流程优化和组织再造业务，促进信息技术与运营技术的融合。顺应这一趋势，一些知名学府也开始开设有关数据驱动商务智能、数字主导型决策及数字化竞争等课程，为毕业生更好地适应数字经济管理的需要做好准备。但是，组织和管理的变革是一个涉及多方面因素的系统工程，并非所有企业都能取得成功。

第三章　数字经济发展的技术支撑

随着科技的不断进步，数字经济正在成为全球经济发展的新引擎。作为数字经济发展的关键支撑，大数据、云计算、物联网、5G 和人工智能等五种技术正以惊人的速度改变着人们的生活。这五种技术相互交织、相得益彰，形成了数字经济发展的坚实基础，它们正在推动经济结构和产业形态的变革，重塑人们的生产、分配和消费方式。在数字经济时代，人们将迎来更加智能化、便捷化和个性化的生活和工作方式。本章围绕大数据技术、云计算技术、物联网技术、5G 技术及人工智能技术等内容展开研究。

第一节　大数据技术

一、大数据技术概述

（一）大数据的定义

数据的最小单位是 bit，即比特，简称为 b，数据的基本单位是 Byte，即字节，简称为 B，按照 1024（210）进率，依次递增为 B、KB（千字节）、MB（兆字节）、GB（吉字节）、TB（万亿字节）、PB（拍字节）、EB（艾字节）、ZB（泽字节）、YB（尧字节）、NB（百万亿兆字节）、DB（千万亿兆字节）。1 B=8 b；1 KB=1024 B；1 MB=1024 KB；1 GB=1024 MB；1 TB=1024 GB；1 PB=1024 TB；1 EB=1024 PB；1 ZB=1024 EB；1 YB=1024 ZB；1 NB=1024 YB；1 DB=1024 NB。

大数据和互联网都是一种通用目的技术，随着技术和应用的发展，其概念也在不断演进。尽管有很多研究机构和学者给出的定义被广泛认可，但是却没有公认的、唯一的准确定义。奥地利数据科学家，维克托·迈尔·舍恩伯格的《大数据时代》一书指出，大数据是指采用所有数据进行分析处理的方法。[①] 大数据：

---

① 李艺. 大数据时代背景下旅游目的地的营销发展研究：以贵阳市为例［J］. 贵阳学院学报（社会科学版），2017，12（2）：39-43.

样本＝全体。因此，所谓的"大"其实也包含着"全"的含义，不是相对的量级，而是绝对的范围。大数据定义强调的是大数据的海量数据规模、多样数据类型和新型处理技术的特点。高德纳咨询公司将大数据定义为一种信息资产，即数据的价值不仅体现在数据本身，更可以作为市场经济中的生产要素，用于交易并创造出更大的价值。我国的《促进大数据发展行动纲要》中，将大数据作为新一代信息技术和服务业态，强调了大数据具有创新性和服务性，是信息革命、"互联网＋"时代的新型应用、新型服务、新型行业。

（二）大数据的特征

1. 数据量大

大数据通常指的是包含至少 100 TB 数据的集合，这是国际数据公司给出定义的。大数据的基本属性就是其巨大的数据量。数据爆炸的原因非常多，首先，随着互联网的应用越来越广泛，更多的人、企业或者机构都在使用互联网，这便使得数据的采集及共享变得更加的容易。其次，近年来，二维数据，如图像和视频等大规模涌现。最后，随着三维扫描和运动捕捉设备的普及，数据越来越接近现实世界，数据的描述能力也随之得到提升。一般情况下，数据量会因为几何级数的增长而激增。

2. 数据类型多样

大数据的另一个显著特征是数据类型的多样性和复杂性。相比过去的数据，大数据虽然数量庞大，但它们往往是结构化的，并且是被预先定义了的。结构化数据便于人类存储、处理和查询信息，它通过忽略在特定应用程序中可能不被考虑的细节来构造有用的信息摘要。人们在处理此类结构化数据时，通过深入理解数据的含义，构建表结构之间的相关属性来表达数据属性。数据以统一格式存储在数据库的表中，这使得人们无论面对多少数据，只需根据其属性将数据存储在合适的位置，便可以轻松地进行处理和查询。一般情况下，不需要因为新增的数据而显著地改变数据的聚集、处理和查询方法。运算速度和存储空间是限制数据处理能力的关键因素。然而，随着数据的急剧增长和新的数据类型的不断涌现，传统的数据处理模式已经很难应对日趋复杂和多样的数据形式了。传统的方法无法整齐地排列和表示这样的数据，因为它们已经超出了传统的数据库所能处理的范围。大数据技术是在这样的背景下应运而生的，它与传统数据处理方式最大的区别在于对非结构化信息的重点关注。大数据技术强调包含大量细节信息的非结构化数据，这种强调个性化的特点给传统的数据处理方式带来了巨大的挑战。

3.数据处理速度快

大数据的关键特性之一是数据的快速处理，这有别于传统的海量数据处理。随着科技的发展，如传感器和互联网的普及，数据的产生和发布变得更为容易，数据的来源也更加丰富。个人甚至也成了数据产生的主体之一，这导致数据量呈爆炸式增长，新数据不断涌现。因此，具备快速处理数据的能力变得至关重要。只有提高数据处理的速度，才能充分利用大量数据。否则，不断增长的数据量不但不能为快速解决问题带来优势，反而会变成快速解决问题的负担。

4.数据价值密度低

数据价值密度低是大数据关注的非结构化数据的重要特征。一般情况下，结构化数据会根据特定应用的需求对事物进行抽象化处理，确保每条数据都包含所需的信息。然而，在大数据中，为了捕获事物的完整细节，不会对事物进行抽象或归纳等处理，而是直接采用原始数据，保留其原始状态。此外，大数据分析通常不会对数据进行抽样，而是直接利用全部数据。虽然这样可以分析更多的数据，但也引入了许多无意义的信息，甚至可能是错误的信息。因此，相对于特定应用来说，大数据所关注的非结构化数据的价值密度较低，相对于整体数据的有效信息较少。对于某些应用程序而言，某些信息可能毫无价值，但对于其他应用程序而言，这些信息却可能成为至关重要的关键。

二、大数据的关键技术

大数据的基本处理流程包括数据采集、存储管理、计算、分析挖掘等环节。其中涉及的主要技术有以下几个方面。

（一）大数据采集技术

数据采集是大数据生命周期中的第一个环节，一般通过射频识别技术、传感器、社交网络、移动互联网等方式获得各种类型的结构化、半结构化及非结构化的海量数据。大数据采集技术就是对这些数据进行 ETL 操作，通过对数据进行提取、转换、加载，最终挖掘数据的潜在价值，然后给用户提供解决方案或者决策参考。ETL，是 Extract-Transform-Load 的缩写，是指数据从来源端经过抽取、转换、加载到目的端，然后进行处理分析的过程。用户从数据源中提取所需的数据，并经过数据清洗后，按照预定义的数据模型将数据加载到数据仓库中，然后再对数据仓库中的数据进行分析和处理。因为数据采集可能涉及复杂的数据格式，必须利用提取技术从原始数据中提取所需数据，在此过程中可以丢弃不重要的字段。在提取后，由于数据源的不准确性，需要进行数据清洗，过滤或移除不正确的数据。根据不同的应用场景，使用不同的工具或系统对数据进行分析，还需进行转换操作，将数据转换为不同的格式，最后按照预定义的数据仓库模型将数据加载到数据仓库中。

（二）大数据存储管理技术

采集到海量数据，并对其进行了抽取、转换、加载后，再对其进行高效的存储是大数据生命周期中的第二个环节。数据存储是大数据处理的关键环节之一，它是对既定数据内容进行整理、归档和共享的过程。自磁盘系统问世以来，数据存储已经走过了近百年的历程。对于存储，计算机就像人的大脑一样，两者都可以拥有短期记忆和长期记忆。在大数据时代，由于数据来自多种渠道，往往缺乏一致性，数据结构也较为混杂，而且数据量持续增长。并且，任何机器都存在物理限制，如内存容量、硬盘容量、处理器速度等。因此，大数据管理技术出现了。

对于单机系统来说，即使不断升级硬件配置，也很难跟上数据增长的速度。这就需要在硬件限制和性能之间做出权衡和取舍。对于期望从数据中获取价值的企业和组织而言，如今有效的数据存储管理技术显得尤为重要。在大数据系统中，大数据存储管理技术起着举足轻重的作用，其好坏直接关系到整个大数据系统的性能表现。数据存储管理技术已经超越了仅仅接收、存储、组织和维护组织生成的数据的范畴，它还涉及多个方面的内容，包括但不限于对数据进行分类和标签化；聚合、收集并解析数据的元数据，对数据来源、创建时间、格式等进行深入理解；确保数据和元数据免受自然灾害和人为破坏的影响；在数据被移动一次或多次后，仍然能够让用户和应用程序对数据进行透明地访问；为用户提供自定义的策略，这些策略可以根据需要自动地移动、复制或删除数据；应用人工智能和机器学习来优化和自动化大部分的数据管理功能；能够搜索数据并为用户提供可行、有深度的信息和见解；确保数据符合个人识别信息相关的法律和法规要求。

（三）大数据计算技术

大数据存储管理技术解决了大规模数据高效存储的问题，大数据计算则解决大规模数据高效计算的问题。对大数据技术而言，分布式是非常核心的概念，从存储到计算再到分析，在大数据处理的整个流程当中，分布式不可或缺。要实现大数据处理，有集中式和分布式两种思路。

所谓集中式，就是通过不断增加处理器的数量，来增加单个计算机的处理能力，从而实现大批量数据处理的方式。采用集中式思路需要昂贵的大型机，光是成本费用就不是一般的公司能够承受得住的。分布式则是把一组计算机串联起来形成系统，然后将需要处理的大批量数据分散到各个计算机上去执行，最后将分别计算得到的结果进行合并，得出最终结果。在分布式系统内，单个计算机的能力不算强，但是每个计算机负责一部分计算任务，多个计算机同时并行计算，处理数据的速度得到大大提升。随着需求的提升，只需要在集群系统当中增加计算机，就能实现更大规模的数据处理。分布式计算使得大数据处理的成本大大降低，从而支持大数据在更多企业的更多场景下应用。服务器集群是由互相连接的多台服务器组成一个并行式或分布式系统。在这个系统中，多台服务器协同工作，运行相同的计算任务，从外部看来，它们就像是一台虚拟的服务器，提供一致的服务。虽然每台服务器的计算能力有限，但当众多服务器组成服务器集群时，整个系统的运算能力会显著增强，足以应对大数据分析的运算负荷。Hadoop，即分布式系统基础架构，它是一个能够对大量数据进行分布式处理的软件框架。Hadoop大数据集群，就是对分布式计算和服务器集群的一次成功的实践，Hadoop平台中的核心分布式计算模型极大地方便了分布式编程工作，编程人员在不理解分布式并行原理的情况下，也可以很容易地将自己的程序运行在分布式系统上，完成海量数据集的计算。

（四）大数据分析挖掘技术

数据处理的目的是从大量复杂的数据中提炼出有价值的信息，其中最有价值的部分是通过数据挖掘技术进行的预测性分析。预测性分析通过数据可视化、统计模式识别、数据描述等方法来帮助数据科学家更好地理解数据，通过对数据挖掘结果的分析和理解，做出具有预测性的决策。研究大数据分析挖掘技术的目的在于改进和完善现有的数据挖掘和机器学习技术，提高其准确性和效率；开发创新的数据挖掘技术，如网络数据挖掘、群体特征挖掘、图结构挖掘等，以适应不同类型的数据和问题；突破大数据融合技术，如对象连接、相似性合并等，以实现更高效的数据整合和分析；突破面向领域的精准大数据挖掘技术，如用户兴趣解析、网络行为解码、情感语义识别等，以提供更准确的数据分析和解读信息。

三、大数据技术在数字经济中的作用

数字经济是中国经济的重要组成部分，同时也是推动经济高质量发展的重要力量。在这个过程中，大数据技术发挥着不可替代的作用，为数字经济的快速发展提供了强有力的支撑。

（一）推动数据管理水平的提升

随着物联网的迅猛发展，社会获得了海量的信息资源，这些数据在其经济发展中具有重要的战略价值。通过运用大数据技术对这些数据资源进行有效管理，能够最大程度地提升社会生产力。在大数据时代，大数据已经成为社会稳定进步和经济迅速增长的关键因素，与劳动力、土地等传统生产要素紧密结合，共同推动社会经济的飞速发展。

（二）推动数据价值集中体现

要有效地利用大数据资源，就需要借助大数据技术。通过应用大数据技术，人们可以将资源库中的信息进行有效的整理，并将其转化为有价值的数据信息，这是实现数据价值的关键步骤。无论是在建立数据要素市场、推动数据要素市场的发展过程中，还是在信息整理过程中，要想使数据要素发挥其价值，大数据技术的支持都是不可或缺的。大数据技术是推动数据要素实现自身价值并创造社会经济价值的重要力量。

（三）推动数字经济发展迈上新台阶

大数据技术的广泛应用推动了数字经济的蓬勃发展，同时也为其带来了新的挑战和机遇。大数据技术已经成为促进数字经济发展的重要驱动力之一。通过提高各产业之间的协同效应，大数据技术成了产业创新的新引擎，最大程度地释放了数字经济的潜力。在大数据技术的推动下，众多新兴产业模式应运而生，如互联网信息交易和信息租赁项目等。此外，大数据技术与众多行业进行了深度融合，加速了传统产业模式的转型升级，并催生了众多新兴产业，如网络金融、网络购物平台和外卖平台等新业态。这些新业态不仅为人们提供了更加便捷、高效的服务，同时也为社会经济发展注入了新的活力。

（四）推动数字经济的关键生产要素

随着我国数字经济的不断发展，数字经济生态体系建设的步伐越来越快，大数据逐渐成为推动数字经济发展的关键生产要素。在数字经济时代，各行各业应充分利用大数据推进数字化建设，并建设开放的数据生态体系，加强数据要素在数字经济中的深化应用，加快各产业向数字化转型升级的步伐，充分发挥数字经济对经济增长的驱动作用，提高传统产业的劳动生产率，并探索新的经济增长点，促使数字经济实现可持续发展。

数字经济是以海量数据互联和新一代信息技术为依托发展起来的一种全新的

社会经济形态，能够充分利用数据资源为产业赋能，并通过不断创新推动产业结构升级，实现创新驱动发展。各个传统产业可以通过加快大数据的落地应用速度推动产业朝着数字化和智能化的方向转型发展，打造以数据为主要驱动力的新业态，助推我国经济向数字经济转型发展。随着数字经济时代的到来，大数据逐渐向传统产业渗透，成为推动传统产业数字化、智能化发展的新动力，以及优化数字经济结构和提高市场运行效率的重要工具。大数据在各个领域的创新应用有助于传统产业增强自主创新能力，实现生产创新、管理创新和营销创新，提升生产效率，进而加快数字化转型步伐。

在服务业领域，大数据与服务行业的融合能够帮助服务企业实现有效的客户细分、风险防控、信用评价等，进而促进服务企业实现业务创新和产业升级。在工业领域，数据要素可以在大数据技术的作用下通过网络在设计、生产、工艺、管理、服务等诸多环节发挥作用，进而提高工业企业预测、描述、诊断、决策、控制等环节的智能化水平，加快工业智能化的步伐。在农业领域，农业企业可以通过数据分析实现更加精准的农业生产决策，为农业生产提供强有力的保障，推动传统农业向以数据要素和大数据技术为主要驱动力的智慧农业转型。大数据是推动传统产业实现数字化、智慧化转型的重要技术基础，也是促进传统经济向数字经济转型的主要驱动力，能够有效提高分工、经济形态和产业结构的科学性，加快经济发展。不仅如此，大数据的应用还有助于产业融合创新，创造出更多新业态、新模式，并从技术和数据层面为数字经济的创新发展提供支撑，为经济发展注入新动能。

第二节　云计算技术

一、云计算技术概述

（一）云计算的概念

传统信息化的业务应用日益复杂，业务间的关联越发紧密。随着用户数量的迅猛增长，计算机的计算能力、数据存储、系统稳定性及安全性均面临巨大挑战。为应对持续扩张的业务需求，企业不得不采购多样化的软件（如应用软件、数据库、中间件等）及硬件设备（包括存储设备、服务器、负载均衡器等），并构建专门的技术团队以确保这些软硬件的正常运行。随着企事业单位业务的持续扩展与变化，支撑这些应用的成本急剧攀升，且维护费用随信息系统数量或规模的扩大而呈现几何式增长。基于此，云计算技术应运而生，为解决这些问题提供了新的途径。

云计算构建于一个高度可配置的共享资源池之上，该资源池集网络、服务器、存储、应用软件与多种服务于一体，实现了硬件与软件资源的无缝整合。此资源池具备强大的自我管理能力，允许用户以极少的介入，便捷且迅速地根据需求获取所需资源。

云计算显著提升了资源的可用性，其核心特征包括按需自助服务、广泛的网络接入、资源池化、快速的弹性伸缩能力以及服务可计量性。它提供了三种主要的服务模式：软件服务，允许用户通过网络直接使用软件；平台服务，为用户提供开发、运行和管理应用程序的平台；基础设施服务，提供计算资源、存储资源和网络资源等。

此外，云计算还支持四种部署模式：私有云，专为企业内部用户提供服务；公有云，资源和服务面向公众开放；社区云，具有共同兴趣或需求的组织共享资源和服务；混合云，是上述多种模式的灵活组合，以满足复杂多变的业务需求。在这些特性与模式共同作用下，云计算能够满足绝大多数用户的使用需求。

借助云计算，用户能够以灵活的按需付费模式，轻松通过网络访问一个高配置的共享资源池，该资源池涵盖了计算力、存储空间、软件应用及多样化服务。这种方式使用户能以较低的成本，迅速获取高质量的资源与服务，有效规避了初期基础设施建设的庞大投资。更重要的是，云计算让信息化管理变得高效而简洁，用户仅需专注于核心管理工作，即可实现信息化的迅速扩展，大大减少了与服务提供商的直接交互，从而降低了管理复杂度，加速了业务响应速度。

（二）云计算的特点

根据云计算的定义，云计算的特点主要包括以下几个方面。

一是按需自助服务：用户可以根据自身的需求，自助地申请、管理和释放计算资源和服务，无需与服务提供商进行大量的人工交互。

二是广泛的网络接入：用户可以通过各种终端设备，如手机、平板电脑、笔记本电脑等，随时随地访问资源池，实现数据的共享和协同工作。

三是资源池化：云计算将计算资源、存储资源和网络资源封装成一个独立的虚拟环境，为用户提供专有的资源和服务。这些资源在物理上是共享的，但在逻辑上是隔离的，用户无需知道资源的具体物理位置。

四是快速弹性伸缩：云计算能够根据用户的实际需求自动调整资源和服务的规模，以满足用户不断变化的需求。当业务需求增加时，云计算可以快速地增加资源和服务；当业务需求减少时，云计算也可以相应地减少资源和服务，从而避免资源的浪费。

五是服务可度量：云计算服务是透明的，服务提供商可以精确地计量用户所使用的资源和服务，并据此进行收费。这种可度量的服务方式有助于用户更好地控制成本，提高资源的使用效率。

六是高可靠性：云计算通过数据多副本容错、计算节点同构可互换等措施来保障服务的可靠性。即使某个计算节点或存储设备出现故障，云计算也能迅速将服务迁移到其他节点上，确保服务的连续性和稳定性。

七是按需付费：用户可以根据实际使用的资源和服务量来支付费用，而无需为未使用的资源支付费用。这种付费方式有助于降低用户的成本负担，提高资金的使用效率。

八是高扩展性：云计算平台可以轻松地扩展资源和服务规模，以满足用户不断增长的需求。无论是计算资源、存储资源还是网络资源，都可以根据需要进行扩展或缩减。

二、云计算的关键技术

（一）高性能计算技术

随着科技的飞速进步与全球对计算速度需求的急剧增长，高性能计算作为满足这一需求的关键技术之一，正日益受到重视。高性能计算不仅推动了计算科学的边界，还深刻影响了云计算技术的诞生与发展，成为其核心技术架构中不可或缺的一环。

高性能计算，简而言之，是运用多处理器或集群计算系统来执行复杂任务的科学领域。它专注于并行算法的设计、高效软件的研发及高性能计算机的构建，旨在实现前所未有的计算效能。在这一领域的发展趋势中，网络化趋势尤为突出，预示着未来计算将更加依赖于高度互联的架构。

高性能计算机作为网络计算环境的基石，正逐步向主流化、开放标准化及应用多样化的方向迈进。它们不仅是用户处理海量数据和执行复杂计算的首选工具，还将在未来的网络环境中扮演更加核心的角色。随着网络技术的不断革新，基于网络的应用开发日益普遍，高性能计算机因此成为支撑这些应用高效运行的关键设备。

面对数据爆炸式增长的挑战，高性能计算机不仅承担着繁重的计算和存储任务，还推动了计算架构的演进。传统的 client/server 模式（请求—响应通信模式）正逐步向服务器聚集模式转变，这种转变旨在通过更高效的资源聚合与分配策略，满足日益复杂的计算需求，确保数据处理的即时性和准确性。

（二）分布式数据存储技术

分布式数据存储是一种先进的存储技术，其核心理念在于将庞大的数据集分散存储于多个独立的数据存储服务器上，这一策略深受谷歌等科技巨头实践经验的启发。通过精心设计的分布式文件系统，该技术不仅能够高效地管理和访问这些数据，还进一步推动了数据存储业务的创新与发展，甚至孕育了二级存储业务的新兴领域。分布式数据存储的广泛适用性体现在它能够同时应对非结构化与结构化数据的存储需求。在非结构化数据存储领域，该技术主要依赖文件存储技术和对象存储技术，这些技术特别适用于存储，如文档、图片、视频等复杂且格式多样的数据类型。它们通过优化数据组织方式和访问接口，实现了对非结构化数据的高效存取与管理。而在结构化数据存储方面，分布式数据库技术，尤其是 NoSQL 数据库（泛指非关系型的数据库）的兴起，为分布式数据存储提供了强有力的支持。NoSQL 数据库以其灵活的数据模型、较强的可扩展性和容错能力，成为处理大规模结构化数据的理想选择。它们突破了传统关系型数据库的局限，为分布式存储环境下的数据一致性、可用性和分区容错性提供了更为有效的解决方案。

（三）虚拟化技术

云计算的核心本质在于为用户提供按需访问的服务，这种服务模式使得资源、应用或平台能够像水电一样，根据用户的实际需求进行动态分配和释放。而虚拟化技术则是实现这一服务模式的重要手段之一。虚拟化技术通过将计算资源、存储资源和网络资源等物理资源封装成独立的虚拟环境，实现了资源的逻辑抽象和灵活管理，极大地提升了资源利用效率和系统灵活性。

尽管有人将云计算与虚拟化技术等同起来，但这种观点是片面的。诚然，虚拟化技术在云计算中扮演着至关重要的角色，它为云计算服务提供了底层支撑，使得服务提供方能够高效地管理和调度资源，同时也保障了用户数据的安全性和隔离性。然而，云计算的广度和深度远不止于此，它还包括了服务交付模式、资源管理策略、计费方式等多个方面。

虚拟化技术通过整合物理资源实现了资源隔离和软件与硬件的解耦，为用户提供了一个独立的虚拟环境，让用户能够在不了解底层硬件细节的情况下，自由地使用和部署自己的系统和应用。这种技术不仅简化了信息技术基础设施的复杂度，还降低了用户的运维成本和风险。

（四）用户信息同步技术

随着云计算的广泛应用，浏览器已经逐渐发展成一个承载互联网的平台，不再仅仅是一个客户端软件。浏览器与云计算的整合主要表现在浏览器的网络化和浏览器云服务两个方面。国内各家浏览器普遍将提供网络化功能作为其标准功能之一，主要功能是用户可以通过登录浏览器，并将个性化数据同步到服务器端。用户无论身处何地，只需通过登录自己的账号，就能实现所有个性化内容的同步更新，包括浏览器选项配置、收藏夹、网址记录、智能填表及密码保存等。这种同步功能为用户提供了便捷的个性化体验，无论在任何设备或平台，都能保持一致的设置和喜好。

目前的浏览器云服务主要体现在视频加速等单独的客户端软件中，主要的应用研究方向包括视频加速、分布式计算和多任务协同工作等。

（五）安全管理技术

安全问题已经成为用户在选择使用云计算服务时的重要考量因素之一。尽管在传统的集中式管理方式下，安全问题同样存在，但在云计算环境中，由于其多租户、分布式特性及对网络和服务提供者的依赖性，使得安全问题变得更加复杂和严峻。

三、云计算技术在数字经济中的作用

（一）云计算赋能企业"上云"战略

云计算的演进历程展现了其从初级的互联网分布式计算模式，逐步发展成为集分布式计算、并行处理、网格计算与虚拟化技术之大成的综合网络体系的过程。而这一体系的核心在于构建一个庞大的资源共享网络——"云"，它汇聚了海量计算资源，能够按需为用户提供高效的数据处理服务。在云计算的架构下，用户的本地设备被极大简化，无需配备复杂的软硬件设施，仅需通过互联网向云端发送指令，用户即可享受由远端计算机集群动态调配资源并返回结果的服务。

云技术的普及得益于其灵活性、便捷性、高效性和成本效益，它为企业数据的安全存储、快速处理与广泛共享提供了前所未有的解决方案。然而，企业的云迁移之路并非一直顺利的，它要求企业深刻理解云计算的潜力与挑战，量身定制符合自身发展战略的云迁移策略。这一过程需要企业基于对行业趋势、业务需求及现状的深入分析，平衡好全面迁移与逐步过渡的利弊，确保云迁移方案既前瞻又切实可行。

在数字经济浪潮的冲击下，企业面临着前所未有的竞争与创新压力。云计算作为企业数字化转型的关键驱动力，正引领着企业向更高层次迈进。通过云计算，企业能够更快速地响应市场变化，更灵活地调整业务策略，以更低的成本实现更高的运营效率。因此，企业应积极拥抱云计算技术，将其视为提升核心竞争力、实现可持续发展的关键途径。

为确保云迁移的成功，企业还需借助专业团队的力量，利用他们丰富的经验和专业知识，优化迁移流程，降低风险，提升效率。同时，企业还需注重云迁移后的持续优化与调整，确保云计算平台能够持续满足自身业务需求，助力企业在数字经济时代中乘风破浪，稳健前行。

（二）云计算是人工智能的强载体

云计算作为人工智能领域的核心驱动力之一，确实被寄予厚望，被视为"下一个数字前沿"的引领者。它以其强大的计算能力、灵活的资源调配和高效的数据处理能力，为人工智能技术的飞速发展提供了坚实的基础。

回顾人工智能的发展历程，尽管经历了多次起伏，但近年来，随着深度学习技术的突破性进展，人工智能迎来了前所未有的发展机遇。深度学习作为人工智能领域的核心技术之一，其通过模拟人脑神经网络的工作方式，实现了对复杂数据的深度挖掘和智能分析，极大地实现了人工智能在各个领域的有效应用。

在云计算的加持下，深度学习技术得以更加高效地运行和扩展。云计算平台的强大计算资源和弹性伸缩能力使得深度学习模型能够在短时间内完成大规模数据的训练和优化，从而不断提升准确性和泛化能力。同时，云计算还具备丰富的数据资源和多样化的算法库，为深度学习的发展提供了更加广阔的空间和可能性。

除了深度学习之外，云计算还与其他技术进行了结合，共同为数字经济的发展提供了强有力的支撑。例如，云计算与大数据、物联网、区块链等技术的深度融合，推动了数据价值的深度挖掘和跨领域共享，促进了数字经济的新业态、新模式不断涌现。这些技术的应用，不仅提升了数字经济的生产效率和质量，还促进了社会经济的全面转型和升级。

（三）"用云量"成为衡量数字经济发展水平的新指标

云计算技术使各行业、数字领域及智慧城市等产生了巨大的变化，推动着数字经济的飞速发展。在数字经济中，类似于工业经济中的"用电量"，新的衡量指标"用云量"将成为评估经济发展水平的标准。在第二次工业革命中，电气化引领了潮流，电定义了新的动力模式，从蒸汽机到电动机的转变，使工业革命的能量得以全面释放。正是由于电的广泛应用，"用电量"成为衡量经济发展水平的关键指标。在数字经济中，"用云量"将成为衡量经济发展水平的新指标。

第三节　物联网技术

一、物联网技术概述

（一）物联网概念

IoT（Internet of Things），即物联网，它是新一代信息技术的重要组成部分，是将各种信息传感设备与互联网结合起来，进而形成的一个巨大网络。物联网，顾名思义，是一个连接各种物品的互联网。这个概念包含两层含义。第一，物联网的核心和基础仍然是互联网，它是在互联网的基础上进行延伸和扩展的网络。第二，物联网的用户端可以延伸和扩展到任何物品与物品之间，实现信息交换和通信。因此，物联网的应用范围非常广，不能简单地将其局限于某一特定领域。另外，物联网也被称为传感网，它的定义相对简单，即通过使用射频识别技术、红外感应器、全球定位系统、激光扫描器等信息采集设备，按照预定的协议，将任何物品与互联网相连，进行信息交换和通信，从而实现智能化的识别、定位、追踪、监控和管理的一种网络；它是集计算机、通信、网络、智能计算、传感器、嵌入式系统、微电子等多个领域知识的新兴学科；它将大量不同种类的传感器组成自治的网络，实现了对物理世界的动态协同感知，它已经成为继计算机及通信网络之后推动信息产业发展的又一技术力量。

（二）物联网的特点

物联网的应用潜力深远，正逐步渗透到人类日常生活的每一个角落。其特点不仅体现在技术层面，更体现在于如何灵活应对不同应用场景的需求与挑战方面。以下是物联网主要特点的详细阐述。

1. 动态拓扑与稳定性并存

物联网的网络拓扑结构展现出高度的灵活性，能够根据设备的移动性自动调整。例如，在智能家居环境中，设备位置相对固定，形成了稳定的网络拓扑；而在车辆 Ad-Hoc（点对点模式）网络中，车辆的高速移动导致网络拓扑不断变化，这对网络连接的稳定性和实体管理提出了更高要求。

2. 成本效益与性能多样

物联网设备种类繁多，成本及性能各异。传感器作为物联网的重要组成部分，以其低成本和高效能的特点，广泛应用于环境监测、医疗健康等领域。尽管这些设备在资源处理、通信和存储方面受限，但通过无线 Ad-Hoc 或网格网络进行通信，并借助如 NB-IoT（窄带蜂窝物联网）等新技术，设备寿命得到了有效延长。同时，高端物联网设备，如智能手机和智能汽车，则凭借强大的计算和存储能力，为物联网提供了更高的性能支持。

3. 海量数据处理能力

随着物联网设备的普及，数据生成量呈爆炸性增长。物联网系统不仅需要处理大量节点，还需高效管理和分析这些节点产生的海量数据。这要求物联网平台具备强大的数据处理和存储能力，以满足用户实时决策和数据分析的需求。

4. 高度分散与异质性

物联网的分散化特征体现在其广泛分布的网络节点上，尤其是在智能城市等大规模应用场景中，这种分散化设计有助于减轻设备集中处理问题的压力。同时，物联网设备的异质性也是其显著特点之一，不同设备在硬件平台、通信协议和数据处理能力上存在差异，这要求物联网系统具备良好的兼容性和灵活性，以支持多种设备接入和互操作。

二、物联网的关键技术

（一）射频识别技术

射频识别是一种先进的非接触式无线自动识别技术，它通过射频信号自动识别目标对象并获取相关数据信息。为了实现任何物品之间的互联互通，必须为每个物品分配一个唯一的识别编码（身份识别号，Industrial Design，以下简称 ID）。无论是产品还是事物，都需要获得一个唯一的 ID 来证明其唯一性，而单个物品也可以拥有多个标识号。同时，复合物体的每个组件也可以拥有标识号。

此外，对于同种类型的物品，需要具备独特的标识ID来证明其所属类别，而单个物品则需要具有区别于同类其他物品的唯一ID。另外，对于一些特殊物品，还需要考虑其安全隐私要求。射频识别系统主要由电子标签、读写器、应用接口等硬件设备，以及中间件软件、传输网络、业务应用、管理系统等构成。电子标签作为内部保存数据的无线收发装置，负责将数据发送给读写器。读写器则具有捕捉和处理标签数据的功能，负责与后台处理系统进行连接。

在软件方面，射频识别系统包括射频识别系统软件、射频识别中间件及后台应用程序。射频识别系统软件是确保标签和读写器之间顺利进行通信所需的功能集合。射频识别中间件则是在读写器和后台处理系统之间运行的一组软件，它将标签和读写器上运行的射频识别系统软件与在后台处理系统上运行的应用软件相互连接。后台应用程序会接收由标签发出、经过读写器和射频识别中间件处理过滤后的标准化数据。这样可以确保数据的准确性和一致性，为后续的数据处理和分析提供参考。

（二）无线传感网技术

无线传感网是由众多传感器节点构成、自组织的无线网络系统，这些节点分布在监测区域内，且无需固定设备支持，它具有快速部署、易组网且不受有线网络限制的优点。在无线传感器系统中，每个节点都能感知周围环境，并在本地进行信息处理或者通过无线链路将信息发送到一个或多个集结点。由于射频识别系统发射功率较低，每个节点的传输距离相对较近，这种短距离传输降低了传输信号被窃听的风险，同时延长了电池寿命，非常适合物联网中物与物之间的联系。无线传感网通常用于监测不同地点的物理或环境参数，如光、温度、湿度、声音、振动、压力、运动或污染等。这种网络主要是通过各节点相互协作来感知、采集和处理网络覆盖区域内的监测信息，并将这些信息发布给观察者。

（三）生物计量识别技术

1.虹膜识别技术

虹膜是位于眼睛的白色巩膜和黑色瞳孔之间的圆环状部分，由相当复杂的纤维组织构成。虹膜包含了最丰富的纹理信息，包括很多类似冠状、水晶体、细丝、斑点、凹点、射线、皱纹、条理等细节特征结构，这些特征由遗传基因决定。虹膜是在人出生之前就已经确定下来且终生不变的，在所有的生物计量识别技术中，虹膜识别是当前应用最为方便和精确的一种。

2. 指纹识别技术

指纹是指人手指正面皮肤凹凸不平的纹线，每个人的指纹不尽相同，因此可以作为生物计量识别技术之一。

（四）中间件技术

物联网的目的是实现在任何时间、任何地点内任何物体的连接。为了实现这个目标，物联网必须将底层硬件的多样性和复杂性进行屏蔽，并处理上层信息交换的复杂应用。中间件技术为物联网提供了一个高效的交互平台，用于在底层和上层之间传输数据，实现了各种信息资源的关联、整合、协同、互动和按需服务等功能，从而确保了物联网系统的顺畅运行。因此，目前中间件的研究热点主要集中在基于过程控制的应用管理方式上，以此来支持多种传感设备的管理、数据采集和处理功能。这种管理方式旨在降低应用与硬件之间的耦合性，并提供一组通用的 API（应用程序编程接口，Application Program Interface，以下简称 API）集合，以满足多种应用的通用需求，从而实现数据跨平台传播。

（五）云计算技术

物联网要求每个物体都与它独特的标识符相关联，这样就可以在数据库中查询信息。因此，需要一个大型数据库和数据平台将数据转化为实际的决策和行动。如果各个数据中心独立运行，那么这些数据中心的大量有价值的信息将形成信息孤岛，无法被有需求的用户有效利用。云计算试图通过灵活、安全、协同的资源共享方式，将这些孤立的信息孤岛连接起来，构建一个大规模的、地理上分布的、包含各种资源的资源池，并结合有效的信息生命周期管理技术和节能技术提升资源管理效率。

（六）信息安全技术

由于物联网的许多应用涉及个人隐私或机构内部机密，因此必须确保物联网具备严格的安全性和可控性。由于任何一个标签的标识或识别码都能够在远程被随意扫描，并且标签会自动回应阅读器的指令并传输存储的信息，因此物联网需要确保国家及企业的机密不会通过标识被泄露，同时还要保护标签物拥有者的个人隐私不受侵犯。这些因素使得信息安全技术成为物联网识别技术的关键技术之一。由于物联网的每一层级都有不同的特性和功能，所以每一层级所面临的安全问题也各不相同。此外，还需要高度重视终端安全管理和感知节点的物理安全。这包括保障用户用于支付的银行卡的安全性，如进行认证和加密等操作，确保设备软硬件的完整、安全，解决信息采集和存储的安全问题，以及非法移动的安全问题。

（七）异构网络与通信技术

物联网是一个基于异构网络信息传递和服务支持的基础设施，其通过广泛的互联功能实现可靠和安全的感知信息传输。网络技术涵盖了广泛的接入和骨干传输，并且借助以 IPv6（一种通信地址，属于通信工程名词）为核心的下一代互联网为物联网的发展提供了有利的条件。末端网络，如传感器网络，在规模应用后，需要解决与骨干网络的接入和协同问题，因此需要研究固定、无线网、移动网等网络技术。物联网整合了各种有线和无线通信技术，特别是近距离无线通信技术将成为重点研究对象。然而，由于物联网终端通常使用工业、科学和医疗频段进行通信，这一频段内有大量物联网设备和现有的无线网络、超宽频带（Ultra Wide Band，以下简称 UWB）和蓝牙等设备，频谱空间将会变得非常拥挤，从而限制了物联网的大规模应用。因此，需要提高频谱资源的利用率，以实现更多物联网业务的空间共存，切实提升物联网规模应用的频谱保障能力，并确保不同类型的物联网得以共存，实现互联、互通和互操作。

三、物联网技术在数字经济中的作用

随着数字经济的崛起，物联网技术作为推动企业数字化转型的核心力量，对经济和社会进步产生了深远影响。通过将物联网技术应用到制造业中，这些企业能够助力传统制造业向智能化制造的方向转型。通过在设备上装配传感器和智能控制系统，企业可以实时监控生产过程和设备运行状态，从而实现生产过程的可视化。此外，物联网技术还能够帮助企业进行预测性维护，从而提高设备利用率和生产效率，降低生产成本，推动工业的升级发展，进而推动数字经济的发展。

（一）有助于创建数据驱动的商业模式

通过研发多种传感器和设备，企业可以实时获取用户行为数据、产品使用数据及环境数据等各类信息。这些数据为企业提供了更全面、更准确的信息，帮助企业深入了解用户需求、产品性能和市场趋势。通过运用数据分析技术，企业能够从数据中发现潜在商机和问题，为优化商业模式提供依据。同时，物联网还具备对数据的收集和分析能力，可以深度挖掘用户行为和偏好。据此，企业可以为用户提供个性化、定制化的产品和服务，满足用户日益增长的多样化需求。借助数据驱动的商业模式，企业可以更好地把握用户需求，提供更符合用户期望的产品和服务，从而增强用户忠诚度。此外，通过建立智能化的决策和运营系统，企业可以实现更高效、更智能的生产和运营。数据驱动的商业模式有助于企业优化生产流程、降低成本、提高生产效率和产品质量。

（二）有助于产业升级与转型

将物联网技术应用于制造业，可以有效推动传统制造业向智能制造转型。通过在设备上安装传感器和智能控制系统，企业可以实时监测生产过程和设备运行状态，使生产过程更加可视化。此外，物联网技术还能帮助企业开展预测性维护，提高设备利用率和生产效率，降低生产成本，从而推动工业升级。

在物流领域，物联网的应用可以实现供应链的数字化和智能化。通过物联网技术，企业可以实时追踪货物的位置和状态，优化运输路线和计划，从而提高物流效率。同时，物联网技术还有助于企业进行库存管理和预测，减少库存积压，降低物流成本，提高供应链的响应速度和灵活性。在城市化建设中，物联网应用可以推动城市向智慧城市转型。通过在城市中部署传感器和智能设备，可以实现城市基础设施和公共服务的智能监控和管理。例如，智能交通系统可以优化交通流量，减少交通拥堵；智能能源管理系统可以实现能源的高效利用；智能公共服务系统可以提供更加便捷的城市服务。这些智慧城市建设方案提高了城市的运行效率和便利性，提升了城市的发展水平。

（三）有助于推动创新创业

借助物联网技术，企业能够构建更智能、更高效的产品和服务，以满足用户日益增长的需求。此外，随着物联网技术的普及和成熟，各行业的创业门槛逐渐降低。企业可以利用物联网技术快速开发原型和产品，并对其进行快速验证。相对于传统的制造业或技术开发活动，企业利用物联网能够更快地将产品推向市场，并获得更快的市场反馈，为创新创业提供了更大的灵活性和机遇。企业利用物联网还能推动产业链的拓展和创新生态系统的构建。物联网涉及传感器、设备制造商、云计算平台、数据分析公司等多个领域，不同企业之间形成了紧密的合作关系和互利共赢的模式。这样的创新生态系统有利于优势互补，加快了创新和技术应用的迭代速度。

第四节　5G 技术

一、5G 概述

（一）初识 5G

自 1G 的模拟通信时代进入 2G 的数字时代，到 3G 的数据时代，再到 4G 的数据爆发时代，移动通信技术的发展给人们的生活带来了翻天覆地的变化。如今，5G 已切切实实地进入了我们的现实生活。在历代通信技术的变革中，都是以典型技术的革新作为代表的，5G 也不例外。5G 技术将给人们带来更多精彩纷呈的应用，将会带给人们更多的梦想空间。5G 被称为第五代移动通信网络系统，5G 时代也叫做智慧互联时代。这里普及下什么是"G"，"G"取自"Generation"一词，是一代移动通信标准，数字 1 ～ 5 表示经历的第几代通信标准。

相比于已经非常成熟的 4G 技术，5G 在信息传递速度上可以提升 10 倍左右，而单位面积内的用户连接数也将进入百万级别，流量密度更是提升了近百倍。在保证如此惊人的网络速度的同时，5G 还可以支持毫秒级别的端到端时延。除此以外，5G 技术的发展应用也将提高系统的能效、频谱效率。

每一代移动通信技术的诞生势必催生很多与其对应的新场景、新应用出现。从 20 世纪 80 年代开始的 1G 到现今的 4G 和 5G，它们已使得人与人、人与物的通信变成现实，而 5G 以高速率、大连接、低时延等特点被视为"万物互联"的关键技术。5G 网络不再是被局限于某项业务能力或技术特征的网络，而是一个多业务多技术融合的网络。通过技术的不断演进和创新，5G 将满足未来广泛数据连接和快速业务发展的新需求，并始终致力于提升用户体验。随着第五代移动通信标准的持续完善，5G 设备问世，5G 基站广泛部署，5G 时代已经到来。2019 年 6 月 6 日，中国工信部向中国电信、中国移动、中国联通、中国广电颁发了 5G 商用牌照，这标志着 5G 正式进入商业应用阶段。因此，2019 年也被称为 5G 商用元年。

（二）5G 的特点

5G 给人的最直观印象是速度更快，但它不仅仅能提升通信速度。实际上，5G 在通信功耗和时延等方面有更高的标准，这已经超出了人们对传统通信的理解。同时，5G 还将整合更多的业务，国际标准化组织第三代合作伙伴计划为 5G 定义了三个应用场景，包括增强移动宽带业务、大规模物联网业务和低时延高可靠通信业务。在这三个应用场景下，5G 具备完全不同于传统移动通信的特点。除速度更快之外，5G 还具有高速率、大连接、低功耗和低时延等特性。

1. 高速率

每一代移动通信的更迭发展，带给用户最直观的体验就是网速变快了，以至于人们在"双十一"抢购时，宁愿选择使用 4G 网络而不使用无线网络。人们已经在 4G 时代享受到了视频的流畅、移动支付的便捷、文件下载的快速，但随着日益增长的业务需求，4G 的速度似乎已经不能满足人们的需求了，如直播卡顿掉线，每逢大型活动或人流集中处，人们能明显感觉到"网速不够快了"。到了 5G 时代，较高的通信速率发挥的作用不仅仅是用户下载一部电影时间缩短或者观看视频更加流畅那么简单，更重要的是它将会给大量业务和应用带来革命性的改变。然而，人类对于通信高速率的追求是永无止境的，5G 的"高速率"也会有不满足人们要求的那一天。追求通信高速率也是通信人一直努力追求的目标，大家都希望通过各种新技术来支持更大的带宽、更高的速度，为用户提供更丰富的业务。

2. 大连接

5G 会使各种业务蓬勃发展，在业务蓬勃发展背后却是使用者对网络容量的极高要求。不仅要求无所不包，更要求无所不在，这就是大连接的两个层面：广泛性与纵深性。在 3G 和 4G 中，人们部署的是宏基站。宏基站的功率大，覆盖范围也大，但这也是宏基站不适宜密集部署的原因，距离近的地方信号很强，距离远的地方信号很弱，因此人们经常会遇到手机信号弱甚至没信号的情况。为了满足 5G 的大连接要求，微基站的部署成为 5G 技术中重要的一环。微基站的部署弥补了宏基站无法触及末梢通信点的不足，为 5G 的大连接泛在网提供了架构支持，这样一来，每个终端附近总会有一个微基站。其实，现在就已经部署了不少的微基站。在 5G 时代，微基站会更多，几乎随处可见。并且，基站数量越多，对人体的辐射越小。

3. 低功耗

5G 通信设备在高速率和大连接的背后必然会以高功耗为代价，而功耗过高势必会让用户体验感变差。例如，智能手表、智能眼镜等新型设备之所以还未被大众所接受，就是因其功耗过高，甚至每隔几个小时就要充电，用户体验感较差。

4.低时延

时延这个概念，简单来说就是信息从网络这一头进入那一头输出所耗费的时间，低时延是 5G 的一大技术特点。将无人驾驶作为 5G 的一个重要应用场景来举例，因为无人驾驶对时延的要求是非常高的。在 4G 中，人与人之间无论是视频还是语音通信，如果存在 100 毫秒左右的时延是可以接受的，对通信质量的影响并不明显，但这样的时延对于无人驾驶就是致命的。通常来说，无人驾驶的汽车需要与控制中心互联，而这样的场景所要求的时延一般都在 1 毫秒以内，这便是 5G 的低时延目标所在。由无人驾驶引申的智慧交通只是 5G 交通应用的开端，真正主流核心的应用是无人机通信。这是因为只有利用 5G 更大的带宽、更高的速度和超低的时延，无人机才可以实现更加精准的控制和及时通信的效果。

另外，低时延的另一个重要应用领域是工业控制领域。5G 智慧工厂网络架构会涉及云、管、端三个环节，主要包括 5G 超密集组网方案的制订；基于低时延的工业控制；基于边缘计算的信息本地化；基于切片的安全保障能力等。在边缘计算方面，我国已经联合各行业的合作伙伴开展了实践研究活动。

二、5G 的关键技术

随着智能终端日益丰富，各行各业的应用所属的数据数量大幅增长，数据业务速率需求也呈指数级增长趋势。容量不足一直是各个无线通信制式面临的主要问题，也是新的无线通信制式主要突破的方向。香农定理指明了增加容量的途径：增加信道数、增加带宽、提高信噪比。大规模天线阵列、密集组网技术就是通过增加信道数来达到大幅增加容量的目的的。毫米波和可见光的使用大幅增加了系统可使用的带宽。非正交多址接入技术通过串行干扰消除技术，降低了系统干扰，提升了系统容量。灵活双工技术能够灵活地配置上下行资源，大幅提高了资源效率；同频同时全双工在相同的时频资源提供上下行传输渠道，增加某一方向带宽资源的同时，也使干扰增加了，企业需要引入相应的干扰消除技术来提高信噪比，从而提高系统容量。密集组网条件下，通过小区间干扰协调来提升信噪比，也可以提升系统的容量。上下行解耦可以解决上下行不平衡的问题，通过提高上行信号的信噪比，可提高上行容量；上行带宽的增加也能提升上行的容量。

（一）网络切片

3GPP（第三代合作伙伴计划，简称 3GPP，3rd Generation Partnership Project）

将网络切片定义为一种基于运营商与客户签订的业务服务协议的网络服务，它可以为不同垂直行业、不同用户和不同业务提供相互隔离、功能可定制的网络服务。这个网络服务是一个逻辑网络，可以提供特定的网络能力和特性，从端到端进行定制。

从网络切片的概念上看，人们可以对其产生初步的认知，即对网络进行分割，并将其拆分为不同类型的虚拟网络。网络切片当前主要由三大部分构成，分别是承载网、无线网及核心网，在拆分时专业人员会分别从软件、硬件两类系统下手，但不会对硬件进行拆分，其主要承担的是总引领工作。5G 每一个应用场景的顺利实现，都离不开网络切片在其中做出的贡献。网络切片是基于用户需求，提供可设计、可部署、可维护的逻辑网络的服务。不同的用户业务场景的需求，对应不同的网络切片实例。网络切片实例包括网络、存储、计算等资源，以及资源相互间的协同连接，其网络功能通过虚拟网元和网络管理系统实现。网络中的终端、接入网、传输网、核心网、业务网等都可称为"网元"。网络切片的需求提出者、使用者可称为"租户"。5G 网络的软件化、自动化、模块化等功能，确保了网络切片功能的实现。网络切片是用来为用户提供服务的，可根据业务的需求对业务进行资源调配管理，形成用户需要的产品和服务，每个网络切片对应的就是一个网络切片实例。用户可以自己管理或者通过租户进行管理，满足自己的服务需要。在为租户提供服务的过程中，网络切片管理人需要调动各种基础资源，包括无线接入资源、传输资源、核心网资源，基于网络切片与业务的特点进行选择。

（二）D2D 技术

在移动通信系统中，手机用户之间的通信都是通过基站来控制的，而且手机之间的数据发送也需要通过基站中转。凡事都需要通过基站，基站要应对这么大数量的用户，实在是忙不过来，因为资源实在有限。虽然通过部署，大量小型基站提升了系统容量，通过无线资源的复用提升了频谱资源的利用率，但是 5G 通信的双方不仅是人，还有大量设备和机器。就像在工作岗位上，如果两个平级同事之间的沟通事无巨细都经过主管，沟通效率就低，而且占用主管精力多；如果两个同事能做到大多数事情直接沟通，少数大事经过主管，这样就能够提高沟通效率，降低主管资源的占用。D2D（设备到设备，Device-to-Device，以下简称D2D）技术是指移动网络中相邻设备之间直接交换数据信息的技术。一旦设备和设备之间的直接通信路径建立起来，传输数据就无须基站设备的干预，这样可降低移动通信系统基站和核心网的压力，提升频谱利用率和吞吐量。D2D 通信是一种设备到设备的直接通信技术，与蜂窝通信最主要的区别就是数据的交互不需要基站的中转。

（三）自组织网络

5G 系统在为人们带来更多便利、提升人们生活质量的同时，也对数据信息所处的运载环境提出了更高的要求。为了满足 5G 网络性能的需求，需要更加复杂、更加智能的网络配置来辅助其高效运作。将移动通信技术与计算机网络相结合的自组织网络已成为 5G 不可或缺的关键技术之一，它能够显著提高 5G 的自动化程度，如自优化、自配置等，从而为 5G 用户提供更稳定的网络连接，并有效降低能源消耗。

（四）低时延技术

时延越低，越能使人们的生活、工作变得快捷，而低时延技术就是为此而诞生的。传统网络，如当前仍处于主流应用状态的 4G，时延一般在 10 毫秒左右，而 5G 技术在预期设定中会将时延缩短至 1 毫秒左右，这无疑是一个十分惊人的数字，尤其是在那些人员比较密集的区域，如办公楼、商业区等，能够实现更有优势的数据传送效果。不过，与 D2D 技术相似，低时延技术的缺点在于技术应用的成本比较高，且还要考虑覆盖领域、应用场景等问题，在短期内还是很难得到广泛应用的。

（五）毫米波

毫米波的波长需要保持在 1 ～ 10 毫米。如今，频谱资源越发紧张，毫米波的出现使这一难题得到了解决。将毫米波放置到短距离通信场景中无疑是非常适合的，因为毫米波的优势在于其波束并不宽广，能够改善网络的交叉干扰问题，并且毫米波的干扰源比较少，这意味着人们能够拥有高质量的通信体验感。毫米波技术不仅能用于地面通信，还能用在卫星通信系统中。不过，毫米波在降雨天气中容易显现出较明显的缺陷，天气情况越是恶劣，毫米波信号受到的影响就会越大。

（六）内容分发网络

内容分发网络同样是新型技术的体现，其最核心的作用就是能够缓解网络的拥挤状态，从而能够更快地实现网页跳转，简单来说还是围绕着网络响应速度这一点进行的调整。与传统网络系统相比，内容分发网络更加智能、更加灵活，能使用户请求得到更快的响应，这种技术应用于各大网站中，给网站运营者带来的好处是显而易见的。原本推开一扇门可能需要耗费人们较长时间，有时甚至会出现推不开的情况，而这就很容易导致访问者耐心耗尽直接离开，但应用了内容分发网络后，访问者就能轻松推开这扇门，而门里的内容也能有机会展示给更多的人，这就使得网站流量及转化率得到较大提升。

（七）M2M 技术

M2M，即 Machine to Machine，翻译过来就是机器和机器之间的交互。该技术主要对通信模块应用，可以集中管理多台机器，但前提是要将其植入各类机器终端中。M2M 技术在通信领域中应用广泛，如果能够进入持续开发状态，该技术未来所具备的价值潜力将不可预测。举个例子，人们日常生活中常常接触到的车载系统其实就是 M2M 技术在发挥作用，车主或其他乘客能够通过无线模块的植入及时接收到各类信息提示，如地理信息、行驶时间及相关设备预警等。

（八）信息中心网络

信息中心网络是一种整合式概念，它的应用可以使人们更快、更安全地在互联网中搜寻到自己需要的信息，其优势主要显示在安全性能方面。信息中心网络符合时代发展的节奏，与 IP（网际互联协议，Internet Protocol，以下简称"IP"）通信相比更注重访问者的体验感，会将访问者的体验感摆在第一位，使其在网络中从被动转化为主动。信息中心网络当前还处于构思调整阶段，能否取代传统的网络服务机制尚不得而知，但不能否认的是，信息中心网络的可开发潜力还很大。5G 之所以能够成为一个被人们频繁提起的概念，就是因为其强大的功能会给人们的生活带来颠覆性的改变，而这些离不开 5G 关键技术的支撑。可以说，"技术改变未来"这句话在 5G 上得到了显著的体现。

三、5G 技术与数字经济融合发展

实际上，不仅是人们通过 5G 手机体验到生活中更高效、更稳定的 5G 网络，一些智慧应用也已实现了 5G 网络的使用，如智慧交通、智慧天眼等。5G 已经无声无息地融入人们生活的每个角落。例如，当人们在一个拥挤的公共场所时，网络不稳定的情况总是特别明显。然而，当切换到 5G 网络时，无论是直播还是在线追剧都变得异常轻松。这正是 5G 基站的魅力所在。除此之外，5G 网络的核心价值还在于其万物互联的能力，它打破了人与人之间的通信壁垒，使得人与机器、机器与机器之间的通信成为可能。物联网应用的通信实现了海量接入和低功耗两大优势。物联网应用在日常生活中随处可见，包括全屋智能家电、电线杆、车位、井盖、家庭门锁、天眼、暖气等。然而，在大量物联网应用的需求下，4G 网络连接数量较少，已无法满足大量的数据接入需求。而 5G 网络下的 EMTC（增强型机械类通信，Enhance Machine Type Communication，以下简称 EMTC）技术，不仅仅可以轻松支持大量物联网的接入，而且其功耗也很低，让许多智慧物联的连接变得简单。这些都体现了 5G 技术在生活中的广泛应用，5G 已经逐渐成为公众化、生活化的数字经济的基石。

第五节　人工智能技术

一、人工智能技术概述

（一）人工智能的概念

关于"人工智能"的定义与发展，其渊源可追溯至英国杰出数学家阿兰·麦席森·图灵身上。1950 年，图灵在其论文《计算机器与智能》中，不仅构想了人工智能的核心理念，还创造性地提出了"图灵测试"，这一衡量机器智能水平的标准。这一测试的核心在于，通过对话交流，若人类无法分辨对话方是真实人类还是机器，则该机器即被视为达到了人类智能的某种程度。尽管图灵测试在引发广泛讨论的同时，也遭受了关于其是否仅关注结果而忽视思维过程的质疑，但它无疑为人工智能领域的研究开辟了新的视角。

人工智能作为一门综合性交叉学科，自 1956 年正式确立以来，其依托神经心理学、计算机科学、语言学、控制论、信息论等多个学科的研究成果，进行了飞速的发展。它不仅极大地扩展了人类智能的边界，还通过自动化处理脑力劳动，极大地提高了人们的生产效率与创新能力。对人工智能的研究，从根本上讲，是对人类智能机制的探索与模拟，旨在构建能够感知、理解、预测并操控物质世界的智能机器或系统。

（二）人工智能的特征

人工智能的发展，经过了孕育、诞生、早期的热情、现实的困难等数个阶段。它的主要特征表现在如下几个方面。

1.人类设计，服务人类

从本质来讲，人工智能系统应该以人类为中心。这些系统是由人类设计的，

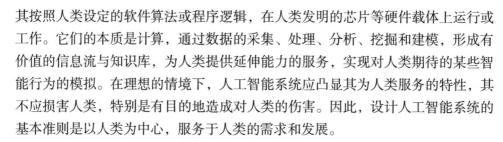

其按照人类设定的软件算法或程序逻辑,在人类发明的芯片等硬件载体上运行或工作。它们的本质是计算,通过数据的采集、处理、分析、挖掘和建模,形成有价值的信息流与知识库,为人类提供延伸能力的服务,实现对人类期待的某些智能行为的模拟。在理想的情境下,人工智能系统应凸显其为人类服务的特性,其不应损害人类,特别是有目的地造成对人类的伤害。因此,设计人工智能系统的基本准则是以人类为中心,服务于人类的需求和发展。

2.能感知环境,能与人交互

人工智能系统需要具备利用各种设备,如传感器等来感知外界环境(包括人类)的能力,就像人类通过不同的感官,如听觉、视觉、嗅觉、触觉等来接收环境信息一样,它能够对来自环境的各种刺激产生相应的文字、语音、表情、动作等反应,甚至能够影响环境和人类。通过不同的交互方式,如按钮、键盘、鼠标、屏幕、手势、体态、表情、力反馈、虚拟现实和增强现实等,人与机器之间可以进行互动与交流,使机器越来越能够理解人类需求,并与人类实现协作和优势互补。这样,人工智能系统就可以为人类承担那些不擅长或不喜欢,但机器能够胜任的工作,而人类则可以专注于那些更需要创造性、洞察力、想象力、灵活性、多变性乃至需要用心领悟或情感投入的工作。

3.有适应特性,有学习能力

在理想状况下,人工智能系统需要具备高度的自适应性和学习能力,能够根据环境、数据或任务的变化自动调整参数或更新、优化数据模型。基于与云端、终端、人类和物体的广泛数字化连接扩展,人工智能系统可以实现机器客体乃至人类主体的演化迭代,以适应不断变化的现实环境。这种自适应性和灵活性能够使人工智能系统在各个领域具有广泛的应用价值和潜力。

二、人工智能的关键技术

(一)机器学习

机器学习是一个横跨多个学科的交叉学科,包括统计学、系统辨识、逼近理论、神经网络、优化理论、计算机科学和脑科学,它致力于研究如何利用计算机模拟人类学习行为,以获取新知识或技能,并持续优化和提升自身性能。作为人工智能的核心技术,机器学习以数据为基础,寻找观测数据或样本中的规律,并利用这些规律对未来数据或无法观测的数据进行预测。

（二）知识图谱

知识图谱以符号形式来描述物理世界中的概念及其相互关系，是一种结构化的语义知识库；它还是一种由节点和边组成的图数据结构，基本组成单位包括"实体—关系—实体"三元组，以及实体及其相关"属性—值"对。在知识图谱中，每个节点代表现实世界中的一个实体，而每条边则表示实体与实体之间的某种关系。简单来说，知识图谱就是将各种不同类型的信息连接起来，形成一张关系网络，为人们提供了从关系的角度来分析问题的全新视角。

在公共安全保障领域，知识图谱的应用范围涵盖反欺诈、不一致性验证和组团欺诈等领域，需要利用异常分析、静态分析和动态分析等数据挖掘方法进行应用。特别是在搜索引擎、可视化展示和精准营销方面，知识图谱具有显著优势，已经成为业界流行的工具。然而，知识图谱的发展仍面临许多挑战，如数据的噪声问题，即数据可能存在错误或冗余。随着知识图谱应用的不断深化，人们需要进一步突破一系列人工智能关键技术。

（三）自然语言处理

自然语言处理是计算机科学领域与人工智能领域中的一个重要方向，其研究内容为能实现人与计算机之间用自然语言进行有效通信的各种理论和方法，涉及的领域较多，主要包括机器翻译、语义理解和问答系统等。

（四）人机交互

人机交互主要探讨人与计算机之间的信息交流，包括人向计算机传输信息和计算机向人反馈信息两个部分，它是人工智能领域中至关重要的基础技术，与认知心理学、人机工程学、多媒体技术、虚拟现实技术等多个学科紧密相连，体现了跨学科的特性。除了基本的文字输入和图形界面交互，人机交互技术还包括语音交互、情感交互、体感交互及脑机交互等多种方法。这些技术的不断进步为人机交互带来了更多的创新可能。

（五）计算机视觉

计算机视觉是一门研究如何赋予机器"看"的能力的学科，它涉及如何利用摄影机和计算机来执行类似于人类眼睛的任务，如目标识别、跟踪和测量等。此外，通过进一步的图形处理，计算机处理的图像可以被调整到适合人眼观察或传送给其他仪器进行检测的大小。近年来，随着深度学习的飞速进步，预处理、特征提取与算法处理逐渐融合，形成了一种端到端的人工智能算法技术。这种技术将整个处理流程集成在一起，形成了更高效、更便捷的解决方案。

（六）生物特征识别

生物特征识别技术是用个体生理特征或行为特征来辨识和认证个体身份的技术。在应用过程中，生物特征识别通常分为注册和识别两个阶段。注册阶段通过传感器对个体的生物特征信息进行采集。然后利用数据预处理和特征提取技术对采集的数据进行处理，得到相应的特征进行存储。识别过程与注册过程一致，注册完成后将提取的特征与存储的特征进行比对分析，完成识别。在应用任务上，生物特征识别一般分为辨认和确认两种任务。辨认是指确定待识别人在已知的存储库中的身份，是一个一对多的问题；而确认是指将待识别个体信息与存储库中的特定单个信息进行比对，从而确定其身份，是一个一对一的问题。

（七）增强现实和虚拟现实

增强现实和虚拟现实是利用计算机技术生成与真实环境接近的数字化环境的视听技术。用户通过必要的装备与这个数字化环境中的对象进行交互，获得近似真实环境的感受和体验。这一技术离不开显示设备、跟踪定位设备、触力觉交互设备、数据获取设备和专用芯片等设备的支持。

从技术特征的角度来看，虚拟现实和增强现实可以分为获取与建模技术、分析与利用技术、交换与分发技术、展示与交互技术，以及技术标准与评价体系这五个方面。获取与建模技术研究如何将物理世界或人类的创意进行数字化和建模；分析与利用技术主要研究对数字内容进行分析、理解、搜索和知识化的方法；交换与分发技术着重研究各种网络环境下大量数字内容的流通、转换、集成及面向不同终端用户的个性化服务；展示与交互技术主要研究适合人类习惯的数字内容显示技术和交互方法；技术标准与评价体系则研究虚拟现实和增强现实基础资源、内容编目、信源编码等方面的规范标准，以及相应的评估技术。

三、人工智能技术在数字经济中的应用

数字经济涵盖了数字化产品和服务的一系列经济活动，包括生产、分配、交换和消费等环节。人工智能技术是推动数字经济发展的重要力量。这种技术赋予了计算机人类的智慧，使计算机具备了感知、理解、思考和学习的能力。目前，人工智能技术已广泛应用于各个领域。下面主要描述人工智能技术在数据挖掘、智能营销和智能金融方面的应用。

（一）数据挖掘

数字经济是以数字技术为基础的全新经济形态，其特点包括数据驱动、智能化、平台化和创新驱动。在数字经济中，企业致力于运用数据挖掘技术来处理大量复杂的数据问题。通过对人工智能技术的数据挖掘，企业能够从海量数据中挖掘出关键信息和规律，更好地制定决策并优化运营。

首先，基于人工智能技术的数据挖掘能够帮助企业更好地了解用户的需要。例如，电商企业利用数据挖掘分析大量用户的行为数据，可以发现哪些商品最受用户的喜欢，哪些商品的库存剩余过多，从而通过针对性地调整库存量及产品组合的形式，提高销售额和用户的满意度。

其次，基于人工智能技术的数据挖掘能够帮助企业提高运营效率并降低成本。例如，在物流行业，企业通过数据挖掘可以获取用户的送货地址、收货时间等信息。利用这些信息，人工智能系统能够自动规划最优的配送路线，确保货物以最短的时间送达目的地。这种方式不仅可以降低物流成本，还能显著提高企业运营效率。

（二）智能营销

基于日益激烈的市场竞争，在数字经济背景下，企业的营销战略也在不断优化。随着人工智能技术的不断发展，企业的营销战略正变得更加智能化和个性化。企业可以创建精细的用户画像，实现定制化的营销，从而提高用户满意度和购买转化率。智能营销指的是利用人工智能技术，通过数据挖掘与分析、机器学习和智能推荐等方式，不断深化对用户需求的了解，并通过定向广告、个性化邮件、智能客服等多种手段，为用户提供真正有价值的服务和体验，从而提升用户满意度和购买转化率的战略。

（三）智能金融

人工智能技术的普及已成为推动金融服务创新的主要驱动力，在此背景下，智能金融得以快速发展并在金融领域发挥关键作用。智能金融利用人工智能技术，为客户提供投资决策、财务咨询、财富管理等多种服务，提升了金融服务的质量和效率。此外，人工智能技术还可以解决传统金融服务中的信息不对称和风险控制力不足等问题，能更好地服务金融客户。这主要体现在以下两个方面：

首先，智能金融的核心环节之一是投资决策。人工智能技术能够深入分析大量数据，并利用机器学习与深度学习等方法，帮助投资者做出明智的投资决策。

此外，人工智能技术还可以协助投资者设计最优的资产配置方案，以最大程度地减少投资风险并提高收益。

其次，智能金融还提供财务咨询服务，帮助客户设计最佳的财务计划与财务预算。人工智能技术可以协助客户深入了解自身的风险承受能力和个人目标，并根据这些信息给出恰当的建议。此外，人工智能技术还提供了咨询服务，可以帮助客户更好地理解投资与理财，从而可以在金融领域取得更好的成果。

第四章　实体产业的数字化转型赋能

"赋能"通常指的是通过引入新的技术、方法或资源，使某个实体或组织具备更强大的能力，从而更好地应对挑战，实现更高效的运作，或者创造更多的价值。赋能实体，即通过数字化转型，为传统实体产业注入新的动力，使其更好地适应现代科技发展的趋势，提高生产效率，优化资源利用，拓展市场空间，以更好地应对竞争和变革。随着科技的不断发展和全球经济市场的变化，实体产业正面临着巨大的转型与挑战。为了适应新的市场环境和满足消费者日益增长的需求，实体产业急需赋能，以加快产业数字化转型的步伐，利用信息技术与互联网的力量来提升生产力、优化管理、创新服务，并开拓新的增长空间，实体产业的数字化转型是一个迫切需要解决的问题。本章将围绕农业产业的数字化转型赋能、工业产业的数字化转型赋能、跨境电商的数字化转型赋能等内容展开研究。

第一节　农业产业的数字化转型赋能

在数字经济快速发展背景下，数字农业应运而生。数字农业是农业的高级形态，发展数字农业是我国由农业大国向农业强国跨越的主要途径。

一、数字农业概述

（一）数字农业的概念

数字农业主要是指在地学空间和信息技术支撑下的集约化和信息化的农业技术。有人把数字农业与互联网农业混为一谈。其实，互联网农业主要解决的农产品销售通路问题，只是数字农业的一个方面。

数字农业是指将高新技术，如遥感、地理信息系统、全球定位系统、计算机技术、通信和网络技术、自动化技术等与基础学科，如地理学、农学、生态学、植物生理学、土壤学有机地结合起来，以实现在农业生产过程中对农作物、土壤从宏观到微观的实时监测。通过这种方法，可以实现对农作物生长状态、发育状况、病虫害、水肥状况及所处环境的定期信息获取，并生成动态空间信息系统。数字农业还可以用于对农业生产中的现象和过程进行模拟，以达到合理利用农业资源、降低生产成本、改善生态环境、提高农作物质量的目的。

为了方便理解和记忆，用一句话概括数字农业，那就是，农业产业链的各个环节与各种数字技术的融合发展，形成的一种新型、高效的农业形态。农业数字化是指传统农业向数字农业的转型发展，它关注的是这个过程。而数字农业则是指通过应用现代信息技术，实现了农业生产过程的数字化和智能化的结果，其更关注结果。

数字农业是将信息作为农业生产的重要元素，借助现代信息技术，对农业对象、环境及整个生产过程进行可视化呈现、数字化设计和信息化管理的新型农业。农业数字化能够实现信息技术与农业各环节的深度融合，有效提升农业生产效率和质量，对改造传统农业、转变农业生产方式具有重大意义。

（二）数字农业的特点

数字农业（也有人称之为智慧农业）是一种将数字化信息作为新的生产要素，通过数字信息技术对农业对象、环境和全过程进行可视化表达、数字化设计、信息化管理的新型农业发展模式，它是数字经济领域下，用数字化方式对传统农业进行改革和升级的典型之一。数字技术在农业中的应用体现在农业生产、农产品销售、农业决策、农业管理的各个环节。相比传统农业，智慧农业具有如下优势。

1. 提高农业效率

通过运用人工智能技术对大量数据进行深度分析，可以有效进行设备的预防性维护、智能物流和多元化风险管理，从而显著提高农业产业链的运营效率，优化资源分配。同时，结合实时传感数据与历史记录数据，数字农业可以通过构建动植物生长模型，实现精准化种植与养殖，深入挖掘动植物的生长潜力，以此来减少投入并且降低成本，以实现农业生产的高效、高产及优质。另外，随着人工智能设备在农业中的应用越来越广泛，如自动插秧机和取蛋机等，农业劳动人口的数量也相应减少，农业生产效率也得到了显著提高。在我国农村人口老龄化程度日益严重的情况下，农业对这方面的需求显得尤为迫切。

2. 提高农产品交易效率

农业数字化转型是实现农产品产销精准对接的重要手段。通过采用数字化技术，农业可以推动农产品生产和流通各环节的智能化和高效化，提高信息获取和处理的效率，减少信息不透明和不对称的影响，降低交易过程中的不确定性，从而实现更精准的产需对接。借助手机、在线 ICT、电子商务平台、数字支付系统和其他数字农业技术，可以缓解市场失灵现象，降低农业整个价值链的交易成本。传统农产品从田间到餐桌需要经过多个环节，中间环节的加价导致消费者购买时价格较高，且农民的收益也并未提高。此外，过多环节也影响了农产品的品质和新鲜度。通过电商平台或农民自身的直播带货，大量农产品可以直接从田间送达餐桌，这种模式减少了信息不对称的问题，降低了流通交易成本，提高了社会福利。

3. 保护并改善生态环境

数字技术正在农业领域发挥越来越重要的作用，逐渐改变了传统的农作方式，推动农业向高效、精准和可持续的方向发展。通过深入挖掘和应用数字技术，农业企业可以实现农业投入的最大限度减少，同时降低资源浪费，改善生态环境。

首先，数字技术的应用有助于减少温室气体的排放。传统的农业生产方式依赖大量的化肥和农药，这导致了土壤生态平衡的破坏及温室气体排放量的增加。然而，利用数字技术的精准施肥和灌溉等方法，农业企业可以实现按需供给，减少化肥和农药的过度使用，从而降低温室气体的排放，减轻对全球气候变化的负面影响。

其次，数字技术对于减少土壤侵蚀和肥料径流等问题也具有积极作用。在数字技术的支持下，农田能够得到精细化管理，根据土壤的实际状况进行精准灌溉和施肥。这种方法有效避免了因过度灌溉或施肥而导致的土壤侵蚀和肥料径流问题，同时提高了农作物的产量和质量。

此外，数字技术还有助于促进农业可持续发展。通过实时监测和管理农田，数字技术能够及时发现并解决潜在问题，提高农作物的产量和质量。同时，数字技术的使用能够减少对自然资源的过度开采和利用，有利于生态环境保护，推动农业的可持续发展。

4. 保障农产品的安全

农业数字化转型是推动现代农业进步的关键路径，同时也是确保农产品质量安全的必要条件。利用区块链、大数据和云平台等前沿技术，农业数字化转型可以实现对精准生产、加工和流通等各个环节的数据信息提供，从而可以有效监管和实现从生产到消费的全过程可追溯。

在生产环节，数字化技术可以为农业提供精准的种植、施肥、灌溉、病虫害防治等指导，提高农产品的产量和质量。在加工环节，数字化技术可以实现生产线的自动化和智能化，提高农产品加工效率和质量。在流通环节，数字化技术可以实现货物的实时跟踪和监管，保障货物的安全，使其准时到达目的地。通过数字化技术的运用，农业企业可以实现农产品质量安全的可追溯，从生产到消费全过程的有效监管。消费者可以查询到农产品的生产、加工、流通等全过程信息，保障自己的权益和健康。同时，数字化技术也可以提高农业生产的透明度和公正性，减少农产品质量安全问题的发生。

（三）数字农业的内容

1. 农业养殖数字化

信息技术在设施栽培与畜禽养殖，特别是生猪生产领域的深度融合，正引领着农业产业的深刻变革。智能化大型养猪场作为生猪产能增长的新引擎，不仅提升了养殖业的生产效率，还促进了养殖业的可持续发展。国家级生猪大数据中心的建立加速了智慧养殖示范场的建设，这些示范项目通过集成智慧养殖管理、畜禽粪污资源化利用、全程溯源、数字化监管及数据共享等功能，构建了全面且智能化的生猪养殖生态体系。

数字养殖基地和数字农业工厂的兴起标志着现代数字养殖业正迈向智能化、集中化的发展道路。物联网技术、环境设备传感器与智能控制设备的广泛应用，实现了人对养殖环境的精准监测与自动调节，确保了养殖条件的最优化。同时，数据的自动采集、上传、云端存储与分析等技术也为养殖户的养殖决策提供了科学依据，推动了传统养殖模式向智慧养殖模式的转变。

在智能立体养殖工厂中，高度自动化的监测系统能够实时捕捉并处理各项环境参数，确保养殖环境始终处于最佳状态。通过互联网与人工智能技术的结合，养殖数据得以深入挖掘与分析，这不仅优化了养殖流程，还促进了控制算法的迭代升级，进一步提升了养殖效率和经济效益。

随着数字农业的不断发展，该领域的政策明显倾向于支持规模化、环境友好型的养殖模式。小规模家庭式养殖因难以满足市场需求及环保要求而逐步转型或退出，规模化养殖场则需在符合国家政策的前提下进行整改与升级。未来，养殖业将更加注重与种植业的结合，形成绿色、生态的循环农业模式，实现经济效益与环境保护的双赢。

2. 农业加工数字化

数字农业工厂的试点示范主体正积极引领着农业领域的数字化转型，它们通过集成先进的数字技术装备,充分发挥了数字技术的综合优势,推动了农业生产方式的根本性变革。

浙江省的某农业工厂采用的先进技术装备,如水肥一体化系统、北斗高精度地面站点以及农业水质在线监测系统等,不仅实现了对农业生产环境的实时监测与精准调控,还通过建立作物生长的数字化模型,为作物提供了个性化的生长方案,确保了农产品的品质与产量。这种精准施肥、精准养护的管理模式,不仅提高了资源利用效率,还减少了环境污染,体现了现代农业的绿色可持续发展理念。

杭州市萧山区的数字农业实践同样值得关注。该区通过提升生产主体的数字化信息化水平,促进数字技术装备的系统集成与综合运用,有效提升了农业工厂的综合效能。同时,萧山区还出台了一系列惠农政策,鼓励农业生产主体进行数字化、信息化改造,为数字农业园建设提供资金支持和政策保障。这些措施不仅激发了农业生产者的积极性,也推动了农业产业的高质量发展。

未来,随着数字技术的不断进步和政策的持续推动,数字农业工厂将在全国得到更广泛的推广和应用。它们将成为智慧农业的重要载体,在实现农业现代化、提高农业生产效率、保障农产品质量安全、促进农民增收致富方面发挥重要作用。同时,数字农业工厂的建设也将带动相关产业的发展,形成农业与信息技术、智能制造等领域的深度融合,为农业可持续发展注入新的动力。

3.农业商业服务数字化

自《关于实施"互联网+"农产品出村进城工程的指导意见》发布以来,该工程迅速在全国铺开,特别是在选定的多个试点县中,该工程取得了显著成效,为农产品上行开辟了新路径,促进了农业、农村与现代信息技术的深度融合。

这些试点县围绕当地优质特色农产品,成功搭建了政企合作平台,实现了线上线下的无缝对接,构建了集供应链、运营服务、支撑保障于一体的综合体系。这一模式的推广,不仅解决了农产品销售难的问题,还促进了农业产业链条的延伸和价值链的提升,为农村经济发展注入了新活力。

在面对突发情况时,电子商务凭借其快速响应、灵活多变的优势,迅速推出了直播带货、移动菜篮子、"无接触配送"等创新销售模式,有效保障了农产品市场的稳定供应和消费者的基本生活需求。其中,电商直播以其独特的魅力成为农产品销售的新宠,各大电商平台纷纷开设农产品带货直播间,带动了农产品网络销售的井喷式增长。

同时,随着短视频平台的加入,农产品网络销售的渠道更加多元化,形式也更加丰富。这些平台不仅为农产品提供了展示和销售的新舞台，还通过内容营销、品牌建设等手段提升了农产品的附加值和市场竞争力。

此外，政府部门与电商平台、供销合作总社等多方合作，共同推动电商平台和农村实体网点的数字化改造，进一步拓宽了农产品的销售渠道和服务范围。这些举措不仅促进了农民增收致富，还带动了农村物流、金融等相关产业的协同发展，为构建城乡融合发展新格局奠定了坚实基础。

未来，"互联网＋"农产品出村进城工程将继续深化实施，推动农村一、二、三产业的深度融合与创新发展。随着技术的不断进步和市场的持续拓展，农产品网络销售将更加便捷、顺畅、高效，为乡村振兴和农业现代化注入更加强劲的动力。

二、数字技术在农业中的应用

（一）农业＋大数据和云计算技术

农业大数据是大数据理念、技术和方法在农业领域的实践与应用。人们通常认为农业大数据是指农业产业维度内全要素、全时段、全区域、全样本的数据集合，农业大数据的获取来源广泛、数据类型多样、结构复杂，并且融合了农业产业和农产品的地域性、季节性、多样性、周期性等特征。农业大数据的信息收集分析难度较大，但具有巨大的潜在价值。近年来，农业大数据技术逐渐深化，更多企业开始利用大数据决策指挥、管理服务、引导产销。

云计算技术可以采集、存储具有物联网特性的资产和用户数据，目前已经被应用在农业领域，如京蓝科技采用阿里云提供的云计算资源、大数据分析计算能力，成功研发出"作物全生育期灌溉大脑""京蓝物联网平台""京蓝灌溉云平台"等现代农业智能管理系统，在内蒙古、宁夏、山东、广西、河北等地投入使用，取得良好成效。

（二）农业＋人工智能

农业大数据获取技术的不断成熟完善及海量农业数据的累积，加速了农业与人工智能的融合进程，包括机器人、语言识别、图像识别、自然语言处理和专家系统等都在农业领域被研发和应用，其中农业机器人技术是多项人工智能技术在农业领域的集成。农业机器人本质上是由不同程序软件控制作业，能感知并适应农作物、畜禽种类或环境变化，具有检测和演算等功能，并进行自动操作的人工智能机械装备。农业机器人在智能种植、智能养殖、质保、监测巡查等方面都有应用，现已开发出采摘机器人、耕耘机器人、农田信息采集机器人、施肥机器人、除草机器人、喷药机器人、嫁接机器人、分拣机器人等。农业机器人的研制和应用推动着机械化农业向智慧农业转变。根据应用地点的不同，农业机器人大致可分为两类，一类是行走类农业机器人，另一类是机械手类农业机器人。行走类农业机器人主要用于大田作业中的耕耘、播种、植保、施肥、收获等作业，无人驾驶农机是研发行走类农业机器人的核心技术，华南农业大学罗锡文院士和他的团队，以及中国农业大学毛恩荣教授和他的团队分别以铁牛654型号拖拉机和雷沃欧豹TG1254拖拉机为基础研发了自动导航控制系统。机械手类农业机器人主要有育苗机器人、喷药机器人、蔬菜嫁接机器人、果树采摘机器人等，我国机械手类农业机器人在果蔬采摘、嫁接等方面都有较好的发展，如国家农业智能装备工程技术研究中心开发出了贴接法嫁接机器人，华南农业大学研发了荔枝采摘机器人，中国农业大学研发了黄瓜采摘机器人，这些均在农业上有了实际应用，人们的工作效率显著提高。

农业智能装备、无人遥感飞机等装备的应用实现了农业智能监测、智能喷洒、智能施肥和智能勘察。我国已成功地将现代电子技术、控制技术、传感器技术、农机工程装备技术集成应用于农业智能系统中。在农业生产中经常应用的典型智能装备技术主要有自动导航技术、播种监控技术、土地精细平整技术、智能产量监测技术、变量施肥技术和农药变量喷洒技术。此外，无人机的应用也逐渐由军事领域转入农业领域。当前，在我国，除传统的农药喷洒之外，无人机在土地确权、标准农田管理、航空植保和农田测损方面的应用越来越广泛。

（三）农业＋物联网技术

物联网技术在农业领域的应用已经变得日益重要。通过应用各类传感器设备和感知技术，人们能够实现对农业全产业链的全方位信息采集。这些传感器可以安装在农田、温室大棚、畜舍、渔场等农业场景中，以实时感知和监测环境参数（温度、湿度、光照）、作物生长状态（高度、叶片颜色、营养状况）、动物行为（活动量、健康状况、繁殖情况）等。

这些传感器设备通过无线传感器网络、移动通信网和互联网进行信息传输，将采集的海量农业信息进行数据清洗、加工、融合、处理。这一系列数据处理过程能够帮助人们更好地理解和利用这些数据，从而为农业生产提供科学决策和实时服务。例如，通过分析土壤湿度、养分状况等数据，人们可以精准控制灌溉范围和施肥量，提高水肥利用效率；通过监测动物的行为和健康状况，人们可以及时发现其疾病和应激反应，采取相应的干预措施，提高动物的健康和生产性能。

同时，智能传感器还可以结合其他智能化技术，如人工智能、大数据分析等，实现对农业全产业链的智能化管理和服务。此外，智能传感器还可以通过与农业机械设备的集成，实现自动化播种、施肥、灌溉、收割等作业，提高农业生产效率。

智能传感器作为通用的系统前端感知器件，具有高精度、高稳定性、高兼容性等优点，它们可以助推传统农业产业的升级和创新，推动农业智能化发展。例如，通过智能传感器技术的应用，精准农业和智慧农业可以得到发展，农业生产的效率和效益会得到提升。同时，智能传感器还可以为农业科学研究提供更加准确和可靠的数据支持。

四、数字经济在农业产业数字化转型中的作用

（一）数字经济助力农业现代化

数字经济的兴起为农业发展带来了新的机遇，使得农业生产从依赖自然条件向依靠智慧化、数字化技术转变。数字技术的应用使传统农业结构得到调整，推动了农业转型升级，进一步推进了农业供给侧结构性改革。规模化经营、标准化生产和品牌化营销逐步发展完善，使农业向更深层次、更多元化的方向发展。以数字化、智能化、信息化为主要特征的数字农业的兴起，为高效、生态、安全型技术和技术产品的形成提供了有利条件。数字农业的发展，一方面得益于物联网等新信息技术日渐成熟，另一方面也是现代农业未来发展的需要。物联网与精细农机的结合，特别是与较大规模的现代化农场的结合，对企业的经济效益和管理都有很大提高。另外，数字农业能够极大便利客户迅速、稳定、低成本地部署业务，为其收益增加提供渠道。目前我国数字农业发展与数字农村建设已取得显著成就，农业转型升级的成效初步显现。

（二）数字经济助力群众致富

近年来，农村通信和互联网基础设施建设速度的加快，为群众致富奠定了基础。我国深入实施"村村通"和"电信普遍服务试点"两大工程，使广大农村及偏远地区的群众能够逐步跟上互联网时代的发展步伐，同步享受信息社会的便利。

在脱贫攻坚的过程中，电商行业发挥了独特且不可替代的作用。以阿里巴巴电商平台为例，自2000年以来，阿里巴巴通过商业模式创新支持经济欠发达地区的经济发展，淘宝村和农村淘宝就是阿里巴巴农村电商战略的核心组成部分。淘宝村是指依托于淘宝等电商平台，以农村为单元的电子商务生态系统。通过了

解市场需求，淘宝村建立起了完善的电商服务体系，包括物流、仓储、包装、客服等一系列服务，使农村的产品能够更好地进入市场，促进农村经济的发展。农村淘宝则是阿里巴巴为农民提供更多服务的平台，它以"平台＋政府"为主要推动力量，通过与地方政府合作，建立起立足农村的电子商务服务体系。农村淘宝不仅给农民提供了基本的电商平台服务，还通过培训等方式帮助农村居民更好地融入电商市场，提高他们的电商运营能力。此外，阿里巴巴的涉农业务也是其农村战略体系的重要组成部分。从2015年开始，阿里巴巴开始在全国范围内布局农村市场，加速了"农村电商元年"的到来。如今，农村电商已经成为乡村振兴的重要推动力量，帮助许多农村实现了致富的目标。

随着农村电子商务的迅速崛起，越来越多的农民借助这一平台实现了脱贫致富的目标。其中，各类淘宝村和电商村的快速崛起，充分展示了农村地区借助互联网实现跨越式发展的巨大潜力。农村各类经济主体与大型电商企业协调发展的格局初步形成，在农村经济发展、增加农民收入和改善农民生活方面发挥着积极作用。

在旅游助困方面，农村旅游成为我国农村人口致富的重要途径之一。旅游助困通过短视频进行宣传，进一步激发农村旅游项目的发展潜力，使更多的消费者参与到助农活动中来，推动助农行动纵深发展。

第二节　工业产业的数字化转型赋能

一、数字化工业概述

（一）数字化工业的发展

当前，中国经济已逐步进入中高速增长的新常态，然而制造业仍处于大而不强的旧状态。数字化工业中比较典型的就是工业物联网与工业互联网，这里主要介绍工业物联网和工业互联网。

1. 工业物联网的发展

工业物联网是数字工业中的一项重要内容。经过一定的技术、产业和应用基础的积累，我国物联网发展已具备了一定的条件，呈现出良好的发展势头。随着整个物联网生态环境的成熟，工业物联网的应用需求开始变得日益强烈。例如，对生产、仓储、物流的高效性需求；对实时生产数据和设备数据的监控需求；对更准确地生产的跟踪需求；对智能预测和预警的需求等。我国工业物联网的发展也逐渐由过去的政府主导转向了应用需求主导。

工业物联网的生态系统涵盖了五个主要部分：一是感知层，它由各种传感器组成的感知单元构成，主要负责数据的采集；二是传输层，它的主要功能是传输数据；三是硬件设备层，主要包括工业机器人、智能机床等组成的执行单元，它们是生产工厂中具体生产环节的硬件设备；四是平台层，它由软件系统和硬件系统组成，是一个控制单元，主要负责发出指令，软件系统包括企业管理软件、生产管理软件等，硬件系统包括测量分析系统、运行管理系统等由具体硬件组成的系统；五是云平台，它包括公有云、私有云和混合云，配合云计算和大数据，用来处理和分析感知单元采集到的各种数据，云平台和平台层相互关联，密不可分。

我国多数企业目前正处于工业 2.0 和工业 3.0 的交界处，在成本控制、生产效率提升和流程管理等方面的能力相对较差，需通过技术升级和管理优化来提升整体实力。

那么，要实现工业 4.0，对于我国的制造企业来说，就需要进行生产线改造和 IT 设备升级。其中，实现硬件智能化是最为关键的一个环节。硬件智能化对于制造企业来说具有极为重要的意义，因为，智能化的生产和业务流程是企业实现互联网化的前提。企业需要通过生产线改造来实现生产的智能化，并通过对 IT 设备的不断升级来实现业务流程的智能化。这也是我国制造业发展的重要目标之一。

2. 工业互联网的发展

工业互联网是新一代信息技术与工业系统全方位深度融合而形成的产业和应用生态系统，是工业数字化、网络化、智能化发展的基础设施，其本质是以人、机、物互联为基础，通过对工业数据的全面深度感知、实时传输交换、快速计算处理和高级建模分析，实现智能控制、运营优化和生产组织方式变革。

工业互联网是第四次工业革命的重要基石。工业互联网通过人、机、物的全面互联，实现全生产要素、产业链和价值链的全面连接，收集、传输、存储和分析各种数据，形成智能反馈，推动全新生产和服务体系形成，实现资源优化配置，充分发挥制造设备、工艺和材料的潜力，提高企业生产效率，创造差异化产品，为客户提供增值服务。工业互联网为实现和促进实体经济各个领域的转型升级提供了具体途径。

工业互联网不仅仅是工业领域互联网应用的简单延伸，它还涵盖了更为丰富的内容和更广阔的范围。以网络为基础，以平台为中枢，以数据为要素，以安全为保障，工业互联网既是工业数字化、网络化、智能化转型的基础设施，也是互联网、大数据、人工智能与实体经济深度融合的成果。同时，它也是一种新兴的业态和产业，将重塑企业形态、供应链和产业链。互联网的应用可以促进企业协同能力的提升，而企业协同能力的提升将推动企业业务的分工细化。未来，企业将更加注重共享外部资源，内部的协同能力也将越来越强。

工业互联网作为人—机—物深度融合的智能网络空间，具有下面几个主要特征：三元融合，实现了对人行为模型、工业过程模型与信息系统模型的融合；时空关联，能够实时反映工业过程；平行演进，实现了信息空间与物理空间的同步演进；智能涌现，实现工业过程的自感知、自分析、自优化、自执行。

工业互联网的产生与发展有着深刻的社会背景原因和工业基因传承原因。从 20 世纪中叶开始，工业技术与信息技术开始融合，持续推动着技术创新。网络技术的发展加速了融合过程，网络化工业控制系统的发展就是融合促进技术发展的范例。工业互联网的本质是智能机器、高级分析和工作中的人的深度集成。工业互联网的进步对传统制造业的蜕变及国家国际竞争力的提升起着决定性的作用。工业互联网被人们清楚地认定为推动传统制造业迈向数字化、现代化转化的关键驱动力，同时也是加速 5G 应用开发、万物互联、智能制造的强大引擎。随着工业互联网的持续发展，工业互联网正逐渐成为传统制造业转型升级的重要方向。

（二）工业数字化的内容

数字工厂是由数字化模型、方法及工具构成的综合网络，涵盖了仿真和虚拟现实技术，并借助连续且无中断的数据管理集成在一起，其核心本质是实现信息的集成化。数字工厂是工业 4.0 发展进程中的必经之路，本质上它是工业互联网的企业级平台。而智能工厂则是在数字工厂的基础上，进一步融入了物联网技术和各种智能系统等新兴技术，实现生产过程有更高程度的可控性，并能减少生产线对人工干预依赖的总和网络。

1. 智能制造

智能制造的核心在于利用数据的自动流动来应对复杂制造系统的不确定性，优化制造资源配置效率。在数字经济时代，传统生产技术、数控硬件设施和工业集成软件在大数据、人工智能等技术的帮助下得到了实体工厂的赋能，实现了云空间和实体空间的信息交互。这样，智能制造能够处理生产制造中的复杂性和不确定性，为打造智能工厂提供关键技术支持，形成新型制造模式，即机在干，云在看，数在算模式。

智能生产不仅可以利用数字孪生、模拟优化和大数据分析等技术手段，形成以数据驱动的制造价值范式，还可以根据市场的多样化需求，实现从大规模、标准化生产向个性化、定制化生产的转变。在人工智能芯片、边缘计算、强AI及3D（三个维度，Three Dimensions，简称3D）打印等先进技术的支持下，未来的智能制造将具备更高的适应性和灵活性，能够应对日益复杂多变的生产环境，满足消费者"即想即得"的需求，并进一步提升即时生产能力。

2. 两化融合

两化融合是指工业化和信息化的深度融合，其通过信息化带动工业化，工业化促进信息化，走出了一条新型的工业化道路，它的核心是信息化支撑，追求可持续发展的模式。从历史上看，西方发达国家先实现了工业化，然后才迎来了信息化的发展浪潮。而我国则是在工业化尚未完成的情况下，就迎来了信息化发展的浪潮。传统的资源密集型和劳动密集型工业体系已经难以维持下去。因此，推动新一代信息技术，如互联网、大数据、人工智能等与传统产业融合发展，成为提高研发生产效率、创新管理服务模式、优化资源配置的有效途径。从发展的趋势来看，互联网自诞生以来就表现出融合和渗透的特点。随着互联网从消费环节扩展到制造环节，两化融合的发展过程也逐渐从数字化阶段进入网络化阶段。在这个过程中，工业互联网应运而生，智能制造成为两化深度融合的主要方向。通过映射和具象化的方式，设备、系统、生产线、车间、工厂，以及生产、管理和服务过程都成为网络空间的组成部分。两化融合已经成为促进网络强国建设的重要力量。

到2023年，进一步改善新型基础设施，增强工业互联网的融合应用效果，提高技术创新能力，完善产业发展生态，加强安全保障能力；集中精力解决工业互联网发展中的难题，推动数字产业化的发展。为实现这一目标，政府将专注于基础设施、融合应用、技术创新、产业生态、安全保障这五个关键领域，实施重点行动和重要工程。此外，为了贯彻中央关于加速推动工业互联网发展的决策方针，《工业和信息化部办公厅关于推动工业互联网加快发展的通知》对加快新型基础设施建设、加速拓展融合创新应用、健全安全保障体系、加快壮大创新发展动能、加快完善产业生态布局及加大政策支持力度等六大领域进行了具体安排和部署。工业的两化融合正在向范围更广、深度更深、水平更高的先进制造业形态进化，这一过程中也凸显出以下三种特性。

一是融合范围持续扩大，工业互联网推动两化融合向全行业、全环节加速渗透。工业互联网通过打造现代化产业体系的新基石、新要素和新业态，为全行业的转型升级提供了强大的支持，推动行业向高端化、智能化、绿色化、生态化方向发展。同时，工业互联网促进了传统制造体系中研发、生产、物流、服务等环节的整合和重构，加速了两化融合向生产制造全过程、产品全生命周期管理中各个环节的延伸和拓展。

二是融合程度走实向深，工业互联网推动两化融合向数据驱动价值创造延伸。伴随着工业互联网的创新发展，数据、知识、人才、资本等各类要素实现在线汇聚共享，工业知识向模型化、软件化方向发展，推动制造业加速迈向万物互联、数据驱动、软件定义、平台支撑、智能主导的新阶段，为新技术的创新、新产品的培育、新业态的扩散和新模式的应用提供强劲动力。

三是融合水平稳步提升，工业互联网推动两化融合向高质量发展阶段迈进。工业是实体经济的主体，经济高质量发展取决于工业高质量发展水平，取决于两化融合高质量发展水平。工业互联网通过推动机器、物料、系统、产品、人等参与主体要素信息的泛在感知、云端汇聚、高效分析和科学决策，实现两化融合从点的应用到面的应用、从单向应用向集成应用、从单企业应用到产业链应用的转变，促进两化融合持续升级，使之成为制造业高质量发展的关键支撑。

（三）云计算、大数据和人工智能在工业中的应用发展

1. 云计算技术支撑工业云平台发展

云计算自 2006 年被提出至今，已从新兴技术发展为热门技术。云计算的核心在于，通过网络将多个成本相对较低的普通计算机服务器合成为一个具有强大计算能力的系统，它利用基础设施即服务（Infrastructure-as-a-Service，简称 IaaS）、平台即服务（Platform-as-a-Service，简称 PaaS）和软件即服务（Software-as-a-Service，简称 SaaS）等先进的商业模式，以可伸缩的方式将强大的计算能力根据用户需求的变化分布到终端用户手中。云计算使存储和计算能力成为一种基础设施服务，用户可以根据实际使用情况购买计算机相应的存储和计算能力。如今，全球云计算市场规模增长数倍，我国云计算市场从最初的十几亿增长到现在的千亿，云计算政策环境日趋完善，云计算技术不断发展成熟。未来，在全球数字经济背景下，云计算将成为企业数字化转型的必然选择，企业上云进程将进

一步加速。云计算技术大大提高了人们存储和分析数据的能力，使人们能够将工业数据安全地存储起来，也使人们拥有了对海量工业数据进行分析和计算的能力。云计算提供的低价、强大的计算能力为工业大数据分析提供了计算基础。

工业互联网核心的计算技术之一便是云计算，在工业互联网平台的实际应用中，云计算呈现成本低、扩展性强和可靠性高的核心价值，随着互联网与各行业的深度融合，未来采用云平台进行计算的需求将呈爆发式增长。工业云是云计算在工业领域的应用，或者说是专门为工业提供云计算服务的设施。在工业云上的资源是云化工业软件。工业软件的分类决定了工业云也有相应分类，如工业设计云、工业制造云、工业管理云、工业控制云、工业供应链云、工业标准云等。近年来，以工业云为基础服务设施，各种工具软件和业务系统开始了上云的历程，云企业资源计划、云供应链管理已经逐渐被使用。

2. 大数据技术向工业大数据发展

工业数据源于工业系统中人和物的活动，从人的行动、交往到产品的设计、制造、销售、使用与回收。没有数据作为支撑的工业是不可想象的，而在前信息时代，缺乏感知技术去记录数据，缺乏存储手段去保存数据，工业数据只能靠简单的工具来操作，数据运算更是一项耗时而低效的工作。直到信息革命的来临，人类在感知技术、传输技术、平台技术和数据分析技术上有了突破，使得数据的价值日益凸显。人们开始有意识地收集各类数据，以挖掘其潜在的价值。

在我国信息产业和工业高速发展的今天，工业大数据的发展方兴未艾。工业大数据技术是工业领域中，围绕典型智能制造模式，从客户需求到销售、订单、计划、研发、设计、工艺、制造、采购、供应、库存、发货，以及交付、售后服务、运维、报废或回收再制造等整个产品全生命周期各个环节所产生的各类数据及相关技术和应用的总称。工业大数据以产品数据为核心，扩大了传统工业数据范围，包括工业大数据相关技术和应用。通过对海量数据的分析，找到相关性因素，获得机器智能，解决实际问题。工业大数据技术主要涉及工业大数据应用技术，它是一系列用于挖掘和展现工业大数据中蕴含的价值的技术和方法，包括数据规划、采集、预处理、存储、分析挖掘、可视化和智能控制等。工业大数据应用是对特定的工业大数据集应用工业大数据系列技术与方法，从而获得有价值的信息的过程。在流程制造业中，企业利用与生产相关的数据进行设备预测性维护、能源平衡预测及工艺参数寻优，可以降低生产成本、提高工艺水平、保障生产安全。在离散制造业中，工业大数据的应用推动了智慧供应链管理、个性化定制等新型商业模式的迅速发展。这有助于企业提高生产水平，提升供应链效率，以及提高客户满意度。

在工业生产和监控管理过程中，无时无刻不在产生海量的数据，如生产设备的运行环境、机械设备的运转状态、生产过程中的能源消耗、物料的消耗、物流车队的配置和分布等。随着工业传感器的推广普及，智能芯片会植入设备和产品中，它将自动记录整个生产流通过程中的数据。例如，智能工厂作为智能制造的重要实践模式，核心在于工业大数据的智能化应用。

3. 人工智能技术向工业智能方向发展

人工智能从其诞生以来，就已经经历了多次技术变革和规模化应用的浪潮。从早期的专家系统、机器学习，到当前的深度学习等，每一次的技术进步都为人工智能的应用开辟了新的领域。随着硬件计算能力的不断提升、软件算法的日益成熟及解决方案的持续优化，工业生产逐渐成为人工智能的重要探索方向。工业大数据分析在挖掘工业智能方面发挥着关键作用。工业智能是指通过分析海量的工业数据，提取有价值的信息和知识，并将其应用于工业生产过程中，以提高生产效率、降低成本、提升质量。

在工业互联网时代，工业智能将成为推动工业生产力提高的主要力量。工业智能的本质是将通用人工智能技术与工业场景、机理、知识相结合，实现一系列的创新应用。例如，通过结合人工智能技术和工业生产流程，可以实现设计模式创新、生产智能决策、资源优化配置等。工业智能需要具备自感知、自学习、自执行、自决策、自适应的能力，以适应变化的工业环境，并完成多样化的工业任务，最终达到提升企业洞察力，提高生产效率或设备产品性能等目的。例如，工业智能能够预测机器的工作情况，并在机器出现故障征兆时提前发出预警，从而有效预防故障的发生。此外，工业智能还具备强大的分析能力，在面对许多工业领域的复杂问题时，传统上人们往往无法构建出精确的模型来解决。然而，工业智能可借助大数据技术的优势，对这些复杂问题进行深入研究和分析，并找到相应的解决方案。

二、数字经济在工业产业数字化转型中的作用

（一）数字经济驱动技术创新

数字经济有助于工业产业构建一个庞大的信息空间，为工业产业创新生态圈的形成提供支持，并开辟便捷的资金配置渠道，从而激发技术创新效应。著名经

济学家约瑟夫·阿洛伊斯·熊彼特的创新理论认为，创新在于构建一种新型的生产函数，将以前未曾结合的生产要素与生产条件纳入生产体系。在竞争环境中，新组合方式会打破原有组合方式的均衡状态，由于竞争加剧，原有组合会有消逝之势。在新的工业革命时期，数字技术发展迅速，对传统工业产生了深远的影响，甚至可以说是颠覆性的影响。以信息技术为基础的数字化技术正在深刻地影响着全球产业结构和生产方式的变革。数字经济推动了技术创新，引领着工业转型升级。同时，数字技术也推动着全球制造业向服务化方向转变，加速实现"智能制造"。

一方面，移动电话、移动基站和互联网和其他数字化基础设施得到改善，极大地突破了信息传递的时空局限，加速了信息的传播、分享与使用，促进了知识的扩散与渗透，产生了积极的知识溢出效应。数字化创新成果的数量以爆炸式速度增长，以专利数据为代表，显著增强了企业的自主创新能力，提高了产品的竞争力。

另一方面，政府的科教投入、信息就业人数、其他数字化技术的推动力量正在不断增强，助推着高技术产业高效发明专利的能力和其他数字创新能力提升，持续改进数字经济服务质量。从理论分析的角度来看，创新资本包括人力资本、社会资本和金融资本等，这些资本是促进技术创新的主要资源，也是实现技术创新的主要载体。随着技术创新与数字科技的融合发展，新的创新模式和商业模式应运而生，但这也对社会治理方式提出了更高的要求。

（二）数字经济带动产业融合

数字经济在产业融合效应的推动下，能够发挥出提升资源配置效率的作用，实现工业产业与其他产业的结合，推动工业向更现代化的方向发展。科技的不断进步为产业融合提供了实现的可能；科技的关联性使其能够渗透并扩散到其他行业，通过整合不同行业的生产逻辑，完善其底层生产逻辑并丰富生产方式。这样，制造出的产品将更加符合市场需求，从而实现增加产品销售量等目标。数字经济不是从传统产业中分离出来的，它更注重融合和共赢，在融入传统产业中获得价值增量。数字经济正逐步呈现出"实现产业数字化，数字产业化"的发展特点。在数字化与产业融合进程中，知识和技术的跨界结合，交叉学科与基础学科持续交织冲击，成效成倍提升。数字经济促进数字经济基础产业和传统工业融合的表现有以下三个方面。

一是推动煤炭行业的全面数字化发展。数字技术的进步促进了智能开采技术设备的更新换代，优化了煤矿的采掘等流程。通过应用信息技术，人们能够实现采煤设备的自动化运行，大大降低了劳动强度。此外，通过构建智能化的安全生产系统，人们可以实时监控生产数据，实现重大灾害的智能监测预警，从而切实保障人员安全，进行高效的开采。同时，这些技术还有助于降低煤炭生产成本，提高资源利用率和企业效益。

二是推动传统制造业生产方式的转型。通过构建基于物联网、移动互联网和大数据的新型制造模式，传统制造业可以有效降低资源消耗和环境污染程度，向更高端、更智能的方向转型。大数据和云计算技术实现了供给端和需求端数据的深度融合，降低了生产能耗，推动了传统制造业的高效数字化生产管理发展，取得了全方位的突破性进展。同时，这也促使制造业从单纯的产品制造向综合服务领域拓展。在用户价值的引导下，企业积极开展个性化生产，进一步增强了自身的竞争优势。

三是推动构建能源电力新业态。随着传统工业基础建设逐步向更复杂的领域发展，其施工效率下降，人力损耗增加。实现基础建设的数字化、信息化和智能化建设，相关企业能够降低交易成本，提升发展动力，最终实现项目的高质量、高效率、安全施工，提高能源电力产业链的现代化水平。

第三节　跨境电商的数字化转型赋能

一、跨境电商的概述

（一）跨境电商的概念

与电子商务的概念类似，跨境电子商务也有狭义和广义之分。广义的跨境电子商务是指分属不同关境的交易主体，通过电子商务手段从事各种商业活动的行为。狭义的跨境电子商务，是指跨境网络零售。跨境电子商务，简称跨境电商，是指分属不同关境的交易主体，通过电子商务平台达成信息交流、商品交易、提供服务的国际商业活动。根据跨境电商模式的不同，电子商务平台提供支付结算、跨境物流送达、金融贷款的服务内容均有不同。

（二）跨境电商的特点

1. 全球性、非中心化

网络是一个全球性的、非中心化的媒介，跨境电子商务依附于网络，因而也具有全球性和非中心化的特征。相对于传统的交易方式，电子商务是一种无边界交易，不受地理因素限制，用户可以通过互联网将产品和服务提交到全球市场，尤其对于高附加值产品和服务来说。

2. 数字化

随着互联网技术的不断发展，数字化产品和服务在传输速度方面取得了显著提升。信息网络技术的持续深入应用，数字化产品（游戏、软件、影视作品等）的种类和贸易量呈现出快速增长的趋势。其中，通过跨境电商进行销售或消费的趋势日益明显。

3. 即时性

网络的特性使得信息的发送和接收实现实时同步。传统国际贸易中的信息交流方式（信函、传真等），信息发送与接收之间存在时间差。而在电子商务中，信息交流方式不受实际时空距离的影响，一方发送信息与另一方接收信息几乎是同时的，就像面对面交谈一样。此外，音像制品或软件的交易更是可以实现即时完成，从订货到付款再到交货下载，整个过程可以瞬间完成。

4. 直接性

传统的国际贸易通常包括一个国家的进口商通过另一个国家的出口商进行大量货物的进口，然后通过境内分销企业的多级分销，最终到达需要进口和消费的企业或消费者手中。这种模式通常涉及多个环节，时间长、成本高。相比之下，跨境电商可以通过电子商务交易与服务平台实现多国企业之间、企业与最终消费者之间的直接交易。这种模式具有更少的进出口环节、更短的时间、更低的成本和更高的效率。

5. 小批量、高频度

相对于传统贸易，跨境电商的交易模式具有更高的交易频率和更频繁的交易次数。由于跨境电商主要涉及单个企业之间或单个企业与单个消费者之间的交易，通常是少量甚至是单件交易，并且通常按需采购、销售和消费。这种模式使得跨境电商具有更高的灵活性和适应性，能够更好地满足消费者的个性化需求。此外，跨境电商的交易过程也更加便捷和高效，其可以通过互联网平台进行在线交易和支付，大大缩短了交易周期，降低了交易成本。

6. 无纸化

跨境电商主要采用无纸化操作方式，这一特点在交易中尤为突出。跨境电商用电子计算机通信记录，取代了一系列纸质交易文件。在发送或接收电子信息时，电子信息以数据的形式存在和传送，实现了整个信息发送和接收过程的无纸化。这种无纸化操作方式具有高效、便捷和环保的优势，为跨境电商的发展提供了有力支持。

（三）跨境电商的意义

1. 有利于我国主动应对全球贸易新格局，建设贸易强国

跨境电商作为全球外贸发展的新兴贸易形式，具有无边界、全球性的特性，为我国应对贸易新格局、避免被边缘化提供了新途径。做大做强无边界跨境电商是与全球新贸易格局下主要国家和地区形成新型贸易关系的新途径，这不仅有利于我国主动应对全球贸易新格局，也有利于改变长期以来我国在传统国际贸易分工格局中处于低端的局面，构建全球化的自主销售终端，为我国从贸易大国向贸易强国转变贡献力量。

2. 有利于我国抢抓全球跨境电商发展制高点，打造信息化强国

随着经济全球化和产业信息化的快速发展，跨境电商在世界经济中扮演着越来越重要的角色，世界各国都在大力推动跨境电商发展，并使其成为做强制造业，成为控制全球销售环节、进入别国市场的利器。目前全球已形成了亚马逊、eBay（易贝）等全球性跨境电商平台，并在这些平台上优先保护本国产业和商户。为此，虽然我国电子商务交易量居全球第一，但跨境电商发展刚起步，基础较弱、障碍较多，若我国不加快发展跨境电商，掌握核心平台与技术，将受制于人。因此，我国要建立跨境电商综试区，要从国家战略高度来谋划跨境电商的发展，搭建具有全球竞争力的跨境电商平台，建立权威的全球跨境电商大数据交易中心，建立服务全球的跨境电商服务体系，抢占境外市场，掌握跨境电商行业的话语权和制高点。这样做有利于建设信息化强国，推动我国产业信息化、国际化发展。

3. 有利于我国赋能制造企业，提升其产业水平

制造企业通过跨境电商的实际应用，成功解决了市场、利润和价值三个关键问题。首先，市场问题，制造企业通过电子商务平台实现全球市场的拓展，有效解决了因信息不对称导致外贸订单减少的问题。换句话说，不是没有市场，而是缺乏发现市场的渠道。其次，利润问题，互联网外贸使外贸链更加扁平化，直达终端客户，降低交易成本，有效解决了制造企业利润下降的问题。换句话说，不是没有利润，而是缺乏利润分配的话语权。最后，价值问题，通过在线化和直接

化的经营模式，制造企业可以掌握自己的营销渠道，创建自己的品牌，摆脱"代工"和"价值链低端"的困境。换句话说，不是没有价值，而是缺乏挖掘价值的能力。

4.有利于我国探索网络时代下政府行政监管新方法

现行管理体制、政策、法规及现有环境条件已无法满足跨境电商的发展要求了。由于各国按传统贸易方式对其监管，跨境电商普遍存在"通关难、结汇难、退税难"等问题。在跨境电商发展过程中，积极探索并解决其面临的"关""税""汇""检""商""物""融"等方面的问题，破解并建立全程监管标准体系，有助于促进跨境电商规范化、便利化发展，有助于深化国际贸易领域和电子商务领域新一轮监管体制机制改革。

二、数字经济在跨境电商数字化转型中的作用

数字经济是以数字化技术为基础的全新社会经济形态，近年来获得了国内外学者的广泛关注和深入研究，它是科技发展、人类发展的必然产物，对跨国企业的生产、经营和销售活动产生了深远的影响。对于跨境电商企业而言，数字经济使其产生了巨大的变化，推动了传统跨国贸易的全面转型。数字化以其强大的创新性，深刻影响了企业的内部和外部环境，以及其发展进程。

（一）改变交易模式，降低成本

数字经济席卷全球，对传统的跨境电商企业产生了深远的影响，引发了生产和销售模式的革新。借助数字化技术的力量，跨国企业能够更快地拓展市场、达成交易，并冲破时空的限制。这使得它们能够迅速处理全周期业务，具备在复杂环境中进行高效运营的能力。

此外，数字经济的繁荣使得跨境电商的贸易流程和环节更加简洁，降低了整体交易成本。与传统国际贸易体制相比，数字经济的发展显著减少了交易双方的交易成本。其中，信息成本是降低成本的主要因素之一，包括信息的搜索和匹配等环节。在过去的交易中，信息的交易成本非常高。然而，通过构建在线交易系统，交易双方可以明显减少搜索和匹配的成本，以降低市场信息的非对称性。同时，数字经济的发展也使跨境电商平台交易的安全性得到提升。在跨境电商的运营过程中，安全和信任问题一直是个重大挑战。然而，随着中国电子商务的蓬勃发展和第三方支付的普及，用户获得了可靠的保障并实现了快速付款，从而有效地降低了交易中潜在的安全风险。

在此基础上，数字经济的崛起促进了跨境电商交易流程的精简和规范化，进而实现了高效率的公共服务功能。通过数字化手段，企业能够更加高效地进行业务流程管理，优化服务体验，提升客户满意度。数字经济的繁荣对跨境电商产生了积极的影响，推动了其生产方式和销售模式的创新，简化了贸易流程和环节，降低了交易成本和安全风险，实现了高效的公共服务功能。这为跨境电商的持续发展和市场竞争力的提升奠定了坚实的基础。

（二）改变供应结构和组织管理模式

在数字经济的推动下，跨境电商的供应结构发生了翻天覆地的变化。交易双方可以通过数字和信息实时观察订单的动态变化，客户的诉求和交易的细节都被详细的记录，这大大增强了交易的灵活性。随着数字经济的飞速扩展，企业内部的组织构造也发生了改变。在此背景下，企业必须实施相应的改革，以适应更低的交易成本和更高效的组织管理模式。

（三）数字经济规模效应增大

相较传统的跨境电商，数字经济以数据为基础，展现出了一定的优势。众多企业通过信息化技术建立联系，使数字经济呈现出强烈的规模效应。由于数字化资源的可重复性，这种规模效应随着参与企业的增加而显著提高。在数字经济中，企业需要关注边际费用的变化。边际费用是指每增加一个单位产品所产生的额外费用。相比传统的交易方式，数字化经济的边际费用趋于零，为企业带来了巨大的成本优势。这种成本优势为企业提供了更多的竞争优势。

所以，跨境电商必须与数字化转型相适应，以增强自身的核心竞争力。在中国跨境电商行业中，数字经济是推动发展的主要力量。政府应积极引领数字经济的变化发展，从先进的相关产业中学习经验，推动国内大型跨境电商企业的持续发展。

（四）提高跨境电商的质量

数字经济通过深入挖掘和分析数据，为跨境电商平台提供了优化运营模式和管理手段的新途径，从而有效提升了平台的服务质量。具体而言，数字经济的分析功能可以帮助跨境电商平台更好地了解消费者的购物习惯和需求，以便提供更加精准的产品推荐和个性化服务。这种个性化服务能够更好地满足消费者的需求，提升消费者的购物体验和信任度。

同时，跨境电商平台也可以利用数字技术降低货物交通过程中的风险和成本。

例如，通过大数据分析和预测，平台可以提前预测货物的需求量和运输路线，从而优化库存管理和物流配送，减少库存积压和运输延误等问题。此外，数字技术还可以帮助平台实现交易的稳定和顺畅运作。例如，通过云计算和人工智能等技术，平台可以实现自动化订单处理和智能客服，提高交易的效率和准确性。

（五）提高跨境电商的效率与便利性

借助物联网、云计算、大数据和人工智能等技术，数字经济实现了全球范围内的信息共享和互联互通。跨境电商平台凭借其数字化、无纸化的特性，为全球的企业和消费者提供了便捷的交易平台，有效提高了跨国交易的效率和便利性。这些平台通过数字化手段简化了交易流程，降低了交易成本，能够实时获取并分析全球市场信息，帮助企业更好地把握市场动态，从而做出更明智的商业决策。

同时，跨境电商平台还为消费者提供了更加丰富多样的商品选择，满足了不同群体的购物需求。在数字经济时代，跨境电商面临着前所未有的发展机遇，同时也需要积极应对数字化转型带来的挑战。为了进一步提升自身的竞争力和市场影响力，平台需要不断加强技术创新和应用，利用大数据分析、人工智能等技术手段优化业务模式，提高交易的效率和消费者满意度。

第五章　民生行业的数字化转型赋能

在数字经济时代，数字化转型已经成为民生行业高质量发展的必然选择。民生行业数字化转型的核心目标是通过充分利用数字技术，为人们的日常生活提供更加便捷、高效和个性化的服务。数字化转型不仅对民生行业提供了更多的发展机遇，也使人们的生活方式发生了变化。本章围绕零售行业的数字化转型赋能、餐饮行业的数字化转型赋能、物流行业的数字化转型赋能、交通行业的数字化转型赋能、金融行业的数字化转型赋能、教育行业的数字化转型赋能、房产行业的数字化转型赋能等内容进行研究。

第一节　零售行业的数字化转型赋能

在数字经济时代，数字化转型已经成为零售行业发展的必然趋势。零售行业数字化转型的核心是以消费者需求为中心，利用数字化技术来改变生产供给体系和流通供给体系。这意味着零售行业需要通过线上线下多元化场景的创建、供应链与上游供应商的紧密合作、数据资源的积累和分析能力的提升，以及业务流程和组织架构的改变，来构建一个数字化商业生态系统。这样做可以突破传统的商品生产与消费之间的时间和空间限制，重新构建人、货、场之间的关系，提高生产和流通供给的质量和效率。这样的数字化转型对于零售行业的发展非常重要，它可以增强零售行业的竞争力，使其创造更多商业价值，并且使零售行业适应数字经济时代的需求。

一、数字化转型对传统零售行业的影响

数字化转型对中国零售行业产生了迅速而深远的影响。如今，中国零售行业的创新程度和增长速度能够媲美任何西方经济体。在消费者购物偏好发生改变的同时，实体购物与数字购物之间的界限日益模糊。

各大电商平台的线下门店落地，加强了与传统零售商的联盟化趋势，进一步整合了线上线下资源；人工智能、大数据区块链等技术在物流、营销、质量追溯等领域的应用日趋深入；电商流量加速分化，拼购模式、小程序电商、内容电商等新模式的交易规模呈指数增长。

作为零售行业数字化转型的代表，苏宁不断积累全品类、全渠道、全客群的数据，加上长期以来的科技投入，让苏宁创造出一套成熟的大数据应用技术来优化商品流通的每一个环节。此前，苏宁与美的联合定制的全自动变频滚筒洗衣机、联合海尔研发的全球首款 T 型门全空间保鲜冰箱等都是基于消费者需求进行设计调整的，它们成了家电市场的热销款。通过大数据驱动，苏宁精准定位市场需求，生产成本大大降低，推动着制造业实现智慧高效发展。

此外，永辉超市作为中国传统连锁超市中第一个进入智慧零售的企业，在线上线下融合的全新零售场景中不断创新和尝试，不仅抢先推出扫码购、小程序等新应用和技术，而且对云计算中心进行了构建，被业界视为商超零售行业数字化转型的标杆。

二、传统零售行业数字化转型的挑战

在传统零售行业向数字化转型的过程中，其面临着以下三大挑战：一是场景触点多元化，如何获取流量并高效转化；二是全链管控数字化，怎样沉淀分析数据，以驱动经营决策；三是数据复杂多样化，怎样统一标准，提高对接效率。

在"互联网+"时代，大数据已经无所不在，各行各业的大数据应用已经逐渐成熟，但大部分应用仍局限于线上数据。线上大数据竞争白热化，但线下数据却还是一片蓝海，线下大数据的潜力仍然很高。如今，数据是零售行业经营时最为核心的生产资料之一，但商家始终未能充分释放数据能力，遇到了数据来源多元、数据资产分散、数据无法全盘掌控、分析缺少关联性、转化链路不明确、实际经营难激活等问题。

在数字经济时代，所有的行业都不能止步不前，唯有转型，才能继续发展。在漫长的数字化过程中，绝大部分企业处于数字化转型的探索阶段，通过数字化技术采集数据，但距离深度数据探索分析、数据驱动业务运营决策还有相当长的路要走。

商业操作系统要帮助企业在包括品牌、商品、销售、营销、渠道、制造、服务、金融、物流供应链、组织、信息管理系统等在内的大商业要素上，实现在线化和数字化，进行全面改革，让这些要素能够在线化，进而全面数字化。企业通过数据可以实现对消费者和市场的洞察，对人和货场的洞察。上述要素发挥威力，最终需要靠数字技术和计算力。

三、零售行业数字化转型的未来展望

智慧零售的发展，使得整个零售行业的工作效率更高，这是零售行业数字化转型的特点。而在这个商业模式不断进步和完善的过程中，传统零售业态也逐渐发生了改变。电商巨头纷纷转向线下，线上线下开始从曾经的对立走向互相融合。在未来，商业的竞争已经不再是线上线下的竞争，而是全网营销的竞争，拥有智慧零售系统落地的能力最重要。

（一）消费者至上的理念将更加突出

未来，零售行业数字化转型的核心将是互联网思维，而互联网思维，又以消费者为中心。与传统的产品思维不同，零售行业数字化转型最为重要的一点，就是了解消费者思维，学会经营流量池里的"留量"。

经营"留量"的关键在于锁客，而锁客又分为两种形式，一种是利益锁客，另一种是情感锁客。零售行业可以设计工具产品进行利益锁客，或者根据一个人一生中每个年龄段的情感需求点进行情感锁客，让"留量"变成"留财"，通过拉长时间周期来看整个战略的价值。

消费者思维在今天是不可忽视的营利之源。这要求商家从"商品效应"跳转到"消费者效应"。在传统零售时代，商家需要大量消费者来维持生意，通过广开门店、增产商品来实现利润最大化；而在新零售时代的背景下，商家要提升消费者的价值，让 20% 的消费者贡献 80% 的业绩——这就是消费者思维，经营"留量"。

在传统零售时代，由于物资匮乏、技术手段落后，零售市场是围绕着"货—场—人"的次序展开的。在这种经营理念和市场模式下，消费者没有太多选择的余地和权利；而且由于货品短缺，即商品供不应求，商家缺少提升商品品质的原动力。

后来，随着新技术、新模式的发展，商品的供给不断加大，商品的品类、数量大幅提高，于是"货—场—人"的布局就开始反向演变成"场—货—人"，销售的渠道成为零售的核心要素，变成"渠道为王"的年代。而到了现在，商品、渠道的数量已经不是核心竞争力，而消费者将作为整个零售的中心，引领零售的方向，也就是"人—货—场"的时代。这是零售市场竞争更加激烈的必然结果。在商品极大丰富的背景之下，零售的发展，已逐步走出以商品为中心的模式，转向以消费者为中心。商业零售将围绕用户生活需求来进行布局，即怎样从内容、形式和体验上更好地满足消费者的需求，将成为未来零售的核心。

为了更好地体现消费者至上的理念，零售行业需要做到以下几点。

①充分利用数据技术开展消费者画像。管理大师彼得·德鲁克说过，要知道你的顾客是谁？这是销售最重要的事情。大数据可以帮助零售商家精准掌握消费者的用户画像，如什么收入水平、什么样的习惯爱好等。借助无死角的消费者画像就能够为消费者提供更精准的商品、服务，以此来建立消费黏性，形成消费闭环。

②在商品设计方面要体现出四个"好"。"好用"，也就是商品品质要高；"好看"，也就是商品的包装要精美；"好玩"，也就是商品自带融入感，如具有社交属性；"好拿"，也就是全渠道营销，让消费者可以更加方便地对商品进行获取。

③在商品消费环节要对"沉浸式"场景进行设计。销售的场景将会从以前商品的展示与售卖场地逐步向消费者的生活方式进行演变，即"沉浸式"营销模式。消费者进入商场不再单纯为了购买商品，而是除家庭、工作之外，第三个生活场景的延伸。当消费者融入场景后，就会不自觉地进行购物。

（二）无人零售将迎来新一轮发展

无人零售的新型便利店模式成为 2017 年零售领域的关键词，天猫、阿里、京东等大牌纷纷布局，各类资本也先后涌入无人零售领域。虽然得到资本热捧，然而，无人零售始终面临营业额不理想的窘境，终于在 2018 年无人零售开始遇冷。

但是，从行业趋势来看，无人零售、自助零售在成本、效率、体验等方面都具有得天独厚的优势，无人零售行业的爆发性发展指日可待。首先，无人零售将打破零售在时间上的限制，将零售轻松延长至全天，使得消费者能够实现全时段购物；其次，无人零售将打破零售在空间上的限制，通过智能化的设备，购物数据的采集、分析，开店将变得十分容易，未来消费者可以随处购物，而且，门店会按照消费者购物行为和购物喜好，不断对店内产品进行迭代，为消费者提供更好的服务；最后，无人零售将极大地提升消费者体验，通过数据处理与智能化应用，使得消费者能够获得最精准的营销与最贴心的服务，同时，无人零售将去除购物过程中的人为不利因素，如情绪因素、疲劳因素、出错因素等，使服务更为标准化。在未来，更加智能化、无人化的零售形式必定会成为主流。智能技术将融入购物的各个环节之中，优化购物体验，革新购物模式。

如今，随着人工成本和门店租金的上涨，以及网络基础设施的进一步完善，无人零售已经成为一个有发展前景的领域。特别是物联网技术和各种识别技术的迅猛发展，为无人零售提供了更好的技术支持。自动售货机作为无人零售的一种重要形式，正迎来新一轮的发展机遇。自动售货机具备全天不间断销售、无需人力操作、节约成本等特点，越来越受到企业和消费者的认可。此外，随着移动支付的普及，消费者越来越习惯于使用手机进行支付，这也为自动售货机提供了更加便捷的支付方式，促进了无人零售的发展。

（三）数字化与数据分析应用

零售是一个复杂的行业，涉及从商品采购到销售再到售后的多个环节。为了使这些环节能够高效运转，协同作战是非常关键的，而数字化技术则可以成为零售行业实现协同作战的有效工具。

20世纪90年代初期，被称为百货商店之父的美国人约翰·沃纳梅克曾经说过，他的广告费有一半浪费掉了，可他不知道是哪一半。[1] 约翰·沃纳梅克没有足够的数据去解决哪一半广告费被浪费掉的问题，因为那时搜集数据太困难了，同时也缺少专业的数据处理技术。

在互联网时代，精准分析每一个消费者和管理企业都需要数据支持。企业决策正由"经验决策"不断转变为"数据决策"。

数据本身已经成为企业新的资产，并将极大地提高企业生产率和增加其资产收益率。

（四）全渠道营销将成为零售新常态

智慧零售是打通线上线下的全渠道建设，为此，智慧零售要做到以下两点。

首先，智慧零售要建立实体渠道与电子渠道之间的连接，打通内部渠道，整合企业内部资源，使内部全渠道对消费者的服务一致。

其次，智慧零售要打通内部渠道与外部渠道，实现内外渠道对消费者的服务衔接，放大全渠道消费者的消费价值。可以让消费者在不同类型渠道之间无缝切换的全渠道，已经成为当前传统企业渠道转型的共同选择。

同时，企业要加强内在价值的建设。建设自身的文化价值，优化内部组织架构，以集中、统一运营管理为方向，最终，从业务流程、系统支撑、考核激励等三个方面，打破各渠道线上线下的资源壁垒，促进营销闭环形成和完善，实现渠道联动。

---

[1]　数据分析在企业运营决策中的应用 [J] . 中国商贸，2012（36）：9-12.

1. 线上线下相互引流将成为常态

未来的零售模式将没有线上线下之分。随着技术的进步、移动互联网的普及，以及在互联网下成长的年轻一代成为消费主力后，零售行业线上线下的界限日益模糊。同一群消费者既会在线下消费，也会在线上消费，他们在线上线下是来回穿越消费的。因此，未来的零售商需要同时具备线上、线下两种销售能力，并且要拥有足够的技术能力以打通线上线下渠道。

从库存、会员到服务、营销，都将是线上线下高度融合的，零售商必须为消费者提供更好的商品与服务。经过测算，现在一些大型电商平台获得一个新消费者的成本较高，这是电商零售必然要延伸到线下的客观要求。未来的零售市场必将是更加充分的二维市场结构空间。市场不会再回到单一的线下市场结构，只有实现二维市场融和规划，协同发展，零售商才可以有效把握市场的全部。

2. 电商平台将呈现"去中心化"流量趋势

流量已经成为各零售商最核心的竞争领域。在流量零售模式下，所有的消费者必须是注册的、可链接的、可统计的、可管理的、可互动的。零售的经营将用一切有效的方式影响消费群体，将其逐步打造成终身价值消费者。电商巨头将继续高举高打，不仅会将全渠道落实到更多零售实体业态，还会把电商平台的流量中心化逐渐演变成"去中心化"。

网络社群流量将成为零售发展的新方向之一。社交力、社群力正在成为新的零售营销影响力。在网络社群平台，消费者不仅能够获得一个品类丰富、汇聚海量商品的购物平台，而且还能够获得一个生活消费分享平台，在开展网络购物的同时，还可以享受到网络社群交往的快乐。

3. 社区零售将成为一种新的零售业态

社区作为线下主要流量入口的作用将越来越重要，它可以为消费者带来便利的购物体验，帮助消费者省时省事的购物。

社区消费不仅能够培养线下消费社群，还能够增加零售商销售收入。通常来讲，开在社区的超市，售卖的生鲜价格可以做到比大卖场贵 10% ~ 15%，因为社区超市为消费者提供了购物便利性价值。消费者愿意为便利和省时来支付更多的费用，年轻一代的消费者更是如此。社区消费能够为消费者提供更多新的商品形式来更好地满足消费者更多的需求，如提供易于烹饪的半成品、无须存储更省事的商品包装、餐饮化的体验，以及更快速的配送到家服务等。

4.零售新供应链将成行业争夺热点

（1）零售业将重构供应链

零售业中的新供应链不同于传统供应链和点对点供应链，它是基于互联网大数据技术和信息系统的供应链。智慧化、数据化、可视化的变革是供应链服务水平提升的基础，在此基础上，它才能够衍生出更多的增值服务，从而变得更加透明和高效。

融合"商品、供应链、大数据"三个重要因素的零售业供应链将会得到重构，这不仅拉近了三者之间的距离，而且让大数据在供应链及营销的多种场景下得以应用。例如，①智能分仓，借助大数据分析预测，针对不同区域提前安排商品的种类和数量；②仓储便利，将门店作为仓库的载体，实现店仓结合；③配送快捷，新零售供应链中，快速响应的能力是最重要的，如目前现有的生鲜类供应链能够实现生鲜最快 30 分钟送货到家，这有时比消费者下楼买菜更方便。

（2）重视供应链创新已成为社会共识

未来国家将大力推进供应链创新。2017 年 10 月，《国务院办公厅关于积极推进供应链创新与应用的指导意见》出台，提出了供应链创新的协同化、服务化、智能化的发展方向，所以在未来，零售业新供应链还会以消费者为中心，实现相关应用场景的智能和高效决策。2018 年 9 月 21 日，中央有关部门在评审后，公示了一批全国供应链创新与应用试点城市和企业，各大零售巨头纷纷争夺供应链创新制高点。2018 年 3 月，京东携手沃尔玛、唯品会、斯坦福大学、麻省理工学院、中欧国际工商学院等合作伙伴共同发起了全球供应链创新中心（Global Supply Chain Innovation Center，以下简称 GSIC）。据报道，该供应链领域咨询平台将集管理洞察与研究、教练式辅导与咨询、运营服务与实施优化、管理技术开发与方案集成等功能于一体，实现供应链最佳实践、供应链场景大数据、供应链管理前沿技术的有机整合。京东成立 GSIC 的举措，展现了其在零售行业供应链创新方面的强大实力和创新决心。2021 年 9 月 9 日至 10 日，在上海举办的 2021 中国零售供应链与物流创新峰会，以数智连接零售新时代为主题，从新环境下供应链的创新实践、以消费者为中心的物流升级、新技术在供应链管理中的运用、面向未来数字化基础能力建设等方面深度探讨零售供应链下一步发展趋势。在"双循环"战略指导下，为实现新供应链引领新生活，新业态链接新经济的愿景目标，团结与引导各地浙商商超企业，勇于探索，抱团取势，形成联动效应，融合发展。

第二节　餐饮行业的数字化转型赋能

一直以来，餐饮行业都属于传统行业，数字化程度普遍较低，一些提前实现"互联网+"、数字化布局的餐饮企业表现出了良好的抗风险能力和市场恢复能力。有的餐饮企业通过社区营销布局及私域流量运营，锁定老客户，开拓外卖服务；有的餐饮企业通过新技术应用和新场景打造，实现自助服务、无接触外带和配送，适应消费者新需求；有的餐饮企业通过发展线上新零售业务，实现食品工业化发展。

餐饮行业数字化转型是否达成的一个显著标志为，是否实现了四个在线，即组织在线、业务在线、生态在线、数据在线。

一、组织在线

组织在线是指将企业的组织结构及相关管理过程数字化，以实现更高效的组织协作和管理。从人力资源（Human Resources，以下简称 HR）的角度来看，数字化转型可以通过人力管理系统将人力资源管理的各个环节整合起来，包括合同管理、排班管理、考勤管理、绩效管理及薪资管理。这样的一体化管理系统能够提高效率，减少重复工作和人为错误，并提供实时的数据分析和报告。这样的数字化转型可以让 HR 更加专注于战略规划和人才发展，提高组织的整体效能。

除了 HR 方面的数字化转型，广义的组织管理还包括招聘、培训和即时通信等。通过数字化技术，企业可以通过招聘平台进行远程招聘，借助在线培训平台给员工提供员工培训和发展机会。同时，企业微信等工具的使用可以将员工的日常工作工具集中在一个平台，方便员工的沟通和协作，有效地减少信息传递的障碍。这种数字化转型有助于提高企业的协同效率，增加团队之间的合作和互动。

二、业务在线

业务在线是指营业、营销、供应链数字化，这往往指企业整体信息化中的"业务中台"部分。信息化后的餐饮企业交易系统（收银软件、扫码点餐、外卖小程序等），能给予消费者美好的体验，这相当于"前台"。在消费者看不见的"后端"，有着庞大的业务处理系统，专门用于进行订单处理、营销运算、出库、厨房指令、账务核销、异常处理等，这个庞大的业务处理系统，就是"业务中台"。在餐饮企业信息化越发复杂的今天，"业务中台"的建立则显得尤为重要，某种程度上，餐饮企业的数字化转型也代表着餐饮企业信息系统的"中台化"。在所有的"业务中台"中，有三个中台非常关键，即营业中台、营销中台、供应链中台，分别能实现连锁营业统一管理、会员营销统一管理、供应链统一管理。"业务中台"建立最重要的成果就是实现了前端轻而多元，后端重而统一。餐饮企业的每种交易类型都可以有适合自己的交易前端，而前端的多样性却不会引起后端管理的孤岛化。

三、生态在线

生态在线中的生态指的是供需平衡中的"上下游关系"。餐饮企业的生态在线，主要指的是餐饮企业通过自营外卖平台、新零售商城、供应链采购等交易平台，建立以本企业为中心，连接消费者端和商户端的上下游关系。对于消费者来说，除了到店消费，店外消费最可能发生的就是外卖行为和零售行为，也就是互联网领域经常提到的"到家业务"。通过小程序形式的自营外卖平台和零售商城，消费者可改变传统到店消费的消费方式，从而使商家拥有提供给消费者"门店到家，随时消费"的能力。除了消费者，餐饮企业的另一个重要下游是自己的客户或加盟店，他们从总部进货，再从门店加工成菜品后卖给消费者。从供应链的角度来说，总部的收益来源于"干线物流"，区域仓库的收益来源于"支线物流"，而门店的收益则来源于"最后一公里"，这就将总部、区域、门店串联成了供应链条，再通过门店的"到店业务"和"到家业务"连接消费者，完成最终消费，形成餐饮企业完整的上下游生态链。

四、数据在线

餐饮企业可通过交易端实现消费者触达，通过业务中台实现业务运算和处理，通过生态在线完成上下游联结，而在这些过程中，将产生大量的数据，这些数据是餐饮企业的重要资产，却甚少有餐饮企业能够将它们充分利用起来，更多的依然是从财务层面做一些统计报表，这无异于一种巨大的资产浪费。其实大多数餐饮企业并不是不愿意使用这些数据，而是不知道该怎么使用这些数据，的确，这些数据并不能通过人们所熟知的简单公式就变得有意义，它需要利用数据模型才能形成对经营决策有价值的依据。那么，什么是数据模型呢？数据模型类似一个框架，将你看不懂的散乱数据套入框架，即可按照框架输出你能够看得懂的数据结果。例如，你手中有大量的营业数据，你没有时间也不可能去看每一条交易明细，但你希望能够从中知道"在营业额最好的前五个区域中，哪三种菜品销量是最高的"，这句话便是一个模型。当在系统中实现了这个模型后，你把手里大量的营业数据导入到模型中，模型就可以立即告诉你想要的结果，这便是数据在线的意义。对于数据模型来说，系统一定要实现可定制化和易定制化。从上面的例子可以看出，人们对于数据分析的需求是不一样的，所以无论系统预先设计了多少种模型，都是不够用的。最重要的还是要让用户能够按照自己的意愿制定模型，所以数据系统一定要具备模型自定义能力。另外，自定义模型往往要求用户有一定的数据分析能力，通俗来说就是用户自己要有想法。但这对用户来说，要求就比较高，所以，成熟的数据系统往往具备敏捷建模能力，能尽可能降低对用户的要求，让用户易于在系统中建模。

当餐饮企业实现了数据在线，才算是真正实现了从业务到数据的一体化闭环，达到了信息化的最大价值。

第三节　物流行业的数字化转型赋能

物流行业是支撑国民经济发展的基础性、战略性、先导性产业，服务体验升级、供应链协同管理、建设物流强国的内在需求等诸多因素，在一定程度上对物流行业发展提出了更高的要求。随着传统物流行业与新兴电子信息技术的深入融合，数字经济正式到来，当前我国物流行业正处于加速转型发展的进程中。怎样发展新物流，从传统单一、条块分割的物流业态向连接、联合、联动、共利、共赢、共享的综合物流与一体化物流业态转变，扶持引导数字物流、智慧物流、共享物流、协同物流、平台物流、末端物流等物流新物种，是我国物流行业面临的一项时代课题。

一、数字经济时代物流行业的智能化变革

（一）新零售驱动的物流模式升级

随着商业领域的迅猛发展，实体商业与虚拟商业之间的界限日益模糊，在商业生态方面，也实现了供应链、物流、大数据、金融、场景体验等的结合发展。零售商将取代电商，在消费者与产品研发之间搭建桥梁，对原有的供应链体系进行改革，并提出全新的物流服务需求。

1.品牌企业需求升级

进入数字经济时代后，零售行业品牌方实现了线上渠道与线下渠道的一体化

运营，并据此提出了新的物流需求。一方面，在全渠道数字化运营实施的过程中，物流企业需提高物流体系的快速响应能力；另一方面，物流干线与门店融为一体的配送方式，促使品牌方更加注重管控整个物流过程。在物流配送的末端环节，品牌方对货物追踪工作日益重视，并致力于提高企业的信誉度，建立良好的品牌形象。

在数字经济时代，大多数企业实现了线上、线下一体化运营，品牌方对物流的反应速度及其运行的灵活性提出了更高的要求，要求物流完成多批次、少批量的配送任务。在市场需求的驱动作用下，不少物流企业采用O2O（线上到线下，Online To Offline，以下简称O2O）模式，实现了干线物流、门店集散配送与终端配送相结合。

2. 干线物流模式升级

过去，渠道压货模式占据干线物流的主体，主要采用直发模式满足消费者需求，有些快消品则通过末端库存补货来确保其正常供应。在数字经济时代，干线物流可以将产品从工厂直接向消费者所在地进行运送，给快速专线物流提供了良好的发展机遇。届时，零担运输将取代整车模式，大包裹将对集约化的小包裹模式进行替代。

在生产环节，部分厂家实践了C2M模式，通过主流干线将商品从厂家直接提供给终端消费者。在面向终端物流需求时，企业更多地采用大包裹、零担干线物流方式，满足消费者的需求。

在新零售时代，公路港可以发挥枢纽的作用，其功能集中体现在物流整合方面。在后续发展的过程中，公路港、空港都应该锁定消费者集散地，并将开发重点从一线城市转移到二、三线城市。随着商业规模的扩大，大多数产业链都不会选择在中转园区进行货品存储，所以存货型园区公路港的作用将非常有限。相比较之下，一线城市的市场也很小。

3. 同城配送服务升级

在数字经济时代，物流配送的末端环节打通了物流和社区商业，这个环节的物流运作将产生以下变革：整合发展与升级转型。前者体现为"最后一公里"物流配送的整合；后者体现为由物流服务延伸出社区商业服务。城市配送市场是快递企业应该重点开发的领域，如若不然，城市配送企业除了与干线物流结合发展之外，很难对其快递业务进行拓展。城市配送企业的业务主要由以下两大部分构成。

①物流集散中心面向企业，具体如商圈门店、社区店、专业店等。

②集散中心面向消费者个人，这类业务与宅配、传统快递存在共性。

在快递和城市物流方面，零售行业驱动的物流变革具有多样化特征。过去，城市物流主要通过快递员进行推广，采用人工分拣的方式。数字经济时代，城市物流通过获取海量的数据资源，可以实施精细化的消费者管理，精确掌握消费者的地理位置信息，极大地节省了分拣环节的时间成本，同时加快了整体运转速度。对于城市物流，物流企业主要采用两种模式：第一种模式是通过将干线物流与终端门店结合，配合O2O模式、快递柜，降低末端配送的成本；第二种模式会强化仓储管理、物流配送的自动化建设，充分发挥网络系统的作用，提高线下推广效果。

（二）借助技术实现智慧物流转型

当前的物流行业引进并应用了大数据、人工智能、云计算等先进技术手段。这些技术在物流行业的深度应用，将促使物流行业向智能化方向转型升级，通过在各个环节进行数字化、智能化建设，促进整体行业智能化水平的提升。

物流包括人、货、车、线路、节点五大物理要素。实体经济与虚拟经济要通过这五大要素走向融合，为此要发挥物流在两者之间的连接作用。除了这五大要素本身的价值外，其背后潜藏的信息流、资金流、经济关系等，以相互关联的网络化形式表现出来。在进行智慧化改造过程中，物流本身与潜藏的数据网络都会发挥不可靠替代的作用。

1. 在"人"方面

在物流行业，货运司机、分拣人员、园区运营者等人在传统模式下只能通过全球定位系统获取相关数据，如今则可通过智能移动终端收集多方面的消费者信息。

2. 在"货"方面

物流行业过去多使用条码技术追踪货物，如今则可通过射频识别技术追踪货物，并对其进行高效的信息管理。

3. 在"车"方面

物流行业过去主要通过全球定位系统对相关数据进行获取，现在则在运载货车上安装了传感器。一些物流企业构建了相应的数据服务平台，可以从传感器硬件设备和远程信息设备中对相关数据进行收集，进而实现数据资源的整合利用，便于物流供应商和消费者随时查询货车的运输状态。

4. 在"线路"方面

物流行业过去主要通过摄像头对数据进行获取，现在则可利用传感器捕获集装箱、卡车、航空载具的实时状态，据此对这些交通工具的运力进行分析。

5. 在"节点"方面

如今的大型物流中心、物流园区主要在内部管理系统进行信息化建设，而一部分小规模企业则另辟蹊径，采用 SaaS 模式，通过对网络软件进行使用，提高管理自身经营活动的线上管理能力，促使系统内部信息共享。

随着网络化、信息化的发展，物流行业也可以跟上数字化时代的步伐，促进相关企业的业务发展，实现资源的优化配置，提高企业运行的规范化程度。

二、物流行业数字化转型的策略

（一）加强大数据技术的应用

1. 建立信息化的智慧物流信息平台

物流信息平台的主要功能是为交易双方提供商品的物流信息。智慧物流领域正处于高速发展的状态，而智慧物流数据平台可以协调物流活动的各个环节，所以它可以充分利用大数据技术的优势把各部分的物流信息进行优化处理，调整物流产业链的内部结构和规模布局，对物流运行的各项业务及配套的服务进行监督管理，处理好消费者、资金、商品三者之间的关系，提高物流行业对资源的利用水平与效率。

智慧物流信息平台就如同仓库一样，拥有存储的功能。相关的物流企业或者业务中涉及物流的企业都可以入驻这个平台，对自己的内部数据信息进行存储，提高运行的效率。智慧物流信息平台还具有信息分类和沟通的作用，能够促进各物流企业间的数据分享，提高数据的利用率。目前，很多云盘都可以建立线上云储蓄库进行数据的储存工作，但是部分项目还不够完善。云盘应该充分吸收大数据技术的优势，完善运行的结构与模式，为更多的企业提供数据服务，实现智慧物流信息平台的价值。

（1）提高大数据搜集和运用能力

对企业大数据的分类研究和综合利用的过程包括大数据分类搜集、资料分析储备、资料分析计算和数据分析三个主要方面，除对所有物流配送的及时性和安全性进行管理外，整个物流配送管理过程中也是完全自动可查和实时可视的，如此安全人性化的系统设计，得益于移动互联网和大数据等先进技术的支持。

（2）优化物流信息平台的安全防护系统

尽管目前大数据的安全和风险防范技术正处于不断发展的过程中，但是它们之间的资源共享和安全问题依旧普遍。物流企业在充分运用互联网和云计算等技术进行运营管理的同时，还需要进一步加强对消费者个人隐私信息的保护。

2. 运用 PDCA 循环技术优化数据

大数据技术可以高效挖掘并清洗智慧物流的数据。PDCA 循环技术能够对数据进行有效的优化，它为物流的质量管理提供了指导思想和方法对策。解析PDCA 技术，其中 P 指的是计划，可以采用网络信息结构、云存储、可视化结构的模式进行数据的挖掘；D 指的是结合设计的方案与具体的规划，进行数据规划，最后达成目标的过程；C 指的是核查数据的任务，看是否存在遗漏或者不清楚的情况，并在检查中发现有价值的信息；A 指的是处理数据的功能，即清除不干净的数据，查缺补漏。物流信息平台在运行时可以多次使用 PDCA 循环技术，提高数据的清洁度，挖掘出更多具有经济效益的数据。

3. 提高智慧物流的分析能力

智慧物流的核心是数据分析技术。广泛应用大数据技术，完善智慧物流体系，对物流的数据进行深度挖掘，可提高智慧物流对数据的分析能力。物流企业可以采用维度数据分析的方式，对物流的运行模式进行判断与预测，提高物流体系运作的智能性与合理性；对数据进行多角度的挖掘，判断物流运行管理的模式，保障其运行的科学性。企业应该结合自身发展情况制订适宜的数据分析模式，提高实际的分析能力，保障对企业下阶段工作的合理预测，精准把握行业内的商机，增加自身的市场竞争力。例如，某化妆品电商应用大数据技术，预测行业内的潮流走向，领先于其他店铺推出更能够抓住年轻消费者心理的产品，在市场中把握了先机，获得了较高的经济收益。

4. 运用大数据分析消费需求

（1）适应大数据与互联网经济创新发展的消费体验需求

在当前的大数据时代下，物流企业在开展物流终端配送工作时需要注重对物流终端配送服务方式进行革命性的创新，运用以消费体验和服务为主的大数据分析技术，将其创新技术视为物流终端配送可持续性发展的主导驱动力，更好地顺应互联网时代下产业融合发展的市场经济环境。企业利用大数据分析消费者需求，能从多个方面更好地满足广大消费者的体验性需求，从而在实践中获取互联网＋大数据在经济创新发展过程中的价值和创造性性能力。

（2）结合O2O模式促使物流终端配送服务品质提高

不管在线上或线下，商家都可利用O2O模式对消费者的消费体验和购买需求进行大数据分析，把握消费者对于物流终端配送服务的不同需求，针对每位消费者不同种类的物流终端配送需求，商家可从空间、时机等多个方面为广大消费者量身定制特色物流终端配送服务，使广大消费者能够在家中享受水平较高的物流终端配送服务。

（3）适应和满足"互联网＋大数据"时代下消费者的物流体验要求

消费者对于各种物流终端配送的交易及时查询、配送在途情况了解等都非常迫切。对消费者在互联网中的信息技术经历和体验要求的分析，提升了我国物流企业在进行末端配送管理工作中所处的技术环境质量和管理智能化程度，从而实现了我国物流企业的末端配送管理智能化。

5. 通过大数据分析实现仓储智能化

（1）利用大数据分析商品

确保商品适当存放，对于提升仓容利用率，以及在储存和搬运之后的货物分拣工作效果来说都非常重要。对于一些运输商品数量大、出货次序多及频率快的物流交通枢纽来讲，商品储位意味着它们的工作效率和经济效益；它们可以通过利用互联网和大数据物流平台对海量的货品信息进行数据挖掘，如物品大小、物品重量、物品数量、物品种类、取放规律等。

（2）利用大数据分析仓储选址

仓储的合理位置可以提高搬运效率和仓储利用率。在有若干商品供给点及若干商品需求点的经济发展区域内，正确选址很有必要，如若选址不当，会造成不小的损失。但是这个数据量较大，难以完全分析到位。如今，企业可以使用大数据进行数据分析，第一步，进行数据采集，输入相应的区域，找到设立仓库需要的几个维度的数据。第二步，进行数据结果分析，分析人口密集程度、交通情况、房价、地皮价格、交通情况等数据。第三步，根据企业自身的条件，对各个因素设置一个分值范围，然后根据这些标准进行打分，再把每个因素的得分与各自的权重相乘，从而计算出每个备选方案的得分，进而选出最优方案。这种方式的优点是减少了人为情感的影响，经过大数据分析，精确定位企业仓储位置，从而实现仓储选址智能化。

（二）构建新物流体系

在数字经济环境下，交易互联网将对传统线下零售与分销网络进行超越，跳出传统的电商交易体系，如 B2C 平台、B2B 平台、微商、社交电商等。新物流会通过重构模式、渠道、利益机制，借助互联网、移动互联网等技术，与大数据、云计算、分布式终端实现融合，将各个交易环节连接在一起，构建一个一体化的交易网络。在这个网络中，商品、组织、企业、零售、服务等网络将与现实无缝衔接，以消费者需求与期望为中心创新运营方法，重构零售供应链，降低交易成本，提升响应速度。

近年来，在各大电商巨头的努力下，如阿里巴巴在线下渠道的布局，京东在农村电商、金融等领域的探索等，交易互联网逐渐成形，为传统产业与互联网、移动互联网的结合提供了有效路径。

进入数字经济时代，万物开始互联。随着各种新技术（虚拟现实、人工智能、深度学习、4G、5G、智能仓储等）进入零售行业市场，物联网逐渐实现了深度应用。将来，零售产业链将实现深度重构，在物联网的作用下，产品生产制造、数据挖掘、在线交易、仓储运输、零售终端等环节将实现相互连接，进而催生下一波商业机会。

随着零售行业的全面推进、不断深化，智能物联网吸引了各大商业巨头的关注，这些巨头遍布美国硅谷、中国的中关村等地区。从这方面来看，未来物流不再是单纯的物流，将出现能够实现自动连接、自我管理、智能互动的人机智慧连接器，彻底颠覆现有的商业模式。

商业领域的竞争十分复杂，不仅有供应链的竞争，而且也有生态系统的竞争，但人才的竞争归根到底是最主要的。在数字经济环境下，复合型人才或高级专业技术人才将备受企业关注，成为企业争夺的对象。在新物流体系中，物流企业需要既了解传统物流的规律，又具备互联网思维、新兴技能、商业变革领导力的人才。

物流企业要想在数字经济环境下实现数字化转型，必须创建一支可以满足企业变革、升级需求的人才队伍。现如今，阿里巴巴、百度、腾讯等互联网商业巨头正在利用各种方式对自己的人才网络进行布局，如寻找合伙人、战略结盟、招聘、投资并购等。人才网络未来将成为企业核心竞争力的象征。

普通的物流行业从业者与创业者无须与互联网商业巨头较量，只需因地制宜、积极布局，创建自己的人才队伍、打造自己的人才体系即可。

（三）提升仓储响应的速度

1. 全网入仓

数字经济时代，企业品牌塑造模式不断升级、变革，在品牌塑造方面，消费者发挥了极大的作用。同时，在线上渠道、线下渠道加速前进的过程中，全渠道、碎片化、分布式、拉动式需求模式在很大程度上影响了品牌传统的分销渠道、供应链管理。

在这种情况下，货物调拨与管控都将面临极大的挑战。近年来，线上零售商也好，线下零售商也罢，都开始布局仓储。这一方面给品牌商带来了好处，另一方面也给品牌商带来了诸多问题。例如，通过仓储合理布局，品牌商能够减少仓储投资，缩短货运距离，加快响应速度，但品牌商必须重新对自己的物流分销体系进行构建。在数字经济环境下，电商仓储、线下零售仓储这两种运营方法是截然不同的，在采购、下单、交仓、逆向物流等环节，零售商会有不同的表现。在这种情况下，品牌商必须对自己的全网入仓能力进行全面提升。

2. 分布式仓储

近年来，随着电商的迅猛发展，物流领域，特别是物流仓储也获得了迅猛发展。在一、二线城市，城市标准仓一度遭到哄抢，在某些一线城市，普通仓储甚至出现了一仓难求的状况。

在数字经济环境下，仓储在需求模式的影响下将成为零售产业的核心资源。受新物流社会化模式的影响，物流企业无法利用传统的租用或自建自用的方式构建物流体系，需要变传统模式为综合管控模式。因此，零售产业的仓储形式发生了很大改变，逐渐从原来的核心仓、零售仓向微仓、社区仓、店仓等多种形式进行转变，逐渐形成了以零售产业链为核心的多级分仓体系。

在这种情况下，将有更多零售平台和品牌商借合作、外包、联营、加盟等方式提升自己的核心竞争力，发展分布式仓储体系，为供应链重新构建提供有效支持。从这方面来看，由于仓储资源本身就是一种公共资源，自建仓的数量将越来越少，众包共享共建仓将成为仓储的一种全新发展趋势。

3. 仓到仓运输

受电商的驱动，物流网络实现了转型升级。随着交通基础设施的不断完善，物流市场的转型升级速度日益加快。近年来，专线物流市场备受关注。在中国公路物流市场中，专线物流市场的占比达到了70%，专业、高效、单线集约化是其主要优势。现如今，专线物流已成为连接仓与仓的主要线路。

此外，随着农村电商的迅猛发展，支线物流业受到了很多人的关注。因此，在数字经济环境下，不仅分布式仓储呈现出迅猛发展之势，仓与仓之间的干支线网络也将全面升级。未来，干支线物流调拨网络将实现深度整合。近年来，阿里巴巴、京东、苏宁等企业借助自建、战略投资、外包整合等方式，加快了在该领域的布局速度。同样，物流企业也通过设备、管理模式、技术体系的升级有效拓展了仓与仓之间的运输网络。未来，运输网络有可能成为加快物流体系响应速度的一大关键要素。

（四）打通"商流＋物流"大动脉

近年来，高速发展的物联网、智能传感、数字存储等新兴技术，促使物流企业进行了改革，推动了传统物流向现代物流的转型，有效提高了物流企业的信息化、智能化水平，让越来越多的物流企业意识到，在大数据时代下，只有实现智慧物流，才能可持续发展。

在信息时代，很多物流企业的组织结构呈现出新的特点。传统模式下，多数物流企业采用内部一体化的管理模式，信息时代的物流企业则更倾向于过程一体化管理。与此同时，企业开始采用水平管理组织代替之前的垂直管理组织，这种转变让物流企业更加重视运营过程。

在此期间，企业可通过大数据的应用提高自身物流运营的智能化水平，更好地把握物流运营过程中产生的信息，减少在不同环节中出现的信息误差，通过应用先进的技术手段、完善物流运作过程来加速整个企业的运转。总体而言，对物流企业来说，过程的重要性逐渐取代功能的重要性，横向一体化组织模式逐渐取代之前的纵向组织模式。

在现代物流管理中，"商流"与"物流"的管控是企业不可忽视的一环。具体而言，"商流"和"物流"的管控是指物流企业根据品类的不同对物流商品进行专业化的处理，通过加强供应链与物流网络中各个环节之间的合作来满足消费者需求，并通过这种方式拓宽自身的利润空间。商物品类管理、物流网络管理、流量流向管理共同构成了智慧物流商物管控体系，通过这一系列的管控操作，物流企业能够使物流供给与市场需求对接顺利。

在运营过程中，物流企业要实施商流物流管理模式，即对物流运行中相关的商物进行品类划分，运用大数据与智能处理技术，获取待存货品、货品进出、货品来源地及将要运往的市场等相关信息；对物流网络包含的主要商物运输节点、流通渠道实施监管，灵活采用多种分析方法，对物流运营中的货品运输规模、运输目的地进行分析与把握,根据商品所在的消费地区建立相应的生产及消费结构,促进社会资源的优化利用,减少资源浪费。

在大数据时代下,企业可借助大数据强化对商物流通的管控力度,实现对流通过程中各个环节的高效监管,将流通全局管控、消费者细分管理、市场发展趋势分析结合起来,共同促进物流企业的发展。

1. 流通全局管控

在大数据时代下,企业能够利用智慧物流了解各类商品在各个区域的生产与销售情况,对商品品类结构、流通结构等进行把控。如此一来,企业在开展物流运营的过程中,就能对商品的流通结构、市场所占比例等进行准确的分析,据此了解市场需求,针对性地开展运营活动。

2. 消费者细分

智慧物流依托大数据技术,能够让企业实时了解各个地区的产品生产与销售情况,有助于企业按照消费者的需求、习惯、偏好、价值选择等对其进行群体划分,将拥有共性特征的消费者划分到同一个群体中,并以群体为单位开展运营,实施精细化营销策略,满足消费者的不同需求。

3. 市场发展趋势分析

企业运用大数据、云计算、物联网等技术手段,通过建立统计模型,获取商品流通过程中产生的相关数据,据此掌握各个区域的市场情况,进而对当地的市场发展动向进行推测,提前制订应对方案,促进社会资源的优化配置。

(五)打通"最后一公里"物流配送

近年来,同城物流在国内物流市场上备受关注,成为物流领域创业者争相追逐的对象。造成该现象的原因主要有以下两种:第一,同城物流与消费者的距离最近,满足了消费者即时需求、计划需求等多种需求;第二,同城物流为"最后一公里"配送问题提供了解决方案,对区域短板、区域配送等多种业务场景进行了优化。

现阶段,我国同城物流配送的市场格局已定,但同城物流市场还在继续发展。据观察,国内的同城物流市场还存在很多可能性,特别是线上线下协同。随着消费者体验服务、消费场景、管理模式的持续升级,同城物流体系很有可能再次迭代升级。

在数字经济环境下,只专注于某个环节或某个细分市场的同城物流体系将面临极大的挑战。未来，面对大零售、泛零售、消费者需求层出不穷的情况，同城物流需要整合同城服务模式，构建全新同城物流网络体系，这种同城物流网络体系不仅具有传统的仓到店、店到家、店到点的运输功能，还具有跨区域、跨品类、跨城市、跨场景的综合服务能力。

从行业巨头的布局来看，已经初步完成物流"最后一公里"的布局，其他距离的配送布局还没有迎来合适的发展时机，存在很多竞争者。因此，该领域的网络建设将聚焦物流场景、零售场景的管理与整合，以及全渠道、全范围的物流服务网络与个性化响应网络体系的构建。

进入数字经济时代，商品监督权、使用权、所有权、决定权不断在零售产业链上移动，变化速度非常快。在万物互联、交易互联的环境下，由于货物缺损、换货、消费者拒收等原因导致的物流效率低、成本高、响应速度慢等问题都尚未得到有效解决。

尽管驿站、自建物流在逆向物流体系建设方面取得了一些成绩，并大力推进逆向物流体系建设，但逆向物流服务的场景需求日益增多，现有的逆向物流体系根本不能满足这些要求。究其原因，除了逆向物流需求具有复杂性、不确定性之外，还因为逆向物流需要在数据管控、线路优化、包装设计等方面开展一体化管理，不断进行转型升级。

在这种情况下，专业的物流企业迎来了一个很好的发展机会，其主要工作就是在这些行业巨头完成布局之前，找到逆向物流潜在的规模化价值，将其延伸服务纳入自己的产品服务体系，打造一个"人无我有，人有我优"的产品组合，以成功完成布局。

第四节　交通行业的数字化转型赋能

随着网络技术的发展，数字交通技术在全球范围内得到了广泛应用。数字交通技术利用先进的信息技术、通信技术和控制技术，实现了对交通系统的智能化管理和优化。

一、交通行业数字化转型的案例

（一）车辆动态管理

车辆动态管理系统主要由管理中心、无线网关及车载终端三部分组网构成。

车载终端由无线星型网终端构成，无线网关由无线星型网关构成，管理中心由电脑服务器、通信接口设备等构成。管理中心电脑与无线网关电脑通过局域网或其他网络相互连接。交通行业通过先进技术集成、应用的方式，使得人、车、路之间的相互作用关系得以用新的方式呈现。通过信息技术、通信技术、控制技术、传感技术、计算器技术和系统综合技术的有效结合，车辆动态管理系统实现了实时、准确、高效、安全和节能的目标。

车辆动态管理系统的应用，可以显著提高道路使用效率，使交通堵塞减少约60%，短途运输效率提高近70%，现有道路网的通行能力提高2～3倍。车辆在数字交通体系内行驶，停车次数可以减少30%左右，行车时间减少13%～45%，使用效率能够提高50%及以上。

1. 基于物联网的交通服务平台

为了提升交通运输系统的运行效率，提高政府交通运输有关部门的管理水平和服务能力，为社会公众提供便捷、高效、畅达、安全、环保的交通运输服务和信息服务，借助物联网技术，交通行业开发了基于物联网的数字交通服务平台，该平台整体架构包括信息获取、信息传输、信息存储、信息处理和信息应用，共五层。其中，信息获取层主要研发智能车辆的检测终端，通过磁场、超声等传感器检测车辆的占位、速度等信息；信息传输层主要研发能实现智能车辆检测终端互联的物联网，实现检测信息的低成本传输；信息存储层主要研发用于海量车辆检测信息存储的实时数据库和面向数据高效存取的中间件；信息处理层主要研发用于交通信号灯控制、行车路径规划与预测控制引擎的智能信息处理系统；信息应用层主要研发交通管理、交通信息发布、行车导航等数字交通服务。

2. 高清汽车牌照自动识别与车辆定位系统与其他交通管理系统

为了实现车辆定位与跟踪、违章自动分析、道路交通状况自动分析与智能引导，以减少车辆拥堵，借助物联网技术，交通行业开发了高清汽车牌照自动识别与车辆定位系统。该系统以高清 CCD（电荷耦合器件，Charge Coupled Device，简称 CCD）为成像单元，以 DSP（数字信号处理技术，Digital Signal Processing，简称 DSP）芯片组为中央处理器单元，采用 Linux（一种操作系统内核）操作系统，研制并产业化地开发将摄像机、微处理器、存储器、智能视觉嵌入式软件等集于一体的高集成度和清晰度的物联网智能视觉传感器，传感器内置识别率高且性能优异的嵌入式汽车牌照自动识别系统软件，通过对汽车牌照的自动识别，实现车辆定位及跟踪、违章自动分析、道路交通状况自动分析及智能引导。

现场录制大量汽车通过指定区域的视频图像（一年四季、24 小时不间断地录制各种型号、各种牌照、各种速度的汽车前部图像），对已有汽车牌照自动识别算法进行改进与提高，通过全面利用彩色信息改善车牌搜索、分割、识别算法，增加大量的新算法（小波变换），提高牌照搜索、分割、识别的准确率，改进程序软件，加入软件死机自动侦测，增加系统适用性，使系统能在风、霜、雪、雨、雾等现实环境影响下对汽车前部视频成像后的图像进行有利于搜索、分割、识别的图像预处理，能在复杂背景下从环境、路面、汽车的图像中快速、准确地分割出汽车牌照，能在干扰严重的图像环境中进行牌照字符的精确分割，能在特征失真的图像中准确识别数字、英文、汉字。

交通行业新研发的标清闯红灯抓拍系统利用了先进的光电技术，能够实时采集路口的图像，并通过视频识别的方式检测车辆的闯红灯行为。这一系统可以有效地监控路口，提高交通安全。交通行业还开发了高清检测的卡口抓拍系统，该系统利用摄像机采集的图像分析车辆的运动轨迹和位置，构建了无需外部触发源的卡口系统。这样的系统能够更准确地捕捉车辆违章行为，提高交通管理效果。此外，交通行业利用视频和雷达技术，还开发了移动设备抓拍卡口和超速车辆的功能。这样就可以更灵活地监控道路，有效监控车辆违法行为。

3. 交通综合信息平台

以上海市交通综合信息平台为例。该平台通过自建的万兆双环自愈以太环网，实现了市政局、市交警总队、市交通局等部门，以及上海市浦东新区等区县，在同一数据接口、通信规范下的互联互通。该平台建成后，在全国首次实现了全市道路交通、公共交通和对外交通领域的车流及客流信息在同一平台的实时汇聚、在线共享。为了应对 2010 年上海世界博览会的超大客流，上海市对交通综合信息平台进行了升级，进一步扩大了数据覆盖范围、数据内容和应用深度，并将应用延伸至世博交通指挥部、世博安保部及世博运行部等核心机构。世博会期间，上海市交通综合信息平台成为各指挥系统网络路由的核心、数据交换的根据和协调指挥的依据，发挥了不可替代的作用。

交通综合信息平台的设立提高了城市道路系统的管理效率。路政、公安等管理部门做到了交通事故快速处理；多部门联合研究的路边交通信息可变标志布设规范和规划，实现了越江交通设施、市区道路和郊区道路交通信息的联动发布；高架道路入口控制和高架路况信息的协同，地面道路交叉口信号灯周期与交通流量的自适应，为及时调整、制定城市交通政策提供了数据和技术支撑。

当前交通综合信息平台的社会化应用水平尚且不足，交通行业下一步将以推进交通信息的社会化开发利用为主要目的，加快数字交通与车联网、移动互联网等产业链交叉融合的应用进程。

4. 车联网应用示范项目

为了构建智能化交通管理、智能动态信息服务和车辆智能化控制的一体化网络，交通行业应用物联网技术，研发了车联网应用示范项目。

以某企业依托一汽集团构建的车载信息服务平台 Drive Partner（开车伙伴）为例，该平台通过开发和集成业务支撑管理系统，为运营体系提供业务支持，目前已建立了主中心、分中心和子中心框架，为全国消费者提供服务。主中心承担管理职能，分中心承担运营职能，子中心承担支撑职能。

在汽车导航、定位跟踪、物流管理、安全防盗等方面，车联网服务平台的发展前景十分广阔。随着智能技术的快速发展和车辆互联技术的普及，车联网服务平台的应用在汽车行业中变得越来越重要。依托一汽集团研发的车载信息服务平台，其规模较大、实力较强，并在国内有较强的应用示范效应。这意味着该平台具备了较高的技术水平和市场认可度，能够为消费者提供高质量、可靠的车联网服务。

（二）船联网

船联网是指基于航运管理精细化、行业服务全面化、出行体验人性化的目的，以企业、船民、船舶、货物为对象，覆盖航道、船闸、桥梁、港口和码头，融合物联网核心技术，以数据为中心，实现人船互联、船货互联及船岸互联的智能航运信息综合服务网络。利用船联网技术，交通行业可以落实航道感知与监控、安全控制、环境监测与紧急救助等多种功能。船联网的主要应用示范成果如下。

1. 基于射频识别技术的渔船物联网系统

该项目依托海南省海洋与渔业厅建设的渔船"身份证"（防拆卸射频识别技术电子标签），在 60 多个渔港安装远距离感应设备，实现在港、离港渔船数据的及时掌握，在台风天气及南海休渔季节可对渔船进行精确管理及灾难救助服务，实现渔船数据多维度统计分析，提升了渔船的行政管理水平。该项目运用电子标签独立寻址设备实现渔船数据的即时获取，辅助海监执法和防止船舶信息伪造，实现作业船只与港口的电子监管、捕捞作业安全保障体系建设。

该系统包括渔船数据清理整合系统、渔船电子标签管理系统、造船船网工具指标管理系统、渔船检验管理系统、渔船登记管理系统、渔船捕捞许可管理系统、燃油价格补贴管理系统、渔港管理系统等。

当前，该项目已完成渔船三证管理、实船数据清理、全省渔港感应设备安装及渔港管理系统研发，系统已投入试运行。

2. 港域航道信息监测及发布系统

为了使港口管理部门实时掌握有关海域环境的各种动态数据，指导海域交通，应对海上溢油、海难等突发事件，为人们提供现代化的导助航信息服务，交通行业借助物联网技术开发了港域航道信息监测及发布系统。

该系统融合船舶自动识别系统（感知船舶）、遥测遥控系统（感知航标）、水文气象系统（感知港域环境），以及网络、通信、卫星定位、电子海图处理等技术，针对航海保障、航政管理、航海者和海洋经济参与者的需求，建立基于物联网且主要服务于海上交通的港域航道信息监测及发布系统，该系统平台具有高安全性、高效率、高精确度的特点。该系统不仅有基于地图引擎的在线实时船舶自动识别系统、航标、锚地、航道、泊位、地名、水深点、航路全景等多种要素的定位显示与查询等服务，还有海事公告、法律法规、水文气象、航标信息、航行及靠离泊方法、船舶自动识别系统数据分析等服务，可以有效保障航海者及船舶的安全。

该系统由基于多源信息的航道基础数据库、能见度数据智能分析系统、风力数据智能分析系统、流数据智能分析系统、港口航道气象信息预测系统五个子系统组成。

二、交通行业数字化转型的策略

（一）构建数字化的交通采集体系

1. 推动交通基础设施全要素、全周期数字化

推动交通基础设施规划、设计、建造、养护、运行管理等全要素、全周期数字化，构建覆盖全国的高精度交通地理信息平台，完善交通工程等要素信息，实现对物理设施的三维数字化呈现，支持全天候复杂交通场景下自动驾驶、大件运输等专业导航应用运行。针对重大交通基础设施工程，实现基础设施全生命周期健康性能监测，应用基于物联网的工程质量控制技术。

2. 布局重要节点的全方位交通感知网络

推动铁路、公路、水路领域的重点路段、航段，以及隧道、桥梁、互通枢纽、

船闸等重要节点的交通感知网络覆盖。推动交通感知网络与交通基础设施同步规划建设，强化高速公路的路侧智能终端应用，建立云端互联的感知网络，让基础设施具备多维监测、智能网联、精准管控、协同服务能力。注重众包、手机信令等社会数据融合应用，构建载运工具、基础设施、通行环境互联的交通控制网基础云平台；深化北斗导航在自由流收费、自动驾驶、车路协同、海上搜救、港口自动化作业和集疏运调度等领域的应用。

3. 推动载运工具、作业装备智能化

鼓励交通行业主体应用具备多维感知、高精度定位、智能网联功能的终端设备，提升载运工具远程监测、故障诊断、风险预警、优化控制等能力，推动自动驾驶与车路协同技术研发，建设专用测试场地；鼓励物流园区、港口、铁路和机场货运站广泛应用物联网、自动驾驶等技术，推广自动化立体仓库、引导运输车、智能输送分拣和装卸设备的规模应用，推动自动驾驶船舶、自动化码头和堆场发展，加强港航物流与上下游企业的信息共享和业务协同。在数字化采集体系建设的同时，要构建网络化的传输体系，推动交通运输基础设施与信息基础设施一体化建设，促进交通专网与天网、公网深度融合，推进车联网、5G、卫星通信信息网络等的部署应用，完善全国高速公路通信信息网络，形成多网融合的交通信息通信网络。

（二）构建智能化的交通应用体系

1. 打造数字化出行助手系统

促进交通、旅游等各类信息充分开放共享，融合发展；鼓励平台型企业深化多源数据融合，整合线上和线下资源，鼓励各类交通运输客票系统充分开放接入，打造数字化出行助手系统，为旅客提供"门到门"的全程出行定制服务。倡导出行即服务理念，以数据衔接旅客出行需求与目的地服务资源，使出行服务成为一种按需获取的服务，让出行更简单。打造旅客出行与购物消费、休闲娱乐相互渗透的智能移动空间，为旅客带来全新出行体验。推动"互联网＋"便捷交通发展，鼓励定制公交、智能停车、智能公交、汽车维修、网络预约出租车、互联网租赁自行车、小微型客车分时租赁等城市出行服务新业态发展。

2. 推动物流全程数字化

大力发展"互联网＋"高效物流新模式、新业态，加快实现物流活动全过程的数字化，推进铁路、公路、水路等货运路线电子化，提供全程可监测、可追溯

的"一站式"物流服务。鼓励各类企业发展物流信息平台，推进城市物流配送全链条信息共享，完善农村物流末端信息网络。依托各类信息平台，使各部门物流相关管理信息共享互通，构建综合交通运输物流数据资源开放共享机制。

3. 推动行业治理现代化

完善国家综合交通运输信息平台，提高决策支持、安全应急、指挥调度、监管执法、政务服务、节能环保等领域的大数据运用水平，实现精确分析、精准管控、精细管理和精心服务。完善资源目录与信息资源管理体系，实现行业信息资源的汇聚融合，提升信息资源共享交换和开放服务能力，建立以大数据为支撑的决策与规划体系，推动部门间、政企间数据的融合，提升交通运输决策分析水平。采用数据化、全景式展现方式，提升综合交通运输运行监测预警、舆情监测、安全风险分析研判、调度指挥、节能环保在线监测等能力；进一步推进交通运输领域"互联网＋政务服务"，实现政务服务统一事项、统一标准、统一编码。延长网上办事链条，推动政务服务向"两微一端"延伸拓展。加快完善运政、路政、海事等政务信息系统，推进交通运输综合执法等系统的建设，提高执法装备智能化水平。

第五节　金融行业的数字化转型赋能

金融行业是一个容易受到技术影响的行业，每一次技术的进步都会对金融业产生深远的影响。在数字经济时代，数字技术的变化将给金融业带来巨大的改变。数字科技在金融行业中的应用将大大降低金融交易的成本，为人们创新交易方式和种类提供机会。例如，通过互联网和移动应用软件，人们可以方便地进行在线支付、移动银行使用等操作，这大大提高了金融交易的效率和便利性。数字化技术还使得金融行业更加智能化和普惠化。通过大数据分析和人工智能技术，金融机构可以更好地了解客户需求和风险承受能力，为其提供个性化的金融服务。同时，数字技术也使金融服务更加普惠，让更多人能够享受金融服务。

一、金融行业数字化转型的历程

在数字技术的作用下，中国金融行业可谓是跑步进入数字经济时代的。数字经济时代背景下，数字金融泛指传统金融机构与互联网企业利用数字技术开展支付、财富管理、保险等工作的新型金融业务模式，在中国主要有两种表现形态：

一种形态是强调数字金融的科技属性，与金融科技的概念比较接近，指利用移动互联网、大数据分析、人工智能、云计算等数字技术来帮助金融机构解决传统金融业务模式中的问题，这也是发达国家数字金融的主要表现形态；另一种形态强调其金融属性，与互联网金融的概念更为接近，即互联网科技企业利用数字技术为消费者提供以移动互联为主要特征的替代性金融服务，弥补传统金融服务的短板。

我国金融行业数字化转型经历了两个发展阶段。

第一个阶段是从 20 世纪 90 年代开始的传统金融机构的网络化阶段，中国的商业银行从此时开始将互联网技术应用到金融服务中。主要体现在大力推行后台服务实现信息化，如通过自动取款机、网上银行、手机银行等多种终端开始为消费者提供金融服务。当时人们就发现，数字技术不仅可以帮助金融机构提高工作效率、降低服务成本，而且能够突破其物理服务网点和营业时间的限制，从而加快资金融通的速度，给消费者带来更好的体验。但这一阶段的数字金融主要集中在简单的业务咨询、存取款、支付等基本的金融服务上，消费者和金融机构的连接相对薄弱，所以消费者信息和金融交易数据的价值没有得到充分体现，仅仅反应在账户安全保障和金融产品销售方面。

第二阶段是指互联网金融时代。结合数字技术的优势，金融科技企业，如蚂蚁金服、腾讯金融等利用自身优势，为消费者提供了互联网移动支付、网络借贷、互联网财富管理、互联网保险、网络众筹等金融服务。自 2013 年起，金融行业抓住了智能手机快速普及的历史机遇，积极推进技术和产品的不断创新升级，使业务规模持续增长。在支付领域，中国第三方移动支付交易速度快、规模效应高的成本优势不断凸显；在网络借贷领域，数字技术简化了贷款流程，降低了借贷风险。

这一阶段互联网金融的发展弥补了消费者与金融机构连接相对薄弱的劣势，金融服务与人们的衣食住行等生活场景紧密结合，从而使人们更加主动地接受各种金融类产品和服务。在互联网金融发展过程中，我国逐渐产生了许多致力于研究人工智能、云计算、区块链等前沿技术的企业，这对于数字技术和传统金融的结合也有显著的帮助，创新出了许多金融服务类产品。可见，金融的数字化转型逐渐显示出了强大的发展优势，对于驱动全球金融科技进步和市场发展具有重要意义。

互联网金融的迅猛发展给传统金融机构带来了巨大的竞争和转型压力。面对互联网金融的冲击，传统金融机构需要加快数字化转型，与金融科技企业合作，共同打造数字化的综合型金融服务平台。数字化金融服务的核心在于利用新技术和数据驱动金融创新，提高金融服务工作效率。通过与金融科技企业合作，传统金融机构可以获得新技术和新数据支持，从而尽快推出具有差异化竞争优势的金融产品和服务。在组织层面上，传统金融机构需要进行组织架构调整和人才培养，以适应数字化转型的需求。数字化金融服务升级需要技术人才和数据分析师的支持，相关企业在人才引进和培养方面需要加强投入。在金融产品层面上，传统金融机构可以结合金融科技企业的技术和创新能力，推出更加智能化和个性化的金融产品。例如，结合人工智能和大数据分析技术，推出智能投资咨询、个性化财务规划等服务。通过数字化转型，传统金融机构可以打破地域限制，为消费者提供更广泛的金融服务。数字化金融服务能够满足社会各个阶层人民的金融需求，促进社会的普惠金融发展。同时，数字化金融服务也能够与人们日常生活和生产紧密结合，为其提供更便捷的金融问题解决方案，促进消费者生活品质的提升和企业可持续发展。

由于目前商业银行在中国金融体系中仍然占据主导地位，是促进金融行业实体经济发展的关键，并具有服务集团的经验和流动性风险管理能力较强的优势。所以，以商业银行为代表的传统金融机构全面拥抱数字金融，就意味着中国的金融行业开始进入数字金融时代。

从金融一步一步进行数字化转型的过程中可以看出，金融科技并不是突然产生的新事物，而是随着数字金融的发展而不断创新的。也就是说，技术创新与金融创新始终紧密地相连。数字金融时代，传统的支付业、财务管理业、保险业、消费金融业、证券交易等传统的金融服务行业发生了重大转变，国家积极投入大量资金将数字技术应用到传统金融服务行业中，不断促进金融的数字化转型，以期实现金融与科技的深度融合，从而带动金融企业与科技企业的进一步融合。

在银行理财领域，传统银行理财业务除了选择和具备流量优势的互联网金融公司合作，还进行了自身技术的创新和强化。

近几年，伴随着智能化应用的逐渐发展和信息化建设投资力度的扩大，中国保险企业也开始加大保险科技投入，其中，头部保险企业和互联网保险公司的布局更加迅捷，并且还积极出资设立了保险科技子公司。新技术对于传统保险行业来说，有效扩展了场景数据边界，更丰富了保险数据化场景，全面实现全域数据化，促进了保险行业的数字化转型。

在消费金融领域，金融科技的有效使用主要体现在使平台更好地利用其业务中产生的数据，定制和优化其产品模型和风控模型，从而降低坏账风险、满足用户需求上。

随着数字技术的不断革新，智能客服、智能管理等技术将逐渐替代传统金融业务中的流程化、重复性的人力工作。从当前商业银行的日常工作中可知，智能客服的使用率逐渐增加，不仅可以为消费者提供全天候的服务，而且极大地降低了工作错误率。另外，提升人工替代率，用技术替代人力，大大降低了商业银行人工服务成本的投入，全面实现了银行业的数字化转型。

进一步来说，金融的本质就是服务实体经济，是与人们的日常生活和生产紧密结合在一起的。真正将金融与生活生产融为一体后，对普通消费者而言，金融不再是冷冰冰的金融产品，而是支付宝、余额宝、花呗、芝麻信用等手机端软件，它们为实体经济的发展带来了新的商业模式；对企业来说，尤其是中小型企业，数字金融增加了其融资的渠道，这些企业可以通过大数据技术获得消费者的数据信息，并以此甄别他们的信用状况和经营状况，不需要资产抵押就可以为他们提供相应的金融服务，有效解决长尾人群融资难的问题。可见，数字金融降低了实体经济获得金融服务的成本，低门槛、低成本的金融服务成为万众创新、大众创业的保障。

近年来，中国数字金融走在世界前列，其发展大大降低了金融行业的发展风险，无论是传统银行的数字转型，还是新型互联网企业发展起来的数字金融系统，都为小微企业、创新型企业、供应链企业提供了之前难以提供的服务，都能更好地服务于实体经济，为实体经济的发展、复苏和转型提供强大的助力。

二、金融回归实体经济：产业数字金融

产业数字金融是数字经济时代的产物，它充分利用了智慧科技成果，为现代金融服务产业需求端提供了全新的发展方向。产业数字金融作为产业与金融的完美结合，能有效降低产业链上各类民营企业、中小型企业融资成本，真正助力实体企业降本增效，提升企业生产活力，实现金融回归实体经济。

（一）产业数字金融的实施步骤

为有效贯彻产业数字金融理念，促使其价值全面实现，清华大学产业互联网研究院与上海聚均科技有限公司（简称"聚均科技"）基于实践，总结出了一套可复制、可推广的标准化实施步骤，共分六步，分别是产业链深度调研、数字化方案设计、场景数据采集实施、数据整合、指标监控和预警服务输出、专属运营支持。

1. 第一步：产业链深度调研

深度调研产业链上中下游，真实还原产业链中生产、经营、贸易等环节，了解产业链的具体特点，根据其特性、潜在风险特点、风控特点和金融服务需求形成产业金融数字化转型方案和系统升级方案。

2. 第二步：数字化方案设计

具体而言，根据委托机构风险偏好，结合产业链业务特点，梳理风险维度，设计风险指标体系；针对产业链风险点提供风险应对策略；根据委托机构风险偏好，结合产业链业务特点设计专属数字化方案。

3. 第三步：场景数据采集实施

首先，根据业务方案拟定数据采集范围；其次，通过物联网设备对生产和仓库实施监控，对物流轨迹进行跟踪，同时对接企业资源计划等信息管理系统，对接多种方式开展"四流"（物流、商流、资金流、信息流）数据的采集。

4. 第四步：数据整合

首先，通过监控模型的设立和 AI 训练去除无效数据，形成一套委托机构认可的定制化数据体系；其次，根据数字化方案设计的规则对采集数据进行交叉对比，实现贸易背景验真、底层资产穿透。

5. 第五步：指标监控和预警服务输出

搭建数字风控体系，定制数字风控模型，进行实时风险预警，对预警信息进行解读并推送给委托机构，并推送周期报告。同时，为委托机构定制"数字门户"，并在"数字门户"上呈现可视化的日常指标监控和预警服务。

6. 第六步：专属运营支持

服务合作期间，为委托机构提供一对一专属运营团队，确保资金流闭环管理，确保预警服务的准确和及时。此外，收集委托机构反馈的信息，根据其委托需求的变化动态优化调整服务。

（二）发展产业数字金融的价值

产业数字金融是互联网时代金融服务的创新理念，发展产业数字金融从不同角度来看有不同的价值。

1. 从产业链现代化的角度看

第一，产业数字金融为解决中小微企业融资难题提供了新的机遇和解决方案。产业数字金融把产业链上的企业的经营情况数字化、透明化并保障经营过程的可信性，各类企业可以更容易地获得平等的金融服务，同时金融机构也能够更有效地评估企业并给企业提供服务。这种变革不仅为各类企业提供了针对性的金融支持，还为中小微企业提供了更多发展的机会，进而促进了整个产业链的健康发展。而且，产业数字金融将有望成为一种持续有效的金融行业发展手段，从根本上提高产业链上中小微企业的经营活力，助力经济稳定增长。

第二，产业数字金融能为实体经济带来显著的降本增效。数字经济时代的规模效应使得规则上哪怕只有 1% 的改变也会给系统带来巨大的变化。我国实体企业应收账款、应付账款和存量固定资产总额超 100 万亿元，如果通过在全社会大力发展产业数字金融，每降低企业这几部分资产 1% 的融资利率，就能为实体企业释放总量超过 1 万亿元的融资成本。这在社会融资成本较高的民营中小微企业中，效果更加显著。通过改变融资模式，产业数字金融可以为实体经济带来数万亿元规模的成本减负。

第三，产业数字金融还能助力加速各实体产业的数字化转型，提高其转型的积极性。产业数字金融和产业互联网是驱动实体企业数字化转型的两个"轮子"，要结合起来一起落地。企业数字化转型在软硬件上都可能有巨大的成本投入，这对本已处在较大经营压力下的民营中小微企业而言往往是难以承受的。通过构建产业数字金融体系，企业的数字化改造不仅给企业带来了业务上的转型升级，还可以通过提供可信数据，让企业在较短时间内获得数字金融服务带来的降本增效实际便利，从而减轻企业数字化转型的成本压力。

2. 从金融稳定和发展的角度看

第一，提升我国产业金融服务的科技水平，健全融资增信支持体系，引导社会金融服务从主体信用向交易信用转变。产业数字金融作为产业金融服务的新发展阶段，充分利用了数字时代以计算机技术为代表的技术体系，保证产业链上的数据客观、公允、难篡改，建立了全新的智能化产业金融服务模式，并以此赋能实体经济的数字化转型。这对于我国金融体系是个百年不遇的机遇，"数字技术＋产业金融"的实现使我国的产业数字金融领域走在世界前列。发展产业数字金融还能够引导我国金融服务从过去在供应链金融模式下只看重企业主体信用向关注企业交易信用转变，有利于产业数字金融健全融资增信支持体系，降低综合融资成本，从而彻底解决现有金融体系下中小企业主体信用评级不高、无法放贷的难题，激发中小企业市场主体活力。

第二，提升了金融机构的经营表现力和市场竞争力。产业数字金融模式可以有效解决产业链金融服务区位错配，以及金融服务不均衡、不充分的问题，从而提升金融机构全产业链服务能力；产业数字金融全程数字化的闭环管理，符合监管机构的监管要求，从而提升金融机构的风险合规能力；产业数字金融通过打造产业金融服务真正的"数字化"商业模式，从而提升金融机构整体商业模式的竞争力。与此同时，产业数字金融模式还能降低金融机构资金成本、风险成本和运营成本，从而实现金融机构整体净资产收益率、资产收益率的提升。

第三，全程数据透明、可控，对全社会的系统性金融风险进行有效控制。金融科技的创新通常会由于高风险而被市场诟病，但产业数字金融恰恰是有效控制社会系统性金融风险的重要手段。产业数字金融的透明化特性能够帮助社会降低系统性金融风险并打造出更为透明的金融市场。通过数字化手段，金融企业可以有效地追踪和记录交易过程，包括资金往来、账户管理和数据传输，使得虚假交易等风险行为无处遁藏。同时，数字技术也可以加强金融企业风险监测能力和预警能力，及时发现潜在的风险，并减少金融欺诈和不当行为的发生。这样的全透明化金融市场有助于建立更加健全和稳定的金融生态系统，为各方当事人提供更多信任和安全感。

第四，为监管机构提供数字监管、科技监管奠定了坚实的数据基础。数字技术在金融监管中的作用越来越重要。实时监控和数据分析可以帮助监管机构更快速地发现和应对潜在的金融风险。同时，基于实时数据的预警模型也可以帮助监管机构提前预测风险并采取相应措施，从而提高金融行业的监管效能。这些技术的应用将有助于金融行业构建更加稳健和安全的金融体系。

第六节　教育行业的数字化转型赋能

一、教育行业数字化转型的动因

从某种程度上说，数字化是对网络空间进行充分利用，可将信息通信技术融入各行各业，推进行业创新与发展。历史对未来有着极其重要的预示作用，所以，人们要想对数字化教育创新做出准确判断，对数字化教育变革趋势做出精准把握，就必须对教育发展历史有全面了解。也就是说，人们要想对数字化教育的变革发展规律有正确的认知，就必须对教育发展历史，特别是近代教育形态的转变进行详细研究。

教育是一种人类生产劳动催生的社会现象，最初其存在的目的是满足人类参与社会生活的需求及自我发展的需求。教育随人类历史的出现而出现，随人类社会的发展而发展。从原始社会到农耕社会，再到工业时代、信息时代，人类生产力不断发展，人类社会不断进步，教育也随社会发展而发展，随人类需求的改变而改变，这种改变主要表现在学习内容、学习环境、学习方式三个方面。

在原始社会，人类为了获取更多的生存资料、为了适应自然而开展了最基本的教育活动，教育内容与原始社会的生活、生产需要相契合，主要是对部落习俗的学习和对生存技能的模仿。

进入农耕时代之后，人类不再以狩猎为生，开始远离丛林，劳动剩余逐渐增多，一个涵盖了家庭教育、社会教育、学校教育的相对完整的教育体系逐渐开始形成。在农耕时代，书院成为教育活动的主场所，学生通过阅读、吟诵、领悟等方式进行学习，学习内容主要是农耕知识与道德规范。也是在这个时期，人类的学习活动开始与社会期许、仕途发展建立联系。

18世纪60年代，随着蒸汽机及蒸汽驱动制造设备的出现和普及，第一次工业革命轰轰烈烈地展开了，人类迈进了蒸汽时代。相较于农耕时代来说，这一时期的教育并未发生太大的改变，直到19世纪下半叶。

19世纪下半叶，以电力驱动、劳动分工为特点的大规模生产出现，第二次工业革命正式开始，人类进入电气时代。大规模生产需要大量的产业工人，为了加快工人培养速度，提升工人培养效率，班级授课制应运而生，农耕时代的个别化指导与自学的教育方式发生了极大的改变。在这个阶段，人类学习的目的是获取从事生产活动需要的基本知识与技能，学习内容主要是科学知识、制造技能、人文素养，学习时间、学习场所相对固定，学习方式比较标准，主要是听讲、记忆，所有的学习活动都要遵循三大原则，分别是直观性原则、巩固性原则和循序渐进原则。

20世纪70年代，随着电子计算机的出现和普及，人类社会迎来了第三次工业革命，进入了信息时代。进入21世纪之后，计算机、自动化技术取代了大量人工劳动，记忆、操作熟练、标准化的学习方式不再适用，人类亟待实现个人终身发展。为满足这一需求，人才培养目标与学习内容开始倾向于自主发展、信息素质的培养，人们的学习方式越发多元化，合作探究式学习、联通学习、混合学习逐渐普及，传统的物理学习空间被打破，学习活动逐渐延伸到网络空间。

现如今，人类处于信息时代，教育形态延续了工业时代末期教育形态的特征，这个形态还将存在很长一段时间。数字化与教育行业的融合不仅会扩大教育规模，拓展教育空间，还有可能提升教育质量，优化教育结构。我国要想从教育大国发展为教育强国，必须对数字化引发的教育变革有清醒的认知，从全局视角对教育综合改革过程进行深化。

在数字经济的推动下，我国教育资源的供给能力及服务能力得到大幅提升。随着互联网与教育行业的深度融合，大众教育观、学校发展观、公民学习观、课堂教学观都发生了极大的改变。在此形势下，要想紧抓"数字化"带来的机遇深化教育改革，推动教育现代化迈向一个全新的发展阶段，就必须对互联网促进教育变革的规律有正确的认知，对数字经济环境下的教学方式、教学形态进行深入探索。

二、数字化技术对教育行业数字化转型的助力

（一）大数据技术对教育行业数字化转型的助力

大数据技术对于教育的重要价值在于其能实现大量教育数据的采集、处理和分析，并针对分析结果对教育方式、教育决策等进行合理调整。数据驱动学校，分析改革教育已经成为人们进行教育改革和发展的共识。全面掌握教育数据、挖掘教育数据的潜在价值、发展教育大数据成了提升教育质量，以及推动教育变革的必然选择。

1. 大数据促进个性化学习

传统教育体系缺乏获取和分析信息的手段，数据只能在周期性和阶段性的评估中获得，这些数据只能体现宏观层面的教育情况，凸显群体水平，而缺乏对个体特点和差异性呈现。在大数据时代，在教育过程中产生的数据都可以转换为教育大数据。与传统数据不同的是，这样的数据有过程性特点。人们可通过对学生学习背景和过程相关的各种数据测量、收集和分析，从与学生相关的海量过程性数据中归纳分析出各个学生的学习行为、精细刻画学生特点、洞察学生学习需求、引导学生学习过程、诊断学生学习结果，进而为其提供个性化的学习支持，真正实现群体教育方式向个体教育方式的转变。

2. 大数据实现差异化教学

通过对教育大数据的采集、处理和分析，构建学生学习行为相关模型，分析学生学习行为，并对其未来的学习趋势进行科学预测。教师可以全面跟踪和掌握这些学生的学习特点、学习行为、学习过程及学习趋势，进而根据不同学生的学

习需求、学习风格、学习态度及学习模式来提供不同的学习内容和学习指导，促进其个性化发展。

在大数据的支撑下，学校教育不再是传统的统一标准的教育，教师由教学者逐渐变为助学者。以教师为中心、知识灌输为主的教学模式将转变为以学生为中心、以能力提升为核心的差异化教学模式。学校管理离不开信息，学校是培养各类专门人才、传授其知识和创造知识的场所，每天进行着各种教学、科研及管理活动，蕴含着十分丰富的信息资源。学校管理中的各种决策和控制活动，如学生培养计划的确定、教师教学安排的确定、教学质量评估、人员管理等，都是以大量的数据为基础并不断产生新数据的过程，因此数据的处理和挖掘对于学校管理来说十分重要。传统教育环境下，教育管理部门或决策制订者的依据一般是静态的、局限的、滞后的，或是过滤加工后的数据，大数据技术则突破了小样本和个案研究的局限。在教育大数据技术的驱动之下，能够在过程中动态地、全面地、实时地收集最真实的数据；同时，针对重要管理对象的数据，可以从不同方向对同一个对象进行数据记录，数据之间可以相互印证。由此，可以更加快速且正确地找到影响因素和干预策略，发现一些因为数据缺陷而被隐蔽的教育新规律。教师需要充分了解教育系统的规律和特征，评估教育发展的进程。教育环境的设计、教育时空的变化、教育场景的变革等各种决策和行为将基于数据分析得出，从而为学生找到合适的课程、课堂、教师、校园。

（二）区块链技术助力教育体系变革

"互联网＋教育"是数字经济背景下全球教育发展与变革的大趋势，而区块链技术有望在"互联网＋教育生态"的构建上发挥重要作用。

1.建立个体学信大数据，架起产学合作新桥梁

区块链技术具有分布式学习记录与信息存储的功能，允许任何教育机构和学习组织跨系统和跨平台地记录学习行为和学习结果，并永久地保存在云服务器中，形成个体学信大数据，这有助于解决当前教育领域存在的信用体系缺失和教育就业中学校与企业相脱离等实际问题。学校与用人单位可以通过合法渠道合理获取学生的任何学习证据数据，用于评估该学生的各项升学条件指标，以及与岗位的匹配程度。

2.开发学位证书系统，解决学历造假问题

传统的学历认证、学位认证流程烦琐、时间漫长、成本高，且存在一定的信

用风险。而区块链作为一种使数据库安全而不需要第三方机构授信的解决方案，是分布式数据存储、点对点传输、共识机制、加密算法等计算机的新型应用模式。研究基于区块链的学历、学位认证模式，有助于实现学历、学位认证流程的简化、成本的降低并杜绝信用风险。基于区块链的学历、学位认证，在技术、经济、管理方面均具有可行性，其社会经济意义巨大。

3.去中心化教育系统，推动教育公平

当前教育系统的高度中心化和集权化主要体现在教育体制的中心化上。教育体制是教育机构和教育规范两个要素的结合体，其中教育机构是载体，包括实施机构和管理机构；教育规范是核心，指维护机构正常运转的制度。现阶段的教育体系仍以正规教育为主导，由政府机构或学校提供教育服务并进行认证，个人对某一特定学科的精通程度，仍需由受认可的大学颁发文凭或证书来证明，导致教育的管理权被学校和政府垄断。利用区块链技术开发去中心化教育系统，有助于打破教育权利被学校或政府机构垄断的局面，使教育走向全面开放，形成全民参与、协同建设的一体化教育系统。未来，除政府机构批准的学校、培训单位等教育机构具有提供教育服务的资质外，将会有更多的机构甚至个体承担专业教育服务提供商的角色，并且区块链的开源、透明、不可篡改等特性能保证其教育过程与结果的真实可信。

教育信息化是全球教育发展与变革的大趋势，区块链技术有望在"互联网＋教育"生态的构建上进一步发挥独特作用。

第七节　房产行业的数字化转型赋能

目前，诸多巨型房产企业甚至互联网企业都在推进智慧社区落地，其呈现出三种状态：第一种是有能力做智慧社区，但目前只是对内，没有给出行业化的解决方案；第二种则是做了行业化的输出，但主要是软件的行业化输出；第三种是片面的技术支持，并不能覆盖智慧社区的基本面。如何打破这样的行业生态和格局？笔者在此以华为技术有限公司和深圳市兴海物联科技有限公司为例展开研究。

华为技术有限公司在数字化转型领域独占鳌头，而深圳兴海物联科技有限公司是地产行业处于前列的科技公司，两者优势互补，联合推出的智慧社区解决方案主要有以下几方面特征：①不求大而全，不求符合每个地产商各自的特质，而是聚焦解决每个社区基础运行服务的核心痛点；②具备快速交付和规模化复制能力；③不同于纯软件输出，提供全链解决方案，包括软件、硬件、集成、运维等一系列服务。这样一个系统性的解决方案，兼容性极高，几乎能够复制到所有小区。他们使原本技术门槛很高的数字化普及到更多的社区，数字经济时代已经悄然而至。

从业主角度来说，普通小区的物业服务，主要有以下几个问题：①门禁出入烦琐和安全漏洞，陌生人可随意进出，业主亲友来访过程烦琐；②停车场通行不便，上下班高峰期门口遭遇堵车；③家人的安全情况无法掌握，总担心孩子在家里出安全问题；④小区设备出现问题，物业反应慢；⑤业主与物业间的沟通效率低下。位于深圳福田区的中海华庭，是一个老小区，华为和兴海物联用"吾瞰"智慧社区方案对它进行了改造，解决了业主和物业的问题，其功能主要有以下几个方面。

一是自带"有色眼镜"的智能守卫者。通过"五色名单"对进出园区人员进行分类：业主为白色名单，自动识别，秒过；业主亲友来访则是黄名单，通过业主发送二维码，门岗扫码进入小区；重要业主、贵宾访客、生病业主为红色名单，平台弹窗提醒关注，工作人员将亲自为其提供服务；陌生人被识别为灰名单，需人工登记，确认身份后进入小区；曾有偷窃、冲突等可疑人员接近小区，立刻被识别为黑名单，禁止进入。

二是"隐形"的停车场管理员。本小区业主的车进入停车库，可自动识别业主车牌号并放行；而外来车辆实行移动支付，杜绝收费漏洞。

三是用 AI 解放人眼。小区用 AI 云瞳系统替代人看视频，智能识别异常人群和陌生人聚集。突发事件通过视频记录、随时传送来实现及时处理，一方面减轻了视频监控人员全天候人工看监控的工作压力，另一方面减少了巡逻岗现场巡逻的工作压力。云瞳系统还对物业工作人员起到了监督作用，长时间不在岗位或者脱岗的工作人员，AI 都能监测到，并进行提醒。对于有孩子的业主来说，他们将拥有"第三眼"：公共区域的儿童监控开放到每一个家庭，每位业主都可以用物业提供的小七当家软件看到在公共区域中孩子的实时画面，对于孩子的行踪有一定掌握。

四是 24 小时自动监控设备异常。小区的设备"上云"，相当于拥有了一双随时在线的"千里眼"，实现社区机电设备、电梯设备、消防设备 24 小时远程监控，以及自动抄表，出现异常就报告至物业服务中心，维修人员手机软件同步接单处理，减少了以往人工监测和维护设备的时间和人力成本。对于小区业主来说，感知较深的则是网络的稳定性，传统小区业主常常感受到网速时快时慢，甚至出现断网的情况。对于网络运行的稳定性，该系统也能监测到并进行警示，物业会立马派相关维修人员进行处理。机房的远程监控系统的成本是经过精准测算的，它的部署费用相当于一年一位维保工程师的人工成本，一次部署，即刻见效，一年即可回本。

五是万物互联的"对讲机"。云对讲系统支持身份识别、刷卡开门、多屏互动等。例如，在远程开门方面，业主可以实现刷脸开门；有访客来了，业主可以通过手机端软件进行远程开门；业主遇到设备故障的时候，可以通过手机端软件和物业工作人员进行面对面远程沟通。通过云对讲系统，物业增加了与业主之间的黏性，使得物业的服务无处不在，业主对物业的满意度也大大提升。

不仅如此，两家企业还联合打通了各产品体系和数据间的壁垒，将人、机、物、事深度融合，使智慧社区作为一个有机的生命体，成为一个可持续的发展空间。这个社区的智慧化改造，精髓就是"3-3-3运行管理模式"，即原来一个项目100%的物业服务都在项目现场做，现将其变为三类：第一类是重复机械的工作，用先进技术替代；第二类是业主看不见的、后台操作水平要求高的工作放到城市中心，做人力资源的整合，让管理层参与日常工作；第三类是不可替代的有温度的现场服务工作，用技术辅助服务，从严防死守到微笑服务，让工作本身更有价值。3-3-3模式的创新主要体现在两个方面：一个是项目级的集约化管控，把原来分散建设的客服中心、调度中心、监控中心在物理空间进行统一，打造"三心合一"的项目指挥调度中心；另一个是集团级的集约化管控，创新地以"城市中心＋项目中心"的方式对同一地区或城市内的不同项目进行统一管控。3-3-3模式把简单枯燥的工作用技术替代，使得物业可以为业主提供更高质量的服务，同时还能集约资源，极大改变了原来的物业管控模式。

智慧社区的价值可见一斑，第一，智慧化提升项目溢价。当大多数物业服务在想如何提高自己的服务质量时，华为技术有限公司和深圳市兴海物联科技有限公司将中海华庭小区升级为智慧社区，以数字化技术同时为其赋能硬件和软件，实现了项目的溢价。第二，实现了节流，人工成本下降，成本结构改变。数字化在减少冗员的同时，成为开发商节省成本、提高运营效率的切入口。第三，降低了设备损耗。因为数字化的集成效应，以往需要不同的设备来完成不同的社区管控和服务，如今只要一台设备，就能对应多个终端，设备损耗成本大大下降。

第六章　数字经济的发展策略与治理新路径

数字经济的快速发展正推动着世界经济的转型和升级。世界上越来越多的国家和地区将数字经济作为推动经济增长、实现可持续发展的重要战略。数字经济不仅改变了传统产业的生产、分配和消费方式，也带来了全新的商业模式和创新机会。同时，数字经济的发展也带来了一系列新的挑战，如数据保护、网络安全和数字鸿沟等。为了更好地应对这些挑战，数字经济发展需要探索新的路径和模式。本章围绕数字经济的发展策略和数字经济的治理新路径等内容展开研究。

第一节　数字经济的发展策略

一、加快数字基础设施建设

数字基础设施就像是数字经济发展的舞台，只有搭建好这个舞台，数字经济才能更好、更稳定地发展，所以数字基础设施建设对数字经济的发展至关重要。数字基础设施不仅包括传统的高速宽带、网络等信息基础设施，还包括铁路、公路、水运、电力等传统基础设施。同时，加强信息产权保护和信息安全保障也属于数字基础设施建设的范畴。在推进数字经济发展，实现网络强国战略方面，数字基础设施起到了非常重要的支撑和推动作用。数字基础设施实现了数据的存储、分析、传输和交互，它能通过数字化手段管理、调度和控制传统的基础设施。随着移动互联网、大数据、云计算等技术和产业的发展，以及以"中国制造2025"、"互联网+"、智慧城市建设等为代表的传统产业和传统领域的数字化，社会无时无刻不在产生大量、各种形式的数据。这些数据只有通过基础设施进行传输、计算、存储，才可以用于生产和消费，从而成为一个新的经济增长点。

相比于传统的基础设施，数字基础设施具备四个特征，分别是演进性、泛在性、动态性和自主性。

①演进性。演进性指随着技术进步，数字基础设施可以按照需求的变化进行

不断升级。以移动通信网络为例，2G 到 3G 的演进实现了互联网由固定到移动的扩展，3G 到 4G 的演进满足了移动场景下高清视频、直播和游戏等各种新需求，4G 到 5G 的演进又将满足无人驾驶等更加实时、智能的需求。与传统基础设施相比，数字基础设施的升级速度更快、兼容性更好。

②泛在性。泛在性指数字基础设施更容易大范围普及，可满足更多的应用需求。以宽带为例，我国在 2020 年全面建成小康社会时，农村实现了村村通宽带，其成了推进速度最快、覆盖最广的数字基础设施。数字基础设施使得更多人可以低成本、低门槛地使用丰富的信息化应用。如今，第一、第二、第三产业几乎所有的行业都用到了以移动网络、光宽网络、云计算等为代表的数字基础设施，而且依赖程度不断加大。数字基础设施已经和传统基础设施一样，都是人们生产、生活必不可少的基础设施。

③动态性。动态性指数字基础设施的服务提供过程会更加灵活，能够实时对自身的各种属性进行调整，以适应具体的业务和应用。例如，用户在使用云计算服务时可以按照业务需要定制存储和计算能力，并且云平台可以按照其业务需求自动采取合适的资源调度策略，确保每个用户的使用需求。

④自主性。自主性指数字基础设施高度自动化，人为干预的成分十分小，不管是连接、存储还是分析都是由系统自动完成的，出现错误时能够自动矫正或重启，恢复到错误之前的状态，也会按照预设自动调整性能和容量，以更好地满足不同的需求。

目前，传统数字基础设施全国普及情况良好，各省间差距较小。因此，各省都加大了数字基础设施的建设力度，在对传统基础设施数字化转型进行改善的同时，积极建设数字基础设施。特别是在传统基础设施的转型升级方面，得益于我国不断地推动互联网普及工作，各省的数字基础设施建设能力都得到了快速提升。

要想完善数字基础设施，各地就要加快宽带基础设施建设，布局 5G 网络。目前，全球已有上百个国家实施了宽带战略和行动计划，通过加大宽带网络的普及程度，提高网络的普及率，从而有效发挥数字基础设施在建设数字社会中的重要作用。如今，我国非常重视高速网络宽带建设工作，并积极推进网络提速降费，已取得了突出的成绩。

正在发展的 5G 网络显示出了更高的可靠性和更低的时延，可以为万物互联提供重要基础，更有力的支撑经济社会发展。和目前在用的 4G 相比，5G 具有更高的速率、更宽的带宽，能够更好地满足无人驾驶、智能制造等行业的发展需求，满足消费者对虚拟现实、超高清视频等网络体验的需求。可见，5G 技术将为人们带来全新的智能体验，也给传统企业的数字化融合发展带来了深刻的变革和广阔的前景。因此，我国应积极打造基于 5G 通信技术的基站和内容平台，尝试将 5G 技术应用于传统服务业，探索 5G 技术在政事、商事、民事上的深度应用，加快 5G 的总体布局规划，为我国数字经济的发展提供重要的内在动力。

随着数字经济的发展，我国正在将俗称"铁公基"的传统物理基础设施转变成数字基础设施。这样一来，我国不仅有了新的发展机会，创造了新的就业岗位，经济发展质量也提高了。在传统基础设施上加上物联网技术，添加一层数字化、网络化的传感层，就能够获得以前很难定量化的服务数据，便于相关部门为民众提供更好的服务。例如，数字化停车系统能够帮助城市管理者了解停车位是否够用，以及是否存在车位没有被有效使用的情况。因此，传统物理基础设施的数字化转型，在节约了运行时间的同时提高了资源的利用率。

传统基础设施一般对社会实际运行状况了解不足，但数字基础设施能够通过快速的数据收集及时了解社会讯息，并对社会紧急情况做出相应的预警，大大提高了人们的经济收益和安全性。以预防桥梁坍塌的数字基础设施为例，对于有几十年甚至上百年寿命的桥梁来说，坍塌往往是由多种原因造成的，而且可能是持续恶化的结果，并不知道什么时间桥梁会真的坍塌，一般这些情况靠肉眼是很难预测到的，但通过安装联网传感器，就可以实时监测桥梁的变化，然后及时地采取保护性维修措施，降低了维修成本，并且有效避免了人员的巨大伤害和财产损失。由此看来，数字基础设施的建设为我国的社会经济效益的提升提供了有力的支持。

数字基础设施通过实时监测，还能够使服务价格更容易被人获取，从而使供需关系得到动态平衡。例如，模拟电表无法实时读取用电情况，而智能电表却可以，供电商可以根据智能电表监测的用电高峰和低峰，对不同的时间段进行差异化定价；使用智能交通工具，可以探测通行者行驶的不同区域和时间，通过收取不同的费用大大提高交通运输的效率；网络服务供应商也经常利用数字监测工具来统计网络宽带的被使用情况，然后制定差异性的网络费用收取政策，提高网络费用的收益。可见，传统基础设施的数字化建设带来的效益是综合的，因此人们应该积极地促进传统基础设施的数字化、智能化发展。

物联网已经逐渐融入了人们的生产与生活中，所以加快建设新一代专用物联网设施刻不容缓。要想打造广覆盖、高可靠、低时延的物联网基础设施，为人们提供良好的网络服务，就要进行针对性的物联网建设。对于城市物联网的建设，首先是要完善公共基础设施和物联网平台，应将全市道路设施、水电气设施、地下管廊等公共基础设施的传感器统一接入，推动城市数据传输、消息分发和协同处理一体化体系的建立。

二、稳步发展融合基础设施

融合基础设施，是指信息基础设施的平台、技术和手段与传统产业相融合的基础设施。从信息技术的角度理解，融合基础设施就是软硬件方面的问题解决方案，旨在解决传统 IT 存储与计算的独立孤岛结构所造成的限制和效率低下问题，为最大限度地降低兼容性问题并简化管理，将计算、网络、存储、系统管理和软件整合到预配置包中，将其作为单一融合系统进行运维和管理，加快其实现价值的速度。可以将融合基础设施的整体架构理解为，以信息网络为入口、数字平台为支撑、数据融通为核心、智能应用为关键、轻量服务为特色，重点面向数字经济、数字政府、数字社会发展需求，核心路径在于信息技术的融合应用。

稳步发展融合基础设施的目的就是打造工业互联网、提升农业数字化、推进智慧城市建设，从多个维度来加快信息网络和实体产业的融合，促进融通创新，通过融合来赋能实体经济，使其转型升级。2021 年 9 月召开的国务院常务会议强调，要稳步发展融合基础设施，包括打造多层次工业互联网平台，促进融通创新。结合推进新型城镇化，推动交通、物流、能源、市政等基础设施智慧化改造。提升农业数字化水平。建设远程医疗、在线教育等民生基础设施。推动 5G、互联网、大数据、人工智能与制造业深度融合。只有稳步发展融合基础设施，才能优化数字经济发展"动力源"，解决核心技术"卡脖子"问题，为经济发展提供有力的信息化支撑。

（一）部署智慧能源基础设施

智慧能源基础设施种类丰富，涉及不同类型，包括智能电网、智能油气管线、智能燃气等。要想部署智慧能源基础设施，就要构建能源系统智能化运营体系，重点加快电力物联网建设速度，利用 5G、人工智能等新技术，综合开展电力设备故障智能感知与诊断、源网荷储泛在资源自主智能调控、综合能源自治协同与多元服务应用；要加快智能充电基础设施建设，遵循因地制宜、快慢互济、经济合理、适度超前的原则，以用户居住地停车位、单位停车场、公交及出租车场站等配建的专用充电设施为主体，以公共建筑物停车场、社会公共停车场、临时停车位等配建的公共充电设施为辅助，以独立占地的城市快充站、换电站和高速公路服务区配建的城际快充站为补充，形成布局合理、科学高效的电动汽车充电基础设施体系；要开展"多站融合"示范建设，在已有变电站站址、通信网络和电力资源的基础上，融合建设数据中心站、充（换）电站、5G 基站、储能站、北斗基站和光伏站等。

（二）全方位推进智慧水利建设

针对当前水利基础设施信息化程度相对较低的问题，政府要加强智慧水利基础设施建设的规划引导；要深度融合遥感、云计算、物联网、大数据、人工智能等技术，构建一体化观测体系与大数据、互联网集成的综合生态安全监管体系，实现对水资源、河湖水域岸线、各类水利工程、水生态环境等涉水信息的动态监测和全面感知；要大力整合利用各类水利信息管理平台，建设高度集成的水利大数据中心，提升水利相关系统的计算和存储能力，逐步形成智慧水利大脑；要充分利用公共通信网络，构建连接所有水利感知对象及各级水利行政主管部门、有关水利企事业单位的互联互通网络。

（三）集约建设城市综合信息载体

城市感知设施的统一建设涉及杆柱、管道等载体，必须统筹规划多功能信息杆柱、管道等载体建设，构建城市统一杆塔信息平台，探索建立杆塔资源共建共享和有偿使用制度。政府要积极推动智慧管网（廊）建设，把供水、排水、供热、电力等各类管线集于一体，实施统一建设和管理，并融入物联网、大数据和人工智能等技术，建设支撑管网、管廊智能检修设备的综合运营平台。

信息技术与传统基础设施相结合的新基建融合基础设施建设项目横跨多个行业和领域，涉及诸多主管部门，政府需要加强对各部门的统筹协调。在实施过程中，要充分发挥政府和行业主管部门的主导作用，坚持市场化运作，激发多方参与积极性，在确保提供高质量公共服务的基础上，创新商业模式，构建新经济模式，形成推进新基建融合基础设施高质量发展的合力。

随着新一轮信息技术革命的推动，以"数字基建"为代表的新基建融合基础设施将向平台经济方向发展，推动产业融合。以新基建融合基础设施为平台，新一代信息技术将加快与制造、新能源、新材料等行业的技术交叉融合，引发群体性、颠覆性的技术突破，促进一系列新技术、新产品、新模式、新业态涌现，这个过程包括制造与服务的战略与业务协同、跨界融合、业态与模式创新等，从而推动先进制造业和现代服务业、数字经济和实体经济融合发展，推动中国经济高质量发展。

从现实情况来看，我国新基建融合基础设施稳步发展，5G、工业互联网、人工智能、物联网、数据中心等技术的应用更广泛，技术先进、功能强大的网络基础设施逐渐形成。

从长远来看，我国新基建融合基础设施建设的着力点应放在以下三个方面。一是构建数字政府应用支撑体系。强化数字政府平台的建设，使政府政务信息和数据形成资源共享、统一有效的政府大数据体系，促进智慧城市系统发展。二是加强农村数字基础设施的建设。在农业领域、农村生产经营管理中对"智能大脑"、5G、云计算等数字技术进行推广，并对农产品生产销售链进行完善，充分利用数字经济的优势，加快数字乡村的建设，促进乡村振兴战略的有效实施。三是建设国际贸易数字平台。实时抓取数字经济中的贸易数据，将数字技术与货物仓储、数据分析与贸易决策、国际贸易供给与需求高效结合。

三、制定数字经济发展的产业政策

以互联网为代表的新一代信息技术的深入应用，使得我国数据资产高于其他国家，这也必将引发新一轮产业政策、治理政策等领域的深刻变革，我国坚持发挥国家政策引导作用，推动我国数字产业化和产业数字化的创新发展，积极探索适合我国国情的数字产业发展理论。

2019年11月，《国家数字经济创新发展试验区实施方案》出台，该文件积极探索了数字经济发展和产业转型升级的产业政策，以加快各行业领域的数字化转型步伐，推动数字经济的发展。方案主要从以下四个方面着力。首先，激活新要素。数据已经逐渐成为新的生产要素，所以应积极探索数据高效安全的利用机制，同时创新发展核心技术的革新成果。其次，培育新动能，着力壮大数字经济生产力，促进互联网、大数据、人工智能与实体经济深度融合，推进产业数字化发展。再次，探索新治理，迎合数字经济发展的需要。对数字经济的新型生产关系不断调整，同时加快政府的数字化转型，推进多元参与的数字化协同治理体系的建立。最后，建设新设施，强化数字经济发展基础。探索万物互联新模式，推动新型基础设施、新技术、新装备专业试验场所等数字化基础设施的共建共享。

产业互联网是互联网与传统产业的融合创新，目前广泛应用于传统产业的数字化转型，只有充分了解产业互联网的应用新模式，才能够提出正确可行的产业政策。产业互联网应用于传统产业形成新业态的过程中，不仅是互联网技术与传统产业的融合，将互联网所承载的庞杂信息高效地运用到传统行业的生产、交易、融资、流通等各个环节中去，还是互联网思维对传统产业的渗透。不同于消费互联网，产业互联网以高效率、低成本为各行业提供生产性服务，有效地衔接了第一产业、第二产业和第三产业，从而推动了实体经济与互联网、大数据、人工智能的深度融合。在生产和消费大循环中，产业互联网是解决生产问题、升级实体产业的根本动力，因此政府应制定与产业互联网相关的政策制度，为数字经济健康快速的发展提供内在动力。

大力扶持产业互联网企业走出国门。随着数字经济的发展，数字文明的载体、国家的竞争力都将体现在数据资源的竞争、数字文明话语权的竞争上，产业互联网作为数字与现实的连接者，应积极拓展国家产业网络空间。国家产业网络空间的壮大不仅可以为各个行业提供数字化的生产服务、流通服务、交易服务，还能带动国家相关产业的结构向数字生态方向转变，进入"一带一路"的总体经济循环中，形成"数字命运共同体"。因此，我国应拓宽数字经济时代的产业网络空间，从而确立我国在国际数字空间、数字文明、数字经济领域中的主导地位。

政府应制定相应的推进政策，同时提供一定的资金支持。政府可以设立中国产业互联网研究院，开展一批产业互联网发展的基础性研究项目，对事关国家战略、民生保障、国民经济发展的核心产业率先开展基础性研究，为产业互联网的发展制订实施计划及基础性项目规划。同时，设立产业互联网投资基金，重点支持产业互联网平台型企业，他们是带动产业整体性转型升级的枢纽，为了更有效地推动平台型企业的发展，需要变被动为主动，把原本给到企业的政策性补贴，变为投资产业互联网的引导基金，通过国家资本的引导带动社会资本的投入。

大力发展数字经济已经成了国家层面的战略目标，因此，应制定国家层面的产业发展战略。通过国家的战略引领，政府部门应尽快出台配套的产业发展政策，着力于激励行业组织、引导产业实体和科技企业积极响应，吸引国家资本和民间资本大力跟进。在数字产业生态中，经济问题、安全问题、治理问题交织在一起，政府要尽快建立端到端的数字安全处理机制、全网络空间统一的应急处理机制，寻求整体性、系统性的解决方案。与此同时，出台相关数据安全保护的法律法规，在确保数据、个人隐私安全的基础上，鼓励产业互联网推进数据融合与应用，通过国家的引领为数字经济时代中的产业互联网发展保驾护航。

数字产业治理体系的健全需要不断地完善产业风险防范体系，支持创新与加强监管并举。要尽快制定技术标准，形成行业规则，同时加强国际间的合作，共同探讨数字经济的国际规则和治理体系。对于网络空间的治理也应大力推动，促使产业发展在发展初期就够纳入严格的监管和规范之下，避免出现产业钻法律空子的乱象。另外，要加快国家级治理体系的基础设施建设，为产业互联网发展提供基础保障。数字产业不同于传统产业，其治理和监管的逻辑也完全不同，相应的产业政策也应及时调整、优化。

以数字经济为内核的现代化经济体系的形成，是世界各国都在追求的目标，我国要把握这百年一遇的历史契机，沿着产业互联网的路径坚定地走下去，制定相应的产业政策，最终实现数字化人类命运共同体构建的宏伟目标。

四、推动产学研深度融合

产学研最早出现在国外，是科技革命、产业变革和企业发展的产物，伴随中国的市场化改革深入、企业组织能力提升及新兴产业的崛起而产生，成了重要的发展共识。一般意义上的产学研深度融合，是指高校、科研机构、企业等技术创新的上、中、下游相互对接，实现资源共享、优势互补，通过组成利益共同体，开展科技创新研发，实现成果转化，共享利益、共担风险。产学研深度融合、协同创新是围绕创新发展，以产业为导向、以学界为后盾、以研发为桥梁，促进各链条融通创新，使产业界的产业技术研究与产业化组织实施能力、学术界的基础研究与共性技术研究能力、研发界的商业应用研究与商品工艺研究能力形成合力，发挥 1+1+1 > 3 的协同效应的一种创新方式。

以大数据、云计算、人工智能等新一代信息技术为基础的数字经济，体现了当代社会经济发展的方向。推动数字经济和实体经济深度融合，需要加强数字基础设施建设的产学研融合深度，发挥高校科研智库优势，注重人才培养与成果转化、共享，促进互联互通，通过智能化、协同化的新生产方式对产业实体经济进行改造升级，全面提高实体经济的质量、效益和竞争力，打造数字经济形态下的实体经济，进而推动经济体系优化升级。党的十九届五中全会提出，发展数字经济，推进数字产业化和产业数字化，推动数字经济和实体经济深度融合，打造具有国际竞争力的数字产业集群。

多年来，我国在产学研协同创新方面，树立了产业主导、市场拉动、企业主体、政府引导、院校支撑的政策导向。在科技政策、产业政策、企业政策方面，加快从偏重后端产业化向注重中端应用研究和前端基础研究方向发展，从偏重供给端到供给与需求并重的方向发展，由"政产学研用"向"政产学研金服用"的多维方向发展。

进入数字时代，用户在创新进程中的特殊性越加明显，从场景创新的需求出发，反向配置资源和逆向创新成为数字经济时代的发展趋势，并进一步加速了"政产学研金服用"的协同发展。究其实质，产学研协同创新体系以实现关键共性技术突破的产学研高度协同创新为目标，利用各类创新要素在技术创新链上、中、下游的各类组织之间循环流通，实现协同发展。

在"政产学研金服用"高效融合联动方面，近年来涌现出很多新模式和典型案例。例如，高校衍生的高科技企业模式，如青岛科技大学培育出的"软控"；企业合作高校进行开放式创新模式，如海尔联动全球高校科研院所开展研发众包，培育出了众多科技型企业；产业技术联盟科技攻关模式，如通信领域经政府引导成立的若干产业技术联盟合作进行共性技术攻关和国际国内标准制订，加快推动了产业技术创新和国际竞争力提升；产业技术研究院平台赋能模式，如江苏产业技术研究院运用新模式加快产学研协同创新；政府财政科技引导与投行培育模式，如北京市政府对京东方及其产业提供长期系列支持；以政府采购与示范工程反向带动模式，如北京中关村轨道交通联盟，在重大工程上以需求为导向进行产学研合作等。

如今，伴随着产业跨界、技术突变和业态创新的发展，创新的实现需要每个创新主体有更强的自主性、自发性、能动性、创造性。要通过系统性的群体试错、持续化的迭代创新、大规模的集成创新、市场化的自然选择等，更加自觉和有组织地实现系统创新。

要想推动产学研深度融合，创新主体就要建立健全产学研协同组织体系，实现服务科技经济融合。就产业层面而言，要想让"政产学研金服用"等不同创新主体发挥好各自的作用，必须有效创新组织方式，并通过系统优化组织创新，让产业企业形成强大的产业组织实施能力。就企业层面而言，关键是在企业家、科学家、工程师、投资人、职业经理人及"工匠"之间形成协同创新的治理结构与生产组织方式。从实践来看，一些研发创新活动失败了的重要原因就是缺乏具有科技创新及产业组织功能的创新平台或产业组织者。

要想推动产学研深度融合，创新主体就要驱动产业"数智化"升级。新技术的爆发式发展对企业的转型升级提出了新的要求。依托大数据、云计算、AI、物联网等技术方面的优势，加速促进数字经济与实体经济融合发展，需加强产学研的深度合作，联动助力传统产业数字化转型升级，以及驱动产业进行"数智化"转型升级。可以预见，政企的充分合作将成为推动数字经济与实体经济深度融合的重要力量。

产学研深度融合是否有成效，在一定程度上取决于其协调发展的机制。一是要完善产学研深度融合的运行机制，根据"政府引导、市场主导、专业运作"的模式，加强统筹协调，实现政府、企业、科研院所、高校、行业组织协同互动，形成促进产学研深度融合的政策合力和相应的资金支持。二是要建立产学研深度融合的评价激励机制。将科研成果转化体系建设纳入高校相关建设考核目标中，将科研成果应用作为建设"双一流"大学的重要举措和关键环节。三是要鼓励科研人员与企业长期合作，聚焦地方经济建设与产业发展的方向，紧盯企业产品开发与技术升级需求，实现科研成果转化。

五、完善数字经济的人才培养机制

面对数字经济的飞速发展和数字技术的不断革新，数字人才的培养显得尤为重要。在数字经济与实体经济融合加深的过程中，传统企业不仅需要技术研究人才，还需要能把技术应用到实践中的高素质技能型人才，但就目前传统企业人才培养现状来看，无论是数量还是质量，都不能满足企业的发展需求。因此，要想使数字经济更加快速健康地发展，高校必须要紧跟数字经济的不断发展，紧随时代的步伐，不断完善数字经济的人才培养机制。

数字经济发展引起了数字技术的不断革新，这要求人才必须具备较高的数据素养与技能。数字技术创新引发的最大的问题就是就业，它对就业具有双重影响，它一方面会带来新的工作机会，但另一方面也会替代一些技术水平较低的原有岗位，带来一定的技术性失业。具体来说，数字技术水平的提升，会使就业门槛提高，让一些不具备先进技术的人无法就业。另外，数字技术的发展更迭速度很快，这就要求人们不断学习，一旦停止了学习，可能就会影响人们在高技能行业的就业。因此，提高数据技能水平、增强数据技术的学习能力是数字经济时代人们必须做到的。当然，数字人才的培养也不是靠几个人就能完成的，需要政府和社会的共同协作，制定完善的培养机制。

第一，教育是民族振兴和社会进步的基石，强化数字人才的高等教育是重中之重。可以通过深化教育改革来建立健全高等院校和中等职业学校的学科专业调整机制；可以加快推进面向数字经济的新工科建设，积极发展数字领域新兴专业，并促进计算机科学、数据分析与其他专业学科间的交叉融合。扩大互联网、物联网、大数据、云计算、人工智能等数字人才的培养模式。同时，也要意识到随着产业的数字化转型升级，许多学校的人才培养工作跟不上数字化经济时代的需求。存在与行业需求脱节、与真实应用脱离、与实际要求脱轨、与企业脱钩等情况。因此，可以在职业院校和应用型本科高校启动"学历证书＋职业技能等级证书"（1+X证书）制度试点。这样做可以鼓励学生在获得学历证书的同时，积极取得多类职业技能等级证书。这将成为数字经济时代职业教育发展的必然趋势。

第二，加强职业数字技能的培训才能适应数字经济飞速的发展。目前，无论是学生还是在职人员，考取各种各样的职业资格证书已经成为一种趋势，所以国家可以健全职业资格目录，做好有关人才资格认证的工作。面向新成长的劳动力、失业人员等群体，可以增加大数据分析、软件编程、工业软件、数据安全等数字技能方面的职业证书。对于企业来说，可以将人才自主培养作为解决人才短缺问题的重要途径，如将经费花在数字技能的在职培训上，进一步整合资源，利用资金建立资源共享的数字技能实训基地，系统地提升职工的数字技能的能力，从而全面提升职工的数字技能实训能力。

第三，从数字经济飞速发展的形势来看，人们需要不断地学习，因此，我国应积极建设终身学习数字化平台。政府、高校、社会教育机构等可以联合起来，建立一批大规模在线开放课程平台、在线模块化网络课程，这样不仅可以让人们更快找到学习资源进行学习，以至于不会落后于数字时代的发展，还可以方便劳动者们随时随地利用碎片化时间学习，更高效率地提高自身数字素质。同时，企业应完善网络平台教学管理系统，并开展自适应学习实践项目，为职工能动地学习创建良好的环境。因此，面对数字技术日新月异的变化，我国应努力建设适应数字技能发展的数字化终身学习平台。

第四，吸引社会力量参与数字人才培养。提高数据素养不是一个人的事情，需要全社会的共同参与，所以高校要吸引社会力量参与到数字人才培养的工作中来。高校可以探索产教融合、校企合作培养人才的新模式。政府要充分发挥职能作用，加大购买服务力度，支持数字经济大型骨干企业与科研院所共建人才培养基地。政府应建立多方协同的职业培训规范管理制度，充分发挥企业、行业协会、培训机构的积极作用，从而为社会数字人才提供更多的学习机会和场地。

第五，健全激励机制。各级政府应该及时抓住数字经济蓬勃发展的大好机遇，进一步解放思想、更新观念，跟上新时代发展的形势。通过制定和发布具有竞争优势的人才引进政策，发挥企业在人才引进过程中的主体作用，支持企业引进更多高端复合型人才。具体来说，政府应积极引导薪酬分配政策向数字人才倾斜，并且积极探索灵活多样的薪酬分配方式，这样便可以引导大量人才走向数字技术领域。

以云计算、物联网、大数据、人工智能、区块链等为代表的新一代数字技术蓬勃发展，成为推动全球产业变革的核心力量，数字技术与各领域、各行业进行融合，推动了资源要素与模式变革，促进了企业的转型升级。当今，企业的竞争已经从传统的产品竞争转向商业模式竞争。企业需要拥抱数字技术，而数字技术的革新需要人才的推动，所以应优化数字人才培养工作，但数字人才的培养不是一朝一夕就能完成的，是一个长期、系统的工程，需要各界携起手来，共同交流、探索与合作，最重要的是要建立行之有效的人才培养机制，这样才能为数字经济的发展贡献力量，推动数字产业迅猛前行。

六、鼓励多元投入，推进开放合作

《中华人民共和国国民经济和社会发展第十四个五年规划和2035年远景目标纲要》（以下简称《纲要》）指出，要统筹推进传统基础设施和新型基础设施建设，打造系统完备、高效实用、智能绿色、安全可靠的现代化基础设施体系。《纲要》还强调，要围绕强化数字转型、智能升级、融合创新支撑，布局建设信息基础设施、融合基础设施、创新基础设施等新型基础设施。

随着新技术发展、产业变革与消费升级，除加大创新开放合作路径外，很多基础设施的形态、构成、管理运行方式等也发生了巨大变化。基础设施建设作为一项浩大的系统性工程，需汇聚各方智慧和力量，集聚信息与通信技术行业合力，持续推进。因此，政府要支持民营和境外资本参与，建立健康多元化投融资体系；要更加积极主动地向外资企业宣传有关法律和政策，帮助外资企业融入新发展格局，特别是在推动外资企业新型基础设施建设和创新驱动发展等方面，要把握更多投资机会，融入产业链供应链，促使经济高质量发展。

当前，我国新型基础设施（新基建）建设仍面临一些问题，特别是资金来源不足的问题仍然突出。一方面，地方政府隐性债务依然是去杠杆的重点；另一方面，人工智能、工业互联网、物联网等新型基础设施建设对资金有着长期且大规模的需求。因此，加快新型基础设施建设，必须构建政府财政和社会资本互为补充的多元化的投融资体系。从各省区市上报的"十四五"基础设施建设投资规划看，新基建投资规模总额有上万亿元，需要央企、国企等各类市场主体共同参与到新基建的投融资、建设和管理运营中来。社会资本以政企合作的模式参与新基建，能够发挥专业优势，也有利于快速推进基础设施商用化，获取经济效益，从而提高投资回报率，推动产业可持续发展。民营企业整体规模较小、融资渠道单一、综合竞争力薄弱，深度参与新基建存在诸多困难，且部分新基建项目特别是交通、能源、电信等领域的项目，对民间资本的市场准入门槛仍然较高，因此政府应推动进一步简政放权，降低准入门槛，并保护其合法权益。

此外，新型基础设施建设项目带有一定的公益属性，与市场化运作存在矛盾。如何保障新基建项目有收益、能收益，确保项目风险可控在控，也需要进一步探索。对于社会资本来说，投资新基建项目需要有稳定可持续的投资回报，因而应当探索可持续的商业模式，要注重项目投资、建设、营运一体化，在项目建成后实现对效益的长期维护，采取资产证券化、融资租赁等方式，降低项目的投资风险；要通过政策补贴、税收减免等方法，鼓励和引导社会资本投入新基建相关技术的研发应用，以及有序参与项目建设和运营；要通过应收账款和订单融资、实体仓储和票据融资、融资租赁、资产证券化等手段，帮助民营企业获得资金，降低其融资成本。

当前，通过数字技术出口，我国帮助了非洲部分国家建设新型基础设施，实现了合作共赢。另外，我国一些电子商务平台在东盟拓展业务，给尚在发展初期的东盟电商市场带去了成熟的技术和经验，为当地创造了更多发展机遇，既成为拉动当地经济发展的新增长点，也成为推动中国与东盟贸易增长的新引擎。

七、优化数字经济的营商环境

良好的营商环境是企业快速发展的必要条件。数字经济的飞速发展，也会出现不适应营销环境的情况。因此，未来数字经济的健康有序发展，需要社会全面优化营销环境。而优化与数字经济发展适配的营销环境离不开政府的宏观调控和企业的积极配合。

世界各国政府在改变商业监管框架方面投入了大量精力，推进营商环境优化变得更加顺利，基本是直接采取措施，大幅度修改法律法规。总体而言，其主要目的就是简化流程、简化程序和提高立法效率，加强信息的时效性和透明度。目前，新一代信息技术已经成为推动全球产业变革的核心力量，数字公民、数字政府、数字企业逐渐成为数字经济营商环境中的三个主角，它们只有跟上时代发展的脚步，才能推动我国数字经济的发展。因此，政府要想激发市场活力、推动经济活动的数字化，就要将营商环境列入改革的重点。

首先，全面清理政府采购领域妨碍公平竞争的规定和做法。政府应全面优化政府采购项目招标流程，制定详细的标准。政府在数字化转型过程中，可以应用大数据、人工智能、云计算等技术优势嵌入政府采购中，依靠算法的自动识别、监控和预警功能，减少人为因素的扰动，进而实现市场公平有序竞争。对于企业同样有要求，企业不能为了寻求自己的便利，在政府采购活动之前进行不必要的登记、注册，或者要求设立分支机构，这种行为会使政府采购市场遇到一定的问题。因此，各地区、各部门要抓紧整理妨碍公平竞争实现的规定和做法，有关的清理结果也要及时向社会公开。

其次，政府要严格执行公平竞争审查制度。各地区、各部门在制定涉及市场主体的政府采购制度办法时，要严格执行公平竞争审查制度，谨慎评估市场主体对市场竞争的影响，防止出现排除、限制市场竞争问题。同时，政府应当定期评估企业采购相关制度对全国统一市场和公平竞争的影响，及时解决不利于市场公平竞争的问题。

再次，利用数字化技术降低营商环境中的时间和物理成本，进一步提升政府采购透明度。加快数字技术在电子政务中的应用，将以前通过人力去办的事情积极转换成电子化流程，节省人力成本。对于以前浪费大量的纸张来回流转批示的现象，可以实行网上办理，节省资源和成本。因而，用数字技术再造政务流程，不仅提高了行政效率，降低了行政成本，还释放出了更多的行政资源为人民群众和企业办事。另外，要利用大数据、云计算、物联网等数字技术完善政府采购信息发布平台的服务功能，便于供应商提前了解采购信息，保持市场正常运行。

最后，完善政府投诉渠道，建立与"互联网＋政府"相适应的快速沟通渠道，为供应商提供标准统一、高效便捷的维权服务。一是要完善政府答疑的内部控制制度，对于供应商提出的问题，政府部门应当及时答复和处理，进一步健全政府投诉处理机制。二是对依法处理方式的完善，可以专门建立一个融合当事人在线起诉、应诉、举证、质证、参加庭审，以及法官立案、分案、审理、判决、执行等诉讼全流程功能模块的网络平台，并通过互联网技术实现大数据、人工智能等数字技术与审判、执行全流程的融合，技术条件的有效支撑与审判团队的专业知识相结合，推动诉讼链条全程数字化发展。三是各地区、部门要提高重视程度，充分认识到维护公平竞争市场秩序、优化政府营商环境的重要意义，强化监督检查，确保各项工作的要求都落实到位。

八、促进数字技术与传统产业的融合应用

我国数字化服务业已经走在世界前列，特别是零售行业正带动我国的消费服务不断升级，而农业与工业的数字化转型升级则相对滞后。基于此，首先，我国要通过减税降费等机制、体制充分释放政策红利，鼓励数字技术与农业、工业相融合，促使新业态、新模式不断发展，切实降低企业数字化创新转型的成本负担；其次，面向重点领域加快布局工业互联网平台，鼓励广大企业依托工业互联网平台积极探索平台化、生态化发展模式，改造传统价值链、产业链、服务链与创新链，促使数字技术对传统产业进行改造与创新；最后，要完善信息消费市场监管体系与网络安全防护体系，规范数据采集、传输、存储、使用等与数字经济有关行为，加大对网络数据和用户信息的保护力度，充分激发民众数字消费潜力。

九、减少数字技术对就业的结构性冲击

数字技术对劳动力市场造成的结构性冲击，不仅关系到国家数字鸿沟与贫富差距问题的解决，甚至会影响国家整体的数字经济发展水平。基于此，各参与主体应做到以下几点。

首先，政府要与各方合作，开展面向全民的数字素养教育，特别是针对下岗员工、残疾人等不适合固定场所就业的特定人群，可通过提供相应的数字素养培训和职业技能培训，协助其在数字经济领域转岗就业。

其次，要全面强化学校的数字素养与数字技能教育，在各阶段开设网络和计算机基础知识、基本技能、人工智能等课程，使数字素养成为年轻一代的必备素养，在高校开设各种与数字技能有关的校企共建课程，通过举办各种技能竞赛、创业集训营等来培养数字技术高端人才。

再次，借助数字技术打造各种就业、创业平台，持续降低创新创业的门槛和成本，支持众创、众包、众筹等多种创新创业形式，形成各类主体平等参与、广泛参与的创新创业局面，为人们创造更多兼职就业、灵活就业、弹性就业机会，增强劳动者在数字经济发展中的适应性与创新性，化解数字经济对就业的结构性冲击。

最后，促使移动互联网、人工智能、大数据等数字技术在养老、医疗保障等社会保障领域广泛应用，同时加快建立、完善适应数字经济发展的用工和劳动保障制度，加强对弱势群体的帮扶力度，为个人参与数字经济活动保驾护航，促使数字经济发展的成果全民共享。

十、加强平台经济对数字经济转型的助力

近些年，数字技术领域的领军企业以技术为支撑，创建了产业平台这一新的商业模式，不仅对产业生态进行了重塑，还开创了平台经济的新局面。中国企业转型升级，必须拥抱平台经济，加速数字化转型。

（一）平台经济催生新动能，助力转型升级

1.外部环境变化提高转型升级紧迫性

（1）宏观环境挑战增多，旧有增长模式难以为继

在基础设施投资与出口双轮驱动之下，中国经济实现了长达数十年的高速增长，成为第二次世界大战后世界经济史上的奇迹之一。但是，不管是不断下降的

国内生产总值增速，还是关于经济"L"形走势的论断，都指向一个事实——旧有增长模式已经走到尽头。传统经济增长模式的失速，以及多年来不均衡发展积累的矛盾的爆发，使得企业的未来发展面临各种各样的挑战。

第一，生产要素价格的不断上涨，增加了企业的运营成本，威胁着国内企业在全球市场上的竞争力；人口老龄化带来了后续劳动力供应不足的问题，致使劳动力成本上升；而多年来依靠海量货币投入推动增长的模式，造成了资产价格，特别是土地价格猛涨。

第二，需求端的疲软，不仅直接导致经济增长乏力，更使企业的盈利能力被削弱。全球金融动荡冲击了全球贸易，加之经济全球化进程中利益分配问题引发的逆经济全球化风潮，使中国出口增速大幅下滑乃至负增长；作为另一增长驱动力的基础设施投资，常年的巨额投入致使边际回报不断下降，而作为投资主体的地方政府债务飙升，其持续投入的能力受到质疑；同时，作为增长支柱与稳定器的消费，尽管仍旧保持增长，但其增速不足以抵偿出口与投资疲弱的影响。

（2）行业内的产能过剩与过度竞争

多年来，中国以投资带动增长的发展模式，以及一些特定行业有限的开放度，使多数不存在准入门槛的行业存在不同程度的产能过剩。不管是玻璃、水泥与电解铝等基础材料制造领域，还是汽车、造船与家用电器等消费品和资本货物生产领域，乃至太阳能电池板和风力发电机等新能源装备领域，过剩产能的存在使业内企业面对上游供应商和下游用户时议价能力缺失。而闲置产能所产生的利息与折旧等费用，使企业的运营成本进一步增加。同时，地方政府出于就业与维稳等目的的考虑，使过剩产能的退出渠道不畅，过度竞争将导致整个行业低盈利甚至亏损。

（3）跨行业颠覆者的威胁

数字经济巨头对于传统行业的渗透与颠覆不断加速，从零售与消费服务到医疗与公共服务，凭借对于数字化运营模式的熟谙，雄厚的资本及人才方面的优势，它们不仅对"游戏规则"进行了改写，而且还对传统行业既有的模式进行了颠覆，增加了传统行业企业数字化转型的紧迫性。

平台模式带来的产品服务化及随之而来的共享经济的崛起，在很大程度上挑战了传统行业通过产品销售创造利润的商业模式。产品服务化和共享经济为用户带来的支出节省与资产利用率的提升，从另一个角度看就是对于产品总需求的抑制，这将使本已饱尝需求不足之苦的企业雪上加霜。

2. 平台经济推进中国企业增长、提效与创新

首先，深度互动，强化与客户的联系，拓展新市场，实现差异化。平台经济背景下，企业将更直接地与客户、合作伙伴互动，推进产品和服务的差异化，加速创新，突破恶性竞争的红海。其所带来的与客户、合作伙伴间的直接和智能化的互动，一方面将使企业强化对于客户的需求、偏好、消费场景与购买行为的洞察力，使得产品和服务的个性化与定制化成为可能；同时便于将客户引入到产品与服务研发过程中，创新营销模式，获取产品的溢价收益，提高客户的忠诚度。另一方面，与合作伙伴更加高效、直接和频繁的互动，便于双方或多方的创新活动的整合，实现协同创新，提高创新效率，分担创新风险。研发平台与客户互动平台的数字化连接，将大幅加速研发进程，降低研发失败率，缩短创新产品与服务的面世时间。

其次，资源共享降低成本，协同提升运营效率。平台经济带来的资源共享福利，将提升企业对各项资源的利用率，节省资源获取成本。这里的资源既包括 ICT 基础设施、仓储物流基础设施等有形的资源，也包括人才与技能、客户关系和供应商资源等无形的资源与能力。其中，互联网企业的技术开发者在资源与工具方面共享的成功经验值得借鉴，其不仅创造出"开发者经济"这种新的经济模式，也使之成为移动应用开发平台吸引开发者的核心竞争力之一。未来，随着消费者洞察力的不断深化和所用设备智能化水平的不断提高，人工智能驱动的自动化与自主运营，以及运营流程的自我完善与优化，将提升运营效率。

最后，降低跨国运营门槛，加速国际化运营进程。国内经济增长放缓带来的经济增速的下降和随之而来的竞争的白热化，使越来越多的中国企业把开拓海外市场并实现跨国经营作为保持增长动力、实现转型升级的重要路径。平台化运营在促进企业运营国际化方面将发挥重要作用。一方面，电商等前端流程的数字平台本身所具备的跨国属性，将降低企业拓展海外市场的门槛——不管是借助亚马逊这样的第三方电商平台，还是自建电商网站，都是快速、低成本对海外市场进行拓展的渠道；另一方面，内部流程的平台化运营，将使不同地区的分支机构可以实现资源共享，提高运营效率，并降低运营成本。

（二）优化平台发展环境，促进平台经济健康成长

平台经济的发展与推广，在助力企业转型和推动市场经济增长的同时，也成为中国产业升级和经济转型、建设数字中国的重要动力。共同努力，营造有利于这一创新商业模式发展的环境，促进其健康快速发展，已成各方共识。

1. 平台经济环境的内容

（1）数字技术与服务用户

数字化用户数量的增长对于平台经济的重要性不言而喻。首先，网络效应和双边市场效应是平台经济的核心驱动力，当平台的用户数量增加时，这将带来指数级增长的价值创造机会。更多的用户意味着更多的参与者和互动，可以形成网络效应，增加平台的吸引力。双边市场效应进一步加强了这种效应，因为用户数量的增加会吸引更多的企业和服务提供商加入平台，为其提供更多的产品和服务。其次，平台经济的商业模式通常是轻资产运营，具有较低的固定成本。这意味着，对于规模的增长，收入和利润具有巨大的弹性。当用户数量增加时，平台可以通过增加广告收入、提供高级功能或增值服务来获得更多的收益。平台的运营成本通常是按照用户数量而非用户单价来计算的，因此，用户数量的增长可以显著提高平台的盈利能力。

（2）基础设施与服务水平

首先，"连接"的数量和质量是评估基础设施供给水平的重要指标。物联网和工业物联网的发展水平和普及程度直接影响着平台经济的发展。物联网的发展可以将各种设备和物体连接到互联网，实现信息共享和互操作性，为平台经济提供更多的参与者和数据源。而工业物联网则进一步将物联网应用于制造业，实现智能化和自动化生产，为平台经济提供更多的合作伙伴和生产数据。因此，随着物联网和工业物联网的发展，基础设施连接的数量和质量得以提升，为平台经济提供了更大的发展空间。

其次，数据分析和处理能力也是基础设施供给能力的重要组成部分。云计算等技术为平台经济提供了大规模的计算和数据存储能力。平台经济需要通过处理和分析数据来实现个性化的推荐和精准的服务，而云计算的发展使得平台恰好能够处理和分析大规模的数据。此外，随着人工智能和机器学习等技术的发展，平台经济可以更好地利用数据资源，为用户提供个性化的推荐和智能化的决策支持。

（3）数字平台相关的创业环境

平台经济是一种新型商业运营模式，其发展与推广需要充足的创新型人才作为保障。具体而言，这种保障既包括大量的高质量技术与管理人才，如信息化科技与工程人才，也包括愿意承担风险、获取回报、具备创业相关技能的创业者。这些人才是平台经济发展和推广的关键因素，对于平台的成功运营和行业的持续发展具有决定性的影响。数字化平台经济的发展与推广，需要政府相关部门将相关人才的培养作为教育体系发展的优先领域。政府应当通过制定相应的政策，加强对信息化科技、工程等领域专业人才的培养，以及培养更多具备创业相关技能的人才。此外，政府还可以通过财政支持、税收优惠等政策措施，鼓励企业加大对人才培养的投入，吸引更多的优秀人才参与平台经济的发展。

（4）开放创新文化

数字化平台作为新型商业运营模式，其发展与推广确实有赖于鼓励创新、宽容试错的文化氛围。这样的文化氛围可以激发员工的创新精神，鼓励他们勇于尝试新的商业模式和运营策略。同时，这种文化氛围也可以吸引更多的创新人才加入平台经济领域，进一步推动平台经济的发展。在平台经济的实践中，平台经济的实践者需要以开放的心态与各方展开合作，包括其他企业、政府、用户等。通过合作，可以共享资源、优势互补，推动平台经济的全面发展。例如，平台实践者可以与高校和研究机构合作，共同研发新的技术和产品；与政府部门合作，共同制定行业标准和政策；与用户合作，共同优化产品和服务。

2. 优化平台经济发展环境的途径

（1）强化基础设施与用户规模等"硬环境"优势

中国用户和企业对数字技术的全面拥抱，在很大程度上得益于中国高速发展的数字化基础设施。随着移动互联网和以此为基础的智慧城市和无线城市建设的逐步展开，中国的互联网普及率连年升高。同时，中国的数字用户对新技术、新产品和新体验的期望不断提升，催生了一个高度开放、充分竞争的数字消费市场，这为企业的产品创新、服务创新和商业模式创新提供了巨大压力和动力。基础设施与数字化用户规模的优势，使中国成为数字化平台型企业诞生与发展的沃土。

未来中国在 ICT 基础设施和用户规模等硬环境方面，应当更聚焦于中小城市与农村；在加大投入升级这些地区的基础设施的同时，通过教育与培训，如远程教育，提高这些地区人口的数字化知识水平与应用能力。

（2）建设创新文化，完善配套法规

中国基础设施与用户规模优势十分明显，如果可以加强创新文化的建设，并完善相关配套法规，我国将在全球数字化和平台化浪潮中获取更大的先机。相关部门应着力对平台经济运行的软环境进行改善，保障用户权益并进行风险控制，加速相关举措的落实，鼓励新技术与新模式实验与推广。释放平台发展动能，降低商业模式与技术的创新的成本与门槛，实现平台经济的发展红利最大化。

第二节　数字经济的治理新路径

加强数字经济治理，需要构建政府、市场、平台协同共进的格局，形成有为政府、有效市场、有责平台的创新治理局面，打造"治理体系＋市场机制＋创新机制＋安全机制"的协同治理体系。

一、加快政府治理体系变革

针对监管失灵、新型生产关系调节不到位的问题，政府部门需要从完善法律法规、创新监管方式、优化营商环境等方面入手，加快政府治理体系改革。

（一）完善法律体系

优化数字经济制度，确保多元主体的共同行动能力，首先要对数字经济法治环境进行完善。通过法治建设，维持公平的市场竞争秩序，维护各个主体的合法权益，严厉打击各种违法和侵权行为。这既是数字经济协同共治的前提，也是治理的重点。

1. 加强数据保护

信息泄露和侵犯隐私是数字经济领域最为突出的法治问题之一。当前，电子商务、网络求职、网约车等互联网平台上有着很多用户大量的隐私信息，这些信息一旦在网络上公开，由于网络信息传播的不可控性，就会形成"覆水难收"之势，这给传统侵权责任的分析和判定带来了新的难题。因此，要在强化《中华人民共和国数据安全法》《中华人民共和国个人信息保护法》执行力度的同时，出台更多可操作性强、预防性强的具体管理办法，尽可能消除数据侵权滥用等行为，形成事前阻断、事中监管、事后惩戒的全流程保护机制，防止一些不法商家、机构甚至数字经济企业非法利用数据谋取不正当利益。

2. 合理管控行业垄断

一方面，数字经济"头部效应"非常明显，"赢者通吃"的现象比传统经济业态更为突出。一些以互联网技术为代表的高科技领域公司通过买断竞争者或开发竞争性服务，凭借技术优势，迅速控制新市场，其他企业主体只能得到很小的市场份额。互联网带来的不仅是数字鸿沟的消除和更加公平的市场竞争，还有差异性和不公平程度的增加。因此，反垄断是数字经济管控的一项重要内容。特别是对自然垄断性强，采取排他性交易等方式分割市场、限制竞争的行业必须采取干预措施，用好以反垄断为代表的竞争调节工具。

另一方面，也必须认识到网络经济具有一定的集聚效应，在一定时期内存在较大市场份额占比的数字经济机构和垄断性行业结构是客观存在的。数字经济的发展依赖数字技术的不断创新和进步。数字技术的不断迭代和发展，使得数字经济具有较高的灵活性和适应性，能够快速响应市场需求和变化。数字技术的不断创新也是推动数字经济不断发展的关键因素之一。虽然具有技术创新动力和能力的企业会寻求技术垄断地位，但这种垄断并不一定会抑制和阻碍其他企业的发展。首先，数字经济的竞争格局变化很快，新的技术和企业不断涌现，使得技术垄断往往只是暂时的。其次，技术垄断也可能会激发其他企业和研究机构更加努力地进行技术创新，以打破垄断现象并获得市场竞争力。此外，技术创新的成果往往具有公共产品的属性，可以共享给其他企业和消费者使用，这也有助于推动技术的进一步发展和应用。

所以，对于由于行业或产品自身特点而形成单一竞争局面的企业，不能一味强调法律规制和政府干预，要把重点放在加快市场竞争、维护市场价格秩序方面。

3.做好知识产权保护

数字经济的创新动力是数字技术，数字经济企业的价值不单单是通过营业额体现的，更多体现为其独特的商业理念、拥有的知识产权和研发能力，所以数字经济时代要做好知识产权保护工作。

一方面，网络环境下信息传播和获取的速度较快、成本较低，很容易导致创新活动的"搭便车"现象，知识产权通过对权利人专有权的保护，在很大程度上能够激发企业的创新活动，通过知识产权保护增加企业的创新积极性。

另一方面，在现代信息技术不断发展的过程中，知识产权与市场竞争的矛盾更加突出。如何在保护好知识产权人合法利益的同时，充分发挥数据、技术、知识的作用，促进共享、共创、共赢，需要寻求新的切入点。从欧盟的经验来看，知识产权的竞争和合作的平衡点在于协同创新。

（二）构建协同机制

1.明确协同数字经济监管的界定标准

数字经济的快速发展给相关法律法规的制定和落实工作带来了新的挑战，而相关政策制定标准的统一则是解决问题的重要途径。在法律层面上，相关单位需要对数字经济领域的标准和规则进行明确的界定，并提供统一的依据标准给执法机构。这将有助于提高执法机构的执法效率和准确性，确保市场竞争公平并维护各方合法权益。标准的统一是确保法律法规实施的关键，也是促进数字经济领域各主体合作的基础。在技术层面上，对于数据的处理和利用确实需要统一的标准和规范，特别是在大数据的应用方面，统一的统计口径、接口、计算方法能够确保数据的准确性和互操作性，促进各个主体的合作和共享。此外，建立一个全面的标准体系也是非常必要的，可以在法律法规的基础上规范各类标准的使用方法，形成一个有序的数字经济标准生态系统。为了实现标准协同，在政府与行业组织之间的合作非常关键。政府在制定法律法规和监管政策时，应积极倾听行业组织和企业的意见，形成共识。行业组织则可以参与标准的制定和修订过程，为政府提供专业的技术支持和建议，确保标准的科学性和可行性。

2. 协同企业规则和法律体系

数字经济具有自组织性，在维护数字经济秩序方面，数字经济企业的规则体系发挥着重要作用。数字经济企业通过积累大量的交易和行为数据，能够为规则和法律体系制定提供精准的数据支持，以便更好地预测和判断事件的发生，并不断完善自身的运作机制和制度。在法律的修订和完善过程中，政府应该借鉴数字经济企业的规则经验，将其有益的经验纳入法律层面并推广应用。这样可以使法律更加符合数字经济的特点和需求，提高法律的适应性和可执行性。借鉴数字经济企业的规则还可以加强法律体系与数字经济企业规则之间的连接和协同，确保数字经济企业规则能够与相关的法律法规有效地结合起来，更好地维护数字经济市场秩序。

3. 制定面向社会主体的协同治理规则

随着数字经济的快速发展，相关的治理规则刚刚起步，很多地方还是治理和监管的盲区，对于社会治理主体如何分工、如何合作尚未达成共识。例如，在以网约车为代表的平台经济治理方面，理论界和实际工作者在企业主体应承担哪些协同共治责任方面达成了一定的共识，但对于行业组织、公民个人等各方应具体承担什么样的治理责任、如何行使治理权则没有统一认识。为了解决这些问题，政府需要建立和完善社会主体协同治理规则体系，让各社会组织、公民等第三方力量能够有序参与数字经济治理。具体而言，可以采取以下几项措施。

（1）建立激励规则

通过建立激励规则来刺激公民参与数字经济治理的积极性。例如，可以给予积极提供治理建议的公民一定的奖励或优惠。

（2）建立制约规则

通过建立制约规则来防止公民滥用参与权。例如，可以制定相应的法律法规来规范公民在数字经济治理中的行为，避免出现恶意攻击、虚假举报等不良行为。

（3）明确各方责任

对于企业、行业组织、公民个人等各方应承担的具体治理责任和义务，需要进一步明确和细化。例如，可以制定相应的规章制度来规范各方的行为，明确其应承担的治理责任和义务。

（三）强化信用监管

数字经济不断衍生新产业、新业态、新模式，政府监管也同样要有新方法、新手段。数字经济虽然增速很快，但仍处于发展过程中，政府要包容审慎，让制度和监管加快"上线"，保持"在线"，以科学精准的治理，推动数字经济有序健康发展。

其中，信用监管是一个比较适合的方法，即强化以信用为基础的数字经济市场监管，建立完善的信用档案，实现政企联动、行业联动的信用共享共治，加强征信建设，提升征信服务供给能力。

1. 信用监管是数字经济监管的新发展方向

《左传》有云：信，国之宝也，民之所庇也。人无信不立，业无信不兴，中国传统文化将诚信视为安身立命的根本。改革开放以来，我国建立了传统市场经济国家所不可或缺的金融征信制度，信用成为重要的经济治理手段之一。

信用是现代市场经济的生命。数字经济背景下，数字经济的信用化发展趋势较为明显，数字经济的发展有赖于信用保障，离开信用的保障，数字经济不可能持续发展，甚至可以说，数字经济就是信用经济。

在市场交易日益信息化和数字化的背景下，以信用为基础的市场交易数量日趋增加，现代信用既具有一定的财产意义，又具有一定的人格品性，市场主体从工商业时代单纯以物理方式存在的公民、法人或者其他组织，转变成流转于现实、虚拟双重空间，以数字信息方式存在的信息主体。

随着大数据产业的迅猛发展和全球个人信息隐私性增强，传统的监管模式不再适应现有的社会经济活动要求。一方面，数字经济产业跨界融合，与传统行业分业管理的模式存在矛盾。另一方面，数字经济以互联网为载体，打破了传统物理空间的限制，属地监管不符合数字经济企业高效率、低成本的要求，并且在互联网平台下，海量的交易量也在很大程度上给传统的监管方式带来了新的挑战。

2019 年，国务院办公厅在《关于加快推进社会信用体系建设构建以信用为基础的新型监管机制的指导意见》中提出，充分发挥"互联网＋"、大数据对信用监管的支撑作用，实现信用监管数据可比对、过程可追溯、问题可监测；切实加大信用信息安全和市场主体权益保护力度，积极引导行业组织和信用服务机构协同监管。2020 年 12 月 7 日，国务院办公厅发布的《关于进一步完善失信约束制度构建诚信建设长效机制的指导意见》进一步强调要规范公共信用信息共享范围和程序。2021 年，《法治中国建设规划（2020—2025 年）》明确提出，要探索信用监管、大数据监管、包容审慎监管等新型监管方式。

2. 建立健全以信用为基础的新型监管机制

创造诚实守信的市场环境，是塑造市场化、法治化、国际化营商环境的内在要求，也是降低交易成本、提升资金流通效率的重要举措。

（1）推动信用向更广范围覆盖

十八大以来，我国信用体系建设进程不断加快，涉企信用信息整合共享机制日趋完善。国家企业信用信息公示系统、金融信用信息基础数据库等平台，在归集共享信用信息方面也发挥了重要作用。

信用共享平台建设提高了信用的覆盖率，就中小企业的贷款难问题而言，我国中小企业普遍存在财务信息不透明不规范、抵押财务少、规模不经济、倒闭风险高等问题，较难通过银行系统取得间接融资，数字化有效解决了中小企业长期以来信息不对称、信用不充分的问题。政府通过大数据征信平台建立对中小企业融资难题进行解决，建立"信息积信用、信用换融资、融资降成本"的机制，让金融机构更加准确地对中小企业的信用信息加以把握，从而促进融资模式从主体信用转变为资产信用和交易信用。

数字经济时代下，借助强大的数据和平台支撑，信用主体的基本信息、违约信息、违法信息等可以更加充分的披露，方便信用信息的传递。因此，下一步要推动信用监管范围进一步拓展。在数字经济时代，每一个市场主体和公民都应该有自己的信用信息。

（2）推动信用评价更加具体精准

现代市场主体及其信用信息的存在方式决定了信用的数据属性，表现为"一切数据皆信用"。信用数据作为市场主体守信履约，甚至"人格"特征的描述与评价依据，既是市场主体恪守诺言、履行约定的客观表述，也是信用预测的主要载体和依据。这些信用来自不同方向、不同方面、不同时期和不同条件，有的甚至相互矛盾，政府需要让这些看起来繁杂而不精确的混沌数据成为市场主体画像的精准刻画依据，这中间需要做大量工作。

大量信用数据要转换成对市场主体信用的精准评价，这中间的关系不是简单的、线性的、封闭的因果关系，而是动态的、具体的甚至是复杂的，类似于市场主体"人格"的描述。

当然，使信用评价更加具体精准的前提条件是要有各个角度的信息，公共信用信息机制为人们提供了基础性信息。多层次多角度的信息产品提供者为信用主体提供了更加丰富和多元的信用产品，信用主体的诚信评价更为立体和全面。

（3）部门联合，打破信息壁垒

要进一步完善"让守信者处处受益"的体制机制，让守信有价、有用、有感。大力推动信用惠民便企建设，广泛推广信易贷、信易租、信易游、信易行、信易批这样的信用创新产品和服务，让"诚信"成为每个企业和个人的"可变现资产"。

二、加强数字经济安全性

针对数字经济发展中安全失灵、系统性风险需高度警示等问题，政府有关部门需要从产业生态安全、平台运营安全、网络信息安全等方面入手，构建数字经济安全治理体系。

（一）构建产业生态体系

一是坚持包容审慎、底线监管原则，坚定不移地支持各类平台进行信息服务发展。为推动行业组织模式、服务模式和商业模式的转型升级，应鼓励企业利用互联网、大数据、人工智能等技术和思维进行业务模式创新。同时，密切跟踪新业态发展趋势，完善新业态统计监测体系，加强对各类平台信息服务潜在风险的研究和预判，并及时调整和完善融合创新领域的行业管理规范和监管措施，以确保新旧业态公平、公正、平稳地发展。为了提升数字经济监管治理能力，应充分利用互联网、大数据、人工智能等技术手段，构建数字化、网络化、智能化的数字经济监管治理平台。这个平台应该具备数据汇聚、事中监管、趋势研判、协同联动等能力，以实现对数字经济的全面监管。

二是突出重点产业和关键技术，明确要求、落实责任、扩大新产品应用。支持整机企业牵头，建立产业链上下游企业合作机制，组织材料、零件、部件、配套、整机等生产企业进行对接。强化基础，鼓励龙头企业推出拥有自主知识产权的服务器、个人计算机、手机、云计算、物联网等的操作系统，加快安全可控系统软硬件生态系统建设进程。

（二）保障平台运营安全

1. 规范平台运营机制，健全相关标准体系

首先，在现有法律框架内，进一步细化平台漏洞收集、披露、授权机制，确定披露类型、披露主体及披露时间，引导其通过会员机制、协议、授权等方式，合法进行漏洞收集、披露工作。其次，健全漏洞安全评估、"白帽子"信用评级等标准体系，并切实推动《信息安全技术　网络安全漏洞分类分级指南》国家标准的贯彻实施，促进漏洞平台规范化发展。

2. 改善平台内部管理模式，降低潜在安全风险

首先，平台应为"白帽子"与厂商建立合理的、良性的、透明的互动机制，充分发挥"桥梁"的作用，促进自身发展。其次，平台应对重要漏洞信息实施加密传输存储和证书签名等措施，确保其保密性、完整性及可溯源性。最后，应对"白帽子"实施实名认证等身份管理，采用信用评级制度，增加"白帽子"的可溯源性和可信性。

3. 多措并举，健全我国漏洞安全应急响应体系

首先，鼓励电信基础运营商等重点企业建立应急响应中心，构建直接面向"白帽子"的，更加开放高效的漏洞响应机制。这个措施旨在提高漏洞响应机制的工作效率和安全性，避免漏洞信息向第三方扩散泄露，确保关键网络安全问题有序可控。

其次，提升行业安全意识，鼓励中小互联网企业增加安全投入，并主动借力行业第三方漏洞平台等资源，不断增强自身网络安全防护能力。这个措施强调了中小互联网企业自身的安全意识和安全资金投入的重要性，同时也利用行业第三方资源提升了整个行业的安全水平。

最后，研究并形成有效机制，促进国家级官方漏洞通报机构、行业第三方漏洞平台和企业应急响应中心长期协同发展，这个措施旨在建立更加紧密的合作关系，形成更加完整的国家级联动应急响应体系，以更好地应对网络安全威胁和挑战。

（三）加强网络信息安全

1. 建立安全防护体系

坚持技术的自主可控，尽快在核心技术上取得突破，加快安全可信产品的推

广应用，建立安全防护体系，保障物理设施、网络平台、应用、数据等健康运行。强化关键领域数字基础设施的安全保障能力，切实加大自主安全产品的采购推广力度，保护专利、数字版权、商业秘密、个人隐私数据。

2. 完善网络安全保障制度

网络安全是当前互联网发展中面临的一个重要挑战。为了保障网络安全，政府需要在重点领域、复杂网络、新技术应用、大数据汇聚、互联系统等方面加快网络安全保障制度建设进程。这包括提高该制度在系统访问、技术应用、复杂网络、数据流通等方面的安全管理能力。同时，需要加快构建网络安全保障平台，加强大数据、人工智能等技术在网络安全保障过程中的深度应用。这样可以实现网络安全监管数据的快速、实时、无缝流动，推动跨部门、跨层级、跨区域业务协同，促进线上线下融合。只有这样，才能快速响应和处置网络安全事件。

三、开展双多边数字经济治理合作

数字经济是一种超越地理边界的经济，其优势在于能够不受时空限制开展跨区域、跨国界的活动。数字信息产业具有渗透性、外溢性、互补性特点及较高的技术提升和广泛应用潜能，具有较大的纵向和横向外部性，可以渗透到生产、分配、流通和消费等各个环节。数字经济是今后社会经济增长的重要源泉，是提高全要素生产率的重要途径，是促进制造业、服务业融合发展的重要载体，也是维护和提升全球产业分工体系稳定性、安全性的重要依托。为了提高数字经济治理能力和治理水平，我国需要积极开展双多边数字经济治理合作。

党的十九届五中全会提出，要建立数据资源产权、交易流通、跨境传输和安全保护等基础制度和标准规范，推动数据资源开发利用。[①] 这就为开展国际双多边数字经济治理合作指明了方向。在开展双多边数字经济治理合作的过程中，要以网络安全为基石，以发展共享为内容，以依法治理为保障，以共同价值为纽带，树立整体思维和底线思维，正确处理好开放和自主的关系。

第一，双多边数字经济治理合作可以依托我国超大规模市场优势开展，积极参与全球数字治理规则制定过程。我国已成为全球最大的电子信息产品制造基地，拥有全球用户最多的移动通信网络，而且已建成全球最大规模的下一代互联网。我国数字经济发展持续向好，提升了我国在双多边数字经济治理合作中的话语权。促进全球数字治理规则制定和应用，既是我国的发展需求，也是我国的发展责任。

---

① 习近平. 关于《中共中央关于制定国民经济和社会发展第十四个五年规划和二〇三五年远景目标的建议》的说明 [J]. 共产党员，2020（21）：8-11.

一方面，需要完善我国相关政策制度，促进开放合作；另一方面，需要加强国际政策、监管、法律的统筹协调，建立数据资源产权、交易流通、跨境传输和安全保护等方面的基础制度和标准规范，建立包容审慎监管机制，着力消除阻碍新业态、新模式发展的各种行业性、地区性、经营性壁垒，以积极有效的制度和政策提升双多边数字经济治理合作水平。

第二，充分利用我国已经开拓的良好国际平台，为提高双多边数字治理合作能力和水平做出贡献。例如，充分利用上合组织、世界互联网大会、世界人工智能大会、中国国际智能产业博览会等平台，借助世界银行、国际货币基金组织、二十国集团、世界经济论坛、亚太经合组织、全球移动通信系统协会、国际电信联盟、联合国经济和社会事务部、联合国贸易和发展会议等国际组织，传递中国的声音，提供中国方案。

第三，加强技术创新，提高双多边数字经济治理合作能力和水平。技术在解决数字经济安全问题方面，正在发挥着日益重要的作用。在双多边数字经济治理合作过程中，要努力搭建数字经济网络交流平台，推动双多边数字经济治理合作。如今，我国在通信、高性能计算机、数字电视等领域已经取得了一系列重大技术成果，形成一批国际知名的信息科技企业，如华为、海尔、联想、中信、TCL 等。在信息安全方面，我国也取得了一些创新性成果，如被国际同行称为"肖 -Massey 定理"的相关免疫布尔函数的频谱特征；二元伪随机序列，其揭示了密码设计一类新的非线性资源的密码学性质；比特跟踪方法，其在国际上产生了重大影响。在国内电子政务市场，我国产的 PKI（公钥基础设施，Public Key Infrastructure）系统已占主流。[1] 在信息技术的应用方面，我国计算机集成制造系统技术得到推广；农业信息化示范系统及其应用获得了联合国的认可；这些都标志着我国在工业自动化领域有了国际认可的自主核心技术。这些有利条件都为我国倡导的构建双多边数字经济治理合作体系提供了良好的技术支持。

数字技术可以在一定程度上打破行业壁垒，跨界连接多个企业、多个产业和多种生产要素，形成提供解决方案的产业生态圈。数字化网络平台可以聚合产业链上多环节、多种类企业和多种生产要素，为各方提供多种类型的交互机会，提供业内所需的各种服务。平台内的消费者、企业和各种生产要素彼此相连，实时互动。当原有的产业链断裂时，平台可以迅速找到替代或调整方案，快速补链、接链。相较于线下单点连接的传统产业链，数字化平台可以形成多点连接的产业

---

① 张世龙，马尚平. 技术突变下后发国家自主技术创新战略研究［M］. 北京：科学出版社，2013.

网链，大大提高全球分工体系的稳定性和安全性。

第四，创建开放共享、协同创新的数字经济发展环境，构建各方联动的创新生态系统。数字经济跨区域、宽领域的特点，要求我国构建无缝隙、动态化的双多边协同管理机制和工作平台，对普遍性或突发性问题迅速反应、及时处理。要综合运用法律、技术、市场手段，建立开放共享、协同创新的数字经济发展环境；构建数字经济领域的开源平台体系，加强前沿基础研究和应用基础研究布局，构建数字生态系统；建立高效的协同治理机制。在开展双多边数字经济治理合作过程中，我国必须完善数字经济治理的对话协商与国际合作交流机制；各国都需要进一步开放，积极融入全球市场，参与全球数字治理，围绕数字产业化，建立国际合作广泛、产业链供给完善的生态体系，加大数字经济投资力度，创建良好的数字经济发展环境。

第五，依靠我国国内经验，促进数据要素市场发展，完善竞争政策体系和市场监管体系，创造清净的数字经济生态环境。从持续开展"净网""剑网""清源"等专项治理行动到推动快递绿色包装标准体系建立，通过一系列举措提升我国在完善网络经济规章制度、优化网络消费环境方面的话语权。打造便捷高效、公平竞争、稳定透明的营商环境，做大做强全域性普惠型工业互联网，提升企业服务云平台的公共性、综合性水平，扩大数据存储空间，强化数据加工能力，提高数据流动效率，让新型基础设施在发展壮大数字经济、推动产业转型升级等方面发挥更大作用。从全球治理角度看，数字经济在引领经济全球化的同时，也促使全球经贸模式有了革命性转变，推动全球经济向着更具有包容性的方向转变。在开展双多边数字经济治理合作过程中，坚持以互利共赢为导向，推动全球数字经济治理体系的共建、共治、共享，有望建成一个多边、民主、透明的全球数字经济治理体系。

第七章 面向数字经济的"专精特新"企业成长之路

随着数字经济的快速发展，"专精特新"企业作为中国工业经济体系中的"排头兵"，正面临着新的挑战和机遇。数字化转型成为"专精特新"企业发展的必然趋势。本章围绕"专精特新"企业的范畴、面向数字经济的"专精特新"企业的成长模式、面向数字经济的"专精特新"企业的成长策略等内容展开研究。

第一节 "专精特新"企业的范畴

一、"专精特新"历史背景

"专精特新"，即专业、精细管理、特色和创新，该词由时任工信部总工程师的朱宏任首次提出，他在《中国产业发展和产业政策报告（2011）》新闻发布会上提到，"十二五"时期将大力推动中小企业向"专精特新"方向发展。

随后，工业和信息化部《"十二五"中小企业成长规划》中提出，将"专精特新"发展方向作为中小企业转型升级、转变发展方式的重要途径，引导中小企业优化生产要素配置，促进中小企业集聚发展，形成一批"小而优""小而强"的企业，推动中小企业和大企业协调发展。

2012年，国务院发布的《关于进一步支持小型微型企业健康发展的意见》中首次提出"专精特新"概念，主要指代集中于新一代信息技术、高端装备制造、新能源、新材料、生物医药等中高端产业领域的、尚处发展早期的小型企业，它们始终坚持专业化发展战略，普遍具有经营业绩良好、科技含量高、设备工艺先进、管理体系完善、市场竞争力强等特点，并且极具发展潜力与成长性，有望在未来成为相关领域的"领头羊"。

从这些内涵概念来看，"隐形冠军"和"专精特新"其实是非常相近的，但最大的不同是"专精特新"是中国企业实现转型升级的手段和途径，而"隐形冠军"是一种结果。

二、"专精特新"企业范畴

我国中小企业数量庞大，是推动经济社会发展的生力军，在扩大就业、改善民生、促进创新创业等方面发挥着重要作用。"专精特新"企业是我国中小企业的重点发展方向，对提升我国工业基础实力，以及增强我国各行业产业链、供应链韧性和安全具有重要作用。

"专精特新"企业是专业化发展的企业群体，包括一般"专精特新"企业、"单项冠军"企业和"隐形冠军"企业等类型。一般"专精特新"企业、"单项冠军"企业和"隐形冠军"企业三者都坚持专业化发展，并在特定的领域和产业链环节中具有较强的市场竞争力。在经济体系中，一般"专精特新"企业的数量要远多于其他两类企业。"单项冠军"企业的规模实力和综合发展质量要优于一般"专精特新"企业。总体上，"专精特新"企业是在整个产业和企业体系中起着承上启下功能的重要作用，对于我国从经济大国迈向经济强国起到了关键性作用。

（一）"专精特新"企业

"专精特新"企业是指呈现专业化、精细化、特色化和新颖化发展特征的中小企业，主要具有如下几个特征：一是"专"，主要体现在专有的技术或工艺、专业的生产制造、专门用途的产品等方面；二是"精"，主要体现在精益理念、精细管理、精深技艺、精致产品等方面；三是"特"，主要体现在独特技艺、特殊研制、特色产品等方面；四是"新"，主要体现在新型科技、新颖产品、新增价值等方面。

（二）"单项冠军"企业

作为企业专业化发展的典范，"单项冠军"企业是经过高质量发展的"专精特新"企业。"单项冠军"企业坚持走"专特优精"发展道路，呈现出鲜明的行业特征和明显的发展优势。根据制造业"单项冠军"企业的申请条件和要求，"单项冠军"企业主要有如下特征。一是长期专业化发展。"单项冠军"企业专注于产业链某一环节或某一产品领域，进行长期深耕，一般会在相关领域进行十年及以上的专精发展。二是全球市场份额大。"单项冠军"企业注重国际化经营，拥有较强的国际竞争力和较好的发展潜力。三是技术创新能力强。"单项冠军"企业重视持续研发创新，拥有核心自主知识产权，生产技术和工艺处于国际领先水平，通过主导或参与制定相关领域技术标准来引领行业发展。四是综合经营绩效优。"单项冠军"企业注重产品品质和品牌建设，产品质量和关键性能指标处于国际领先水平，品牌溢价能力较强。五是管理制度体系好。"单项冠军"企业注重建立健全生产研发、财务、知识产权、技术标准、质量保证、品牌建设、安全生产、环境能耗等方面的管理制度，以完善的精细管理理念和方法夯实企业创新发展基础。

制造业单项冠军企业在我国制造业企业突破关键重点领域、整合利用全球资源、增强全球价值链地位和提升产业国际竞争力等方面发挥着重要作用，助推我国从制造大国向制造强国发展。

（三）"隐形冠军"企业

除"专精特新"企业、"单项冠军"企业之外，还有一个常见的相关概念——"隐形冠军"企业。"隐形冠军"企业也强调企业专业化发展，由于其在全球细分市场中拥有很高的市场占有率，所以成了细分行业的冠军企业。同时，作为零部件等中间产品的分工角色，由于产品不是面向终端大众市场，企业并不为太多人知晓，故而呈现"隐形"的特点。总体上，大多数制造业"专精特新"企业，也具有一定的"隐形"和"冠军"属性。

第二节　面向数字经济的"专精特新"企业的成长模式

数字经济时代，企业总体上沿着"流程创新——产品创新——品牌创新——延链集成——跨链拓展"的路径成长。从企业成长模式看，"专精特新"企业主要采用点式纵深成长和链式水平成长两种模式，一些规模实力较强的企业会采用平台生态成长模式。

一、点式纵深成长模式

点式成长是"专精特新"企业最具特色的成长模式，聚焦企业的核心业务领域垂直深耕发展。"专精特新"企业的点式成长模式，主要从运营效率、创新能力、服务增值、品牌声誉等方面来体现。

（一）提高业务运营效率

"专精特新"企业聚焦核心业务，通过不断对运营效率进行改进来产出性价比较高的产品，最终提升市场竞争力。企业业务运营效率的提高要循序渐进，不仅要高效运用劳动力、资金、设备等单一要素资源，如提高劳动生产率、资金周转率等，实现降本增效的效果，还要通过优化组合来使用多种要素资源，如更新改造生产设备以降低对劳动力的依赖、提高薪酬奖金以提升员工工作投入度和创新性等，实现不同要素资源的最优配置。因此，企业业务运营效率的提高，不能只关注怎样提高单一要素的使用和产出效率，而是要从整体性角度出发提高业务运营效率，否则，单一要素效率的提升可能会造成其他要素效率的波动，最终降低企业业务运营的整体效率。

北京某高新材料股份有限公司是一家主营高铁动车组用粉末冶金闸片及机车、城轨车辆闸片、闸瓦系列产品研发与销售的"单项冠军"示范企业，主要产品包括粉末冶金闸片、合成闸片、闸瓦等，是国内领先的高铁动车组用粉末冶金闸片供应商。作为机械制造企业，该高新材料股份有限公司探索出了涵盖研发、采购、生产、销售的体系化高效经营模式。首先，从研发设计端入手。通常产品设计端决定了产品成本构成的75%，所以该高新材料股份有限公司必须严格地分析和讨论每项新产品和新技术，评审立项后再进行产品设计、开发。其次，在采购环节应根据该高新材料股份有限公司内控流程加强对供应商选择、管理、价格谈判和合同签订等环节的监督，并且持续监控跟踪货物，确保能够在供应周期内保持充足的货物。再次，在生产端采取以销定产的计划管理方式，结合客户需求、销售订单、客户来料、工艺规程及历史销售等情况精益生产，并利用信息技术手段跟踪与检查生产全流程，确保产品质量的可追溯性。最后，在销售环节应考虑轨道交通行业的特性，该高新材料股份有限公司通过参与招投标等方式来进行销售，节约销售成本。

（二）增强产品创新能力

"专精特新"企业在发展核心业务的过程中，应通过与核心客户的紧密沟通合作，以及积累的知识和经验，准确理解客户的需求。只有真正洞察客户的需求，企业才能推出切合市场需求的新产品。在面临市场需求变化较快、较大的情况下，企业不能凭主观臆测来代替真实的市场需求，而应以客户需求为导向，注重客户反馈和市场调研，及时调整产品创新策略和方向。只有紧跟市场的变化，才能确保企业产品的市场竞争力。因此，"专精特新"企业应将客户需求导向作为产品创新的基本原则，不断改进和完善产品，以满足客户的需求。

亲近客户是企业洞察和了解客户需求的有效方法之一。除了直接从客户口中获取明确的需求外，观察客户的行为、消费体验及与客户进行非正式交流，都能帮助企业更深入地理解客户的需求。通过与上下游合作伙伴建立密切的合作关系，企业能够进一步提升产品创新能力。与客户和供应商的密切合作，可以让企业与市场建立紧密联系，及时获取市场动态和竞争信息，为产品创新提供更准确的方向。同时，在协同开放创新的过程中，与不同的合作伙伴进行研发和创新时，企业要汇集更多的智慧和资源，提升创新能力，实现持续发展。

（三）增加服务增值能级

"专精特新"企业大多生产工业中间产品，保持出色的产品功能属性是打开市场的基础，但这很可能无法帮助企业实现最优的收益回报，因为很多情况下产品的功能属性容易同质化，在数字经济时代激烈的市场竞争环境下，同质化产品往往只能采取低价来进行销售，这会不断削弱产品的盈利能力。因此，"专精特新"企业往往采用"制造＋服务"的方式，在向客户提供优质产品的同时注重客户服务体系建设，用个性化的服务能力将企业与其他竞争者进行区分，并在服务过程中增强客户的黏性，最终提升产品的溢价能力。

面向企业的服务可以是多层次的、跨领域的，但企业在为客户提供全方位服务时会耗费大量成本，客户未必愿意全额支付，所以，"专精特新"企业需要重点关注客户所需服务的焦点领域，提供最能产生增值效应的服务内容。例如，在化工等对生产安全要求较高的行业，企业提供的零部件或相关产品可以设置在线智能化监测检测等服务功能，帮助客户减少因生产设备故障带来的安全隐患。

（四）提升企业品牌声誉

虽然"专精特新"企业主要面向企业客户而非终端大众客户，但仍然需要进行品牌建设。在中间产品生产领域，产品同质化现象严重，品牌建设可以帮助企业将自家产品与其他产品区分开来，向客户传达清晰而鲜明的价值诉求。企业和产品品牌可以通过强调效率、安全、环保、智能等价值元素，来吻合终端客户的价值理念，从而提升产品的溢价能力，在激烈的市场竞争中更容易脱颖而出。品牌建设可以帮助企业树立良好的企业形象，提升企业的知名度和认可度，受到更多客户的信任。此外，品牌建设还有助于塑造企业的企业文化和价值观，吸引和留住优秀的人才。

数字经济时代，企业品牌建设需要结合自身的愿景使命和客户的价值诉求，在满足客户一般性价值诉求的基础上，突出特定点上的品牌优势，否则会模糊客户对企业品牌的认知，无法达到品牌建设的实际效果，如对于精密生产型企业而言，可以强化企业在精益制造、质量稳定等方面的建设能力，这样容易赢得客户的认可。当然，有些优秀的企业可以预见未来市场的发展趋势，提出符合时代潮流的品牌价值诉求，如先于同领域企业提出绿色低碳发展理念，并率先进行一些实践探索，就可以形成一定的先发优势和品牌影响力。

"专精特新"企业在实践中如果可以在运营效率、创新能力、服务增值和品牌声誉四个方面的某一方面有优异的表现，就能成为行业内运营效率领先或服务最优的企业，就能拥有较强的竞争优势和成长能力。如果"专精特新"企业可以围绕主导产品或核心业务，在运营效率、创新能力、服务增值和品牌声誉四大方面齐头并进且都有出色的表现，那么，企业在主导产品和核心业务方面就会具备十分强劲的竞争力，会极大地支撑企业深度挖掘市场价值和实现高质量、可持续发展。

二、链式水平成长模式

随着企业聚焦核心业务或主导产品的点式纵深成长模式面临瓶颈，"专精特新"企业可以基于产品、技术、市场等关键资源的相关程度，从点式纵深成长模式向链式水平成长模式转型。"专精特新"企业的链式成长水平模式主要包括延链发展复合产品、拓展核心技术应用场景、挖掘关键客户多元需求等具体形态。

（一）延链发展复合产品

"专精特新"企业强调聚焦核心业务或主导产品进行专精化发展，在所属行业打造特色优势。但由于行业市场通常具备有限的市场空间，特别是在行业发展趋缓的阶段，此时，"专精特新"企业可以立足自身在产业链特定环节中积淀下来的研发、生产、市场服务和品牌基础，沿着既有的产业链向相关环节发展，如可以从生产单元零部件迈向生产复合产品。

沿着既有产业链向上下游或相关环节延伸发展的好处有以下两点：一是企业比较熟悉相关的市场、技术和制造等情况，企业的生产能力与其匹配度相对较高，可以有效发挥现有的基础优势，实现稳健发展；二是企业可以通过研发、生产系列关联产品，增强自身的复合集成能力，特别是研制复杂产品的能力，从而在产业链中占据更优的地位，赢得更大的成长空间和更好的经营收益。因此，围绕既有核心产品延伸产业链并发展系列产品，是"专精特新"企业实现可持续发展的重要成长方式。这堪称基于产品相关性的企业成长方式。

（二）拓展核心技术应用场景

"专精特新"企业要想聚焦核心业务或主导产品开展技术创新活动，就需要优化生产制造工艺流程和产品研发创新能力，不断积累相关知识和经验，成为该核心技术领域的创新能手和领先者。当现有产品的市场发展空间受限时，企业可以将这种核心技术转移应用到其他产品的生产上。这种战略转移能够带来多重好处。首先，它能够帮助企业开拓新的市场，寻找新的商机；其次，由于核心技术的应用和经验积累，企业在新领域中具备了一定的竞争优势，促进了市场发展；最后，这种技术转移也能够帮助企业降低过度依赖某一产品或市场的风险，增加企业的稳定性和长期发展能力。

"专精特新"企业可将已有的核心技术知识和相关优势拓展应用到其他新场景中，继续发挥关键核心领域的专长，在较短时间内以相对低的成本在新业务领域赢得市场机会，即构筑一定的时间和成本优势，缓解以新研发技术进入新业务领域所带来的高成本和高风险。由此来看，拓展核心技术的应用场景可以成为一种基于技术相关性的企业成长方式，是"专精特新"企业持续稳健发展的一大战略选择。

（三）挖掘满足客户多元需求

"专精特新"企业在建立长期合作关系的过程中，通过密切服务客户，可以了解核心客户的更多需求，进而合理布局发展战略。特别是当客户要发展新的潜力型产品或业务时，会出现新的产品和服务需求，进而需要重新搭建供应商体系。作为受到客户信赖的既有供应商，"专精特新"企业可以主动争取并承接与自身资源能力相匹配的新业务，实现企业业务或产品线的拓展。首先，通过与核心客户的紧密合作，企业可以及时了解客户的需求变化，抓住新的商机，提供符合客户需求的产品和服务。其次，作为既有供应商，企业已经与客户建立了信任和合作关系，这有助于企业顺利拓展新业务并扩大市场份额。

与面向新客户开拓新业务相比，"专精特新"企业会选择挖掘和满足核心客户的多种需求，这是数字经济时代的一种成本和风险更低的市场开拓战略。一方面，企业与现有客户之间的常年合作会产生信任关系，较高的信任度可以有效降低市场交易费用，如与新客户建立合作关系过程中所发生的信息搜索、询价、磋商、履约等方面的费用成本。另一方面，企业更加熟悉现有客户的产品需求和服务要求，如有的客户很看重供应商的运营效率，有的客户则重视供应商的成本优势，可以更为精准地满足客户需求。因此，挖掘和满足客户的多元需求，也可以称为基于市场相关性的企业成长方式。

成立于2011年的浙江某机器人技术股份有限公司，经过不懈的创新努力，成功研发出了智能巡检机器人，并成为国家电网智能机器人核心供应商。企业确立了以"移动机器人"为核心的发展战略，逐步构建起完整的移动机器人技术体系和以智能巡检、智能物流及智能制造为核心的产品体系，为电网、发电、石油石化、轨道交通、综合管廊、先进制造、公共空间等应用场景提供优质的机器人产品及服务，业务覆盖全国多个省市和美国、日本、欧洲、中东、东南亚等多个国家和地区。

该企业在服务客户过程中要深入企业现场了解客户需求。通过与客户面对面沟通，销售人员和工程技术人员能够真实地洞察和捕捉客户的需求，并根据客户的反馈不断优化自身的产品、技术和方案。通过挖掘和分析客户的需求痛点，该企业可以提供更加精准的解决方案，满足客户的个性化需求。销售人员和工程技术人员的协同合作，能够保障服务的质量和效果，增强客户的信任感。一个及时的正向反馈机制可以让该企业及时了解客户的需求和反馈，从而快速响应并优化自身的产品和方案。这样的持续改进和优化能够提升客户的满意度，增加客户对企业的信任度。通过一段时间的深度合作，客户会逐渐对该企业的能力和服务有更高的认可，愿意将更多的业务需求交给该企业来完成。这也为该企业提供了更多的机会来不断发展壮大，并推动业务的拓展。

为了更好地满足客户需求，随着机器人产品的不断丰富，该企业应对客户多种需求的综合服务能力得到显著增强，目前已经形成了光伏整体产线、工程机械、电网物流、半导体等领域的解决方案，逐渐从原来的产品提供商升级为解决方案服务商。在各类行业应用领域，该企业成立了相应的行业解决方案团队。团队的行业专家对行业工艺等有较深的理解，很多时候可以发掘客户并不清楚的核心痛点，并结合自身的产品和技术优势，为客户提供定制化的解决方案。在深度服务客户多元需求的过程中，该企业的解决问题能力也得到很大的提升，可以为行业内其他企业赋能。

三、平台生态成长模式

近年来，随着数字技术的迅猛兴起和广泛运用，模糊了一些产业的边界，产业链发生了不同程度的重构和整合，传统的产业分工协作体系开始出现问题，平台生态化产业系统逐渐形成，模块化研发和生产制造成为新的发展趋势。在数字经济时代，"专精特新"企业在新的产业生态系统中需要调整角色和功能，原来的一、二、三级供应商的垂直层次关系会有所变化，各级零部件生产企业将通过数字化技术直接对接成品企业甚至终端客户，企业间的水平协同关系逐渐紧密。

一些规模实力较强的专业化企业从单元产品生产企业、复合产品生产企业走向平台生态企业。

平台生态企业通过整合各类专业化的企业资源，为客户提供个性化的产品和服务，成为综合解决方案的提供商。在平台生态系统中，企业之间既竞争又合作，共同服务客户。这种合作是为了实现更大的规模经济效益和资源的优化利用。通过共享平台的技术和数据资源，企业能够更加便捷和低成本地连接客户，为其提供更广泛、更综合的产品和服务。对于规模相对较大的"专精特新"企业来说，通过高效数字技术的使用，它们能够更好地满足客户的多元复杂需求。这些企业依托自身的专业化技术和资源，构建了特色产业生态，成为对客户需求具有综合解决能力的产品和服务供应商。通过构建独特的生态系统，企业能够跃迁到更高的发展层级，提升自身竞争力。

第三节 面向数字经济的"专精特新"企业的成长策略

"专精特新"企业有其独特的成长机制和成长模式，赋能"专精特新"企业高质量可持续成长的策略体系主要包括以下六个方面。

一、夯实人才队伍

人才队伍是"专精特新"支持企业创新发展的重要力量。在数字经济时代下，"专精特新"企业的持续健康发展越来越需要一支创新、高效、合作、稳定的人才队伍。

（一）战略管理团队

随着科技创新速度和产业变革进程的加快，也遇到了更多发展机会"专精特新"企业发展面临的不确定性和风险日益增加，同时，也遇到了更多发展机会。在这个快速变化的环境中，企业需要具备强大的战略管理能力，以实现创新发展。

首先，企业需要加强战略管理能力，以确保企业在复杂的市场环境中能够持续发展。这意味着员工要有清晰的愿景和使命来引领企业未来的发展方向，并且能够及时调整战略以适应市场需求的变化。同时还需要建立一个灵活的组织结构和决策体系，以便能够快速响应市场给予的机会和挑战。

其次，企业需要在"脚踏实地"和"仰望星空"之间找到一个平衡点。这意味着企业需要注重业务的实施和执行，确保产品与服务的质量和稳定性。与此同时，企业也需要不断追求创新，以保持竞争优势并抓住市场机会。这就需要企业有一个全面的管理团队，既注重细节又具备战略眼光。

最后，企业需要激发员工的创新精神和团队合作意识。创新是企业长期发展的核心驱动力量，而团队合作能够提高员工工作效率和创新能力。因此，企业需要鼓励员工提出新的想法和问题解决方案，营造一个支持和鼓励员工进行团队合作的工作氛围。

（二）领军型科创团队

"专精特新"企业在所属领域的持续发展会遭遇技术、市场"天花板"等因素的约束。由此来看，企业需要培养在行业技术创新和市场开拓领域的领军型科创团队，由他们带领企业攻克科技难关，研发高附加值新产品，敏锐捕捉技术创新而产生的市场机会，及时满足客户需求，持续拓展企业成长空间。

（三）国际化管理团队

"专精特新"企业面向国际市场发展，经常与国际一流企业开展业务合作。从出口升级到在国外建立生产基地、研发中心和销售机构等，需要"专精特新"企业拥有一支胜任跨文化管理要求的国际化管理团队。特别是当企业跨国发展面临"局外人劣势"和"外来者劣势"时，精通国际化运营的管理团队尤为关键，否则企业在国际市场中难以实现从"走出去"到"走进去"再到"走上去"的实质性转变。

（四）熟练技工队伍

"专精特新"企业发展不仅要强调创新驱动发展，还要持续提高运营效率。其中，劳动生产效率提高是企业发展的重要方面，特别是对于劳动密集程度较高的企业。"专精特新"企业需要注重培养技术工人队伍，利用多种形式，优化员工激励体系，打造一支效率高的稳定型技工队伍，夯实企业品质品牌化发展的技工基础。

二、完善产业生态系统

"专精特新"企业根植于全球产业链和价值链的中间环节，与上下游伙伴企业形成了专业化分工协作关系，所处的产业生态发展水平对"专精特新"企业创新发展有着重要的促进作用。因此，完善产业生态系统，有利于"专精特新"企业可持续发展。

（一）强化龙头企业赋能引领

龙头企业在产业链和产业生态的构建和创新发展中起着关键性的引领作用，"专精特新"企业往往围绕龙头企业开展配套业务和创新协作。致力于长期发展、开放创新、共创共享的龙头企业，可以指导和支持"专精特新"企业开展战略性的产品创新和品质优化等业务，在协作创新、生产管理、资金和人力资源等方面为其赋能，使龙头企业和"专精特新"企业的优势互补。在数字经济时代，龙头企业往往会率先实施数字化转型，对配套企业在产品研发、生产制造、物流配送等方面提出新的要求，主动指导帮助"专精特新"企业加快数字化改造进程，形成效率更高和创新更强的上下游合作关系。

（二）促进企业合理嵌入

在全球产业分工协作体系发生深度调整和重构的情况下，企业在产业体系中的生态位置及其优势将发生不同程度的变化。"专精特新"企业要立足自身在产业链特定环节的既有优势，敏锐洞察产业分工协作的新特点、新趋势，秉持学习、共创、共享的理念，主动嵌入由世界一流企业主导和参与的新产业生态系统中，积极承担产业创新发展的新使命、新任务，不断提升自身在产业生态中的地位。近年来，一些龙头企业正在从传统的业务型企业向平台生态型转型，"专精特新"企业需要加强与龙头企业的沟通合作，制订实施对应的发展战略规划，以把握产业生态演变过程中出现的新机会。

（三）用产业思维寻找细分市场

1. 警惕过度专业化陷阱

单一业务占企业销售总收入的比重超过 70% 就可称为专业化经营。虽然把有限的资源和精力聚焦投入细分市场，的确会帮助企业确立早期的市场地位。但是企业发展到一定阶段时还坚守在原来的产品和细分市场上，企业的持续增长就会面临严峻的考验，这体现在以下几个方面。

第一，依赖单一业务风险高，很容易受到新技术和产业结构调整的影响。

第二，企业做不大，细分市场容量有限，发展天花板较低。

第三，惯性使然，企业容易错失成长和发展的机遇。

2. 关注企业的发展阶段

从各省市及有关部门推行的"专精特新"政策来看，只要企业有一项产品的市场占比可以达到全省或者全国前列，就能有机会入选。然而，关注产品只是企业发展的第一阶段，事实上，企业的发展通常会经历五个阶段：

（1）关注产品、经营产品

产品是企业发展的基础，是价值的载体，也是硬件的载体。依靠单一产品，企业可以做到上亿元的规模。

（2）关注客户、经营客户

要做到数十亿元，靠单一产品是不够的，必须形成产品矩阵、产品系列，这就上升到了业务的角度，即企业要利用综合解决方案来寻求发展。

（3）关注自己、经营企业

企业要从整体出发，从可持续发展的角度来考虑将来的走向。当前企业的主营业务是什么？有哪些业务可以支撑未来三到五年的中长期发展？有哪些技术储备可以解决十年拓展的问题？这时候，企业就会开发多业务结构和多系列产品矩阵。

（4）关注行业、经营行业

很多时候，企业把过多的精力放在了关注下游的客户上，却很少去关注终端客户。但即使是 B2B 企业，关注终端客户也很有必要，如做零部件的企业要关注与之相关的机厂。整个行业有多少市场容量，其中又有哪些重要的机会呢？企业要做到上百亿元的规模，就必须要具备这样的行业思维。

（5）关注产业、经营产业

有的行业可能有千亿元、万亿元的市场规模，但要保证企业几十年持续发展，就要上升到产业的高度，关注其他行业是如何构成一个整体产业的。自身行业和客户所处的行业背后，往往是产业集群和产业生态，所以也要去关注产业集群，特别是集群背后的生态产品和生态企业。

领导者的关注对象决定了企业的高度和视野，决定了企业在什么空间中求发展。如果领导者基于一个国家的整体发展方向或一个产业的全球动向来定位企业的话，那么企业将来的市场空间将会非常大。

三、提升运营效率

效率是"专精特新"企业赢得竞争优势和实现持续成长的重要基础。政府、其他企业和社会服务机构可以从如下方面助力"专精特新"企业持续提升运营效率。

（一）提升人员劳动效率

劳动力是"专精特新"企业持续发展的关键影响因素，劳动力成本也是企业成本中重要的一部分。为了推动企业的健康发展，应该引导和支持企业加大员工培训和激励力度，培养技能高、稳定性强的专业员工队伍，特别注重培养适应数字经济时代需求的熟练技工，持续提高员工的工作效率和创收水平。政府和高校等机构应该从住房、教育、医疗、税收等多方面制定政策，鼓励更多劳动力和学生进入制造业，特别是"专精特新"企业，以提升制造业人才队伍的整体水平。

（二）提升资金使用效率

在竞争激烈的市场中，"专精特新"企业需要高效利用资金以降低成本，从而提高盈利能力。为了确保企业的健康发展，企业应维持适当的资金负债水平，加强对固定资产和现金流的管理，并持续提高资金周转率。这样做将有助于"专精特新"企业增强盈利能力，同时巩固企业发展的基础。

（三）提升设备使用效率

生产和研发等设备是"专精特新"企业开展生产经营活动的基础保障。企业购置的相关设备是企业的固定资产。有效提升对相关设备的使用效率，是"专精特新"企业降本增效的重要途径。"专精特新"企业一方面要加大设备改造和维护力度，有效提高数字化和柔性化生产水平，持续提高产品的良品率；另一方面要加强生产、研发、市场等跨部门协同，积极开拓产品市场，以较高的产能需求来提高设备使用水平，有效降低产品的固定成本分摊。

（四）提升集成运营效率

除了有效提升劳动力、资金、设备、土地、渠道等单一要素资源的使用效率，"专精特新"企业还需要重视企业内部跨部门协同，以及与供应商、客户、科研机构等外部组织的协同整合，从系统角度整体提升企业的运营效率。一方面，"专精特新"企业要梳理和优化业务链和价值链，积极推动流程和组织变革，破除"部门墙"，提升组织协同运营效率；另一方面，要强化协作型、效率型组织文化建设，以愿景使命汇聚众力，高效服务客户需求。

四、增强创新能级

创新驱动发展是"专精特新"企业持续发展的基本特色。企业创新涉及技术、工艺、产品、市场、管理等多个方面，"专精特新"企业可以重点加强如下领域的创新活动。

（一）构建开放协同创新体系

数字经济时代对企业的个性化、定制化、敏捷化运营能力提出了极高的要求，单个企业难以有效应对各种变化和需求。一方面"专精特新"企业要加强与关键供应商的合作创新，提升原材料、零部件等产品的质量；与核心客户进行创新需求对接，合作研发符合市场需求的优质产品；加强与科研院校的战略合作，共同研究基础应用型科研项目，提升企业创新能力。另一方面"专精特新"企业要立足核心业务的创新需求，与关键供应商、核心客户、特色科研院校等进行创新合作，积极搭建开放协作的创新体系，利用不同创新主体的特色优势，持续提升企业科技创新能级。

（二）持续攻坚关键核心技术

"专精特新"企业在细分市场中持续发展可能会面临核心技术难以突破的问题。"专精特新"企业要实施创新核心技术的战略规划，聚焦创新焦点和难点，调动优质人才、资金、研发设备等资源进行技术攻坚。其一，提升企业科技创新平台等级，积极创建国家级和省部级研究机构，增强企业自主创新能力。其二，积极申请各级政府部门发布的重大重点科技创新项目，整合行业优秀企业、科研机构等力量，进行科技创新专项研究。其三，注重国际和国内发明专利申请和保护，制定高等级的标准，在关键核心技术领域拥有更大话语权和更强竞争力。

（三）重视非研发创新活动

在注重科技创新的同时，"专精特新"企业要强化企业管理、组织文化、运行机制等非研发创新活动，提升员工全面创新管理的意识和能力。"专精特新"企业要加强管理创新，尤其是研发设计、生产制造、市场营销等方面的协同创新管理，形成以客户为中心的创新机制；要鼓励企业进行文化创新，设立支持内部创新和孵化的风险基金，设计期权、股权计划以激励创新员工；要对标行业领先企业进行最佳实践学习，借鉴相关创新经验与教训，探索符合企业自身发展情况的创新模式。

（四）强化持续的自主创新

新颖化之路就是创新之路。变革与创新是企业永不枯竭的发展动力，是企业发展的战略性资源。唯有强化创新能力，企业才能寻求到发展之路。

1. 走逆向开发的创新之路

中国企业所走过的创新道路，几乎都是从逆向开发开始的。

逆向开发是相对于正向开发而言的，正向思维指从过程推导结果，逆向思维指从结果推导过程。逆向开发是一种逆向思维和"反求工程"。

"反求工程"是以战略设计为指导，以现代设计理论、方法、技术为基础，运用各种工程设计经验、知识和创新思维，对已有新产品进行解剖、深化和再创造的工程，是对已有设计的再设计。强调再创造是反求的灵魂。

"反求工程"是针对"正向设计"而言。正向设计解答的是"怎么做"的问题，反求回答的是"为什么要这样做"的问题，它会反求别人的思考过程，摸清他人的设计意图、技术路径、关键环节。

企业的创新，需要站在世界前沿，搜集最好的产品资讯，加大"反求工程"力度，吸收最先进的理念和设计方法，生产独具特色的"合金产品"，从而形成独特的核心竞争力。

2. 走资源互补性创新之路

孙子兵法有一种"借势、顺势、造势"的思想。"专精特新"企业搞创新，首先要向上游延伸，借用孵化器生产"战略鸡蛋"。随着科技的进步，科技孵化器和实验室经济成为重要的经济形态。实验室经济能够把知识转化为技术，也能够极大地帮助企业把技术转化为产品或产业。

我国科技企业孵化器发展迅速，成果转化的基础设施条件大大改善，综合性科技企业孵化器、专业性科技企业孵化器、面向特定创业群体的孵化器等都得到较快发展。目前已有软件、集成电路设计、新材料、生物医药、光电信息等一批专业孵化器开始运行。近几年，面向特定创业群体的孵化器陆续出现，包括为高校师生提供创业服务的大学科技园，为留学回国人员提供创业服务的留学生创业园，为企业职工提供创业服务的企业内部孵化器等。

"专精特新"企业利用孵化器的基本思路，要么成为被孵对象，成为科技企业；要么资本投入，联合实验室共同开发技术；要么借用实验室的技术成果；要么利用高校人才，综合开发技术。

强调自主创新，并不能完全否认一些企业承包其他企业业务和贴牌生产。做外包和贴牌也是被"孵化"的过程。不同规模和性质的企业，在不同的时期，处在不同的发展阶段，就应该有不同的应对策略。国外经济学家认为，外包业务将促进新一轮服务业的变革。

随着国际产业分工的深化，越来越多的企业致力于把有限的资源集中于核心业务，而把非核心业务外包出去，代工生产的生产组织方式也就孕育而生。一些国际上有名的手机生产企业，纷纷把手机主板和外壳生产业务外包，这样成本可以降低 15%～20%，质量还可以得到提升。代工生产是社会化大生产、大协作趋势下的一种必由之路，也是资源合理化整合的有效途径之一，是社会化大生产的结果。在欧洲，代工生产已成为现代工业生产的重要组成部分。印度就通过代工生产的方式成了世界最大的计算机软件出口国。

与此同时，原始设计制造商生产组织方式逐步演变成一种趋势。代工生产生产方式，主要是制造商只负责生产过程，品牌厂商负责销售渠道、核心技术研发，承担营销风险和资金风险。原始设计制造商则由制造商设计和制造后，以品牌厂商名义出售产品。这样代工企业由单纯制造模式向设计＋制造模式转型升级，提高了价值链水平。

因此，"专精特新"企业借势和资源互补性创新，要逐步从价值链的低端走向中高端，从贴"小牌"转向贴"大牌"、从代工生产模式转向原始设计制造商生产模式、从贴低附加值产品的牌转向贴高附加值产品的牌。通过贴牌，逐步以自身公司为平台，全面优化原有的生产线和流程管理，一方面贴牌，一方面研发生产自己的产品，逐步完成由贴牌到创牌，由跟进到超越；在学习中借鉴，在借鉴中提升。"专精特性"企业加速培养国际性人才，深谙国际化企业运作方式，抓住发展机遇，实现战略跃迁。

3. 走超越式创新之路

在人类发展史上，当今社会变化之快速、科学技术迭代升级之迅猛、知识信息量增长之多不曾有过。"专精特性"企业的自主创新既要循序渐进，也要超越式创新。超越式发展战略是针对循序发展战略而言。循序发展往往是一步一个脚印，梯度推进。循序发展是企业不可绕过的战略选择，但要避免产生引进—落后—再引进—再落后的怪圈效应。

当今世界经济社会结构呈现一种梯度的变化格局。发达国家正处在"二进三、三进四"阶段。所谓"二"是指工业化时代，"三"是指信息化时代，"四"是指智能化时代。西方发达国家正处在由工业化时代全方位向信息化时代和智能化时代转型的阶段。中国处在"一进二、二进三、三进四"并存的阶段。"一"是指农业化时代。中国现在是"橄榄型"经济社会结构，农业比重小，工业比重大，信息化和智能化次之。中国企业应该怎样发展？由"一"进"二"，"二"进"三"，再进到"四"，这叫"一步一趋"。我国必须采取跨越式发展思路，以"四"为先导，带动"一""二""三"的同步跃升。

中国用几十年时间走完了西方国家几百年走完的道路，选择的是一种超越式发展模式。今天，中国企业仍然需要大跨度推进，实施跨越式创新。中国企业要瞄准世界科技前沿，聚焦经济主战场，迈向世界产业高地，加大战略性新兴产业和数字化产业的研发和投入，披荆斩棘，敢闯"无人区"，走出一条新型工业化、信息化和智能化的道路。中国企业要加快用数字化、智能化手段改造传统产业。中国企业在技术研发和产品开发上不能重复落后，必须超越常规，实现弯道超车或换道超车。

五、提高数智水平

随着数字技术广泛应用到研发、生产、质控、营销、品牌等职能领域，"专精特新"企业的技术创新、生产制造、供应链、市场营销等方面的组织方式正在发生深刻变化。"专精特新"企业需要在以下几个方面重点提升数智化水平。

（一）提升智能制造水平

产品质量和生产效率是"专精特新"企业参与市场竞争的基础。为了参与竞争，这些企业应该引入智能制造设备，改进传统生产设备和工艺流程，提升小规模灵活生产能力，加强制造环节的智能化和精细化管理能力，以优化基于智能制造的新型生产能力，重新塑造市场竞争优势。

（二）提高上下游数智连接水平

对于处于中间环节的"专精特新"企业来说，与上下游伙伴企业的协同合作非常重要。通过数字技术的应用，企业可以高效地与供应商和客户进行沟通和协作，节约时间和成本，提高协同效率。另外，数字技术能够帮助企业实现供应链的数字化和网络化，实现供应商和客户间的实时连接。从供应商的角度来看，数字技术可以帮助企业更好地了解和预测客户的需求，以便提前做出调整和安排。从客户的角度来看，数字技术可以帮助他们更方便地与企业进行沟通和反馈，提高其满意度。此外，数字技术还可以帮助企业联动整合上下游企业资源。通过数字化平台，企业可以实现供应链的透明度和可视化，更好地管理和协调上下游合作伙伴的资源和能力。这样，企业就能更好地参与产业分工协作，提高产品研发能力和生产制造水平，为客户提供更好的市场服务。

（三）加强智能产品研发

在数字经济时代，"专精特新"企业需要向市场提供具有较多智慧功能的数智产品，让产品可以与行业内外的数智产品实现连接互动，并利用数字技术进行远程运维，增强产品的消费体验感和附加值。这对数字化需求高的行业尤为关键，否则，传统产品将从数智产品生态中被剥离掉。

（四）增强数智化管理能力

随着数字技术的发展，企业正面临着扁平化、敏捷化和微粒化等新的组织方式的出现和需求增大的问题。扁平化组织方式意味着企业管理层级的减少和权力的下放，使得沟通更加迅速和高效。借助数字技术，企业可以实现信息的迅速传递和共享，以及快速决策能力的提升。通过数字化的沟通工具和平台，员工之间可以实现实时的交流和协作，提高工作效率和响应速度。敏捷化组织方式注重快速响应市场需求和变化，数字技术能够帮助企业更好地了解市场信息和客户需求，以便及时调整企业的产品和服务。同时，数字技术也能够支持企业进行迭代式的产品开发和快速试错，实现业务流程合理设计和市场反馈及时。微粒化组织方式是指将企业的组织单元和职能划分得更小和细化。数字技术为企业提供了各种管理平台和工具，可以将复杂的业务流程进行分割和协同，使得企业能够更好地管理和控制细粒度的任务和资源。此外，数字技术的应用还能够支持企业在全球范围内选择和合作供应商、合作伙伴，实现更大范围的资源整合和协同。

因此，"专精特新"企业需要紧跟行业和市场发展趋势，加快企业数智化管理体系建设进程；以业务流和价值流为核心，借助数字技术创新企业管理方式，实现组织流程的变革和提升。通过数字化工具和平台，企业可以实现更高效的沟通合作，更快速地响应市场需求，适应变化的商业环境。这样企业就能够保持竞争力，实现持续创新和发展。

六、扩展品牌声誉

"专精特新"企业对于产业高质量发展具有重要支撑和促进作用。"专精特新"企业大多作为产业体系配套企业的角色存在，通常不为大众知晓。"专精特新"企业持续创新发展需要得到社会各界的支持，持续提升企业品牌声誉会在一定程度上帮助"专精特新"企业赢得更优的发展机会。

（一）推进企业品牌建设

尽管"专精特新"企业的产品和服务主要面向企业客户而非终端大众市场，但也有必要加强企业品牌建设，以提升企业的市场影响力和议价能力。"专精特新"企业不仅要持续提升产品和服务品质，提升核心竞争力，还要在此基础上强化企业文化，并通过各种方式向外界有效传达企业的品牌形象和价值诉求，在客户、供应商、员工、股东、政府、社会机构等利益相关者中形成鲜明的认知，助力企业打造特色化竞争优势。

（二）重视社会责任实践

在新的时代，"专精特新"企业不仅要通过提供优质产品和服务获取经济收益，还要积极履行社会责任，特别在保证产业链、供应链安全生产和高质量发展方面，"专精特新"企业可以发挥积极作用。"专精特新"企业在创新发展、清洁环保、员工权益、质量保障等方面都有较强的基础优势，有些企业已经形成了特色经验，可以在产业链上下游企业或其他企业加以示范推广，带动更多企业特别是中小企业持续健康发展。

（三）加强社会舆论宣传

"专精特新"企业是企业中的优秀群体，长期深耕细分领域，以"工匠精神"耐心追逐愿景抱负。但是，"专精特新"企业往往面临难以招聘到优秀人才和青年员工的挑战，融资难、融资贵问题还较为普遍。媒体、高校等机构要多研究和宣传"专精特新"企业的先进典型，引导社会各界多关心支持"专精特新"企业创新发展，营造更优的营商环境和社会舆论氛围，助力培育和发展更多具有更强国际国内竞争力的"专精特新"企业。

参考文献

［1］聂玉声. 区块链与数字经济时代［M］. 天津：天津人民出版社，2019.

［2］杜庆昊. 数字经济协同治理［M］. 长沙：湖南人民出版社，2020.

［3］王世渝. 数字经济驱动的全球化［M］. 北京：中国民主法制出版社，2020.

［4］蒋媛媛. 中国数字经济宏观影响力评估［M］. 上海：上海社会科学院出版社，2021.

［5］张立. 区块链：构建数字经济新世界［M］. 北京：中国科学技术出版社，2021.

［6］许正中. 关于数字经济的答问［M］. 北京：国家行政学院出版社，2022.

［7］陈富良. 算法共谋：数字经济时代的监管难题［M］. 北京：人民日报出版社，2022.

［8］马骏，袁东明，马源，等. 数字经济制度创新［M］. 北京：中国发展出版社，2022.

［9］何瑛. 现代企业实施战略成本管理探讨［J］. 经济与管理研究，2003（6）：25-28.

［10］周千，李秉柏，程高峰. "5S"技术在数字农业中的应用浅谈［J］. 河北农业科学，2009，13（6）：146-148.

［11］孙克. 数字经济时代大幕开启［J］. 世界电信，2017（3）：2-9.

［12］李欣. "构建网络空间命运共同体"国际合作的中国贡献［J］. 网信军民融合，2017（6）：36-39.

［13］王海蕴. 数字经济：新一轮产业变革的核心力量［J］. 财经界，2018（1）：20-22.

［14］于晓雅. 人工智能视域下教师信息素养内涵解析及提升策略研究［J］. 中国教育学刊，2019（8）：70-75.

［15］江小涓．"十四五"时期数字经济发展趋势与治理重点［J］．上海企业，2020（11）：56-57．

［16］裴超．文旅业的潮流：新时期文旅业发展新趋势［J］．中国会展（中国会议），2020（24）：48-51．

［17］谢丹丹，楼仲平，邓地．赫尔曼·西蒙 中国将是德国隐形冠军最强大的对手［J］．中外管理，2020（1）：110-114．

［18］王晶晶，高晓雅．《自然语言处理》课程教学分析与实践［J］．电脑知识与技术，2021，17（18）：160-161．

［19］董艳，贾雯晴，王正阳，等．全球数字农业创新分析及对中国数字农业发展的思考［J］．农业科技管理，2021，40（6）：10-16．